国家社科基金后期资助项目
（编号：12FJX005）

国家社科基金
后期资助项目
GUOJIA SHEKE JIJIN HOUQI ZIZHU XIANGMU

产学研合作提升
人才培养质量研究

CHANXUEYAN HEZUO TISHENG
RENCAI PEIYANG ZHILIANG YANJIU

张忠家　黄义武 等 著

教育科学出版社
·北 京·

国家社科基金后期资助项目
出版说明

  后期资助项目是国家社科基金设立的一类重要项目，旨在鼓励广大社科研究者潜心治学，支持基础研究多出优秀成果。它是经过严格评审，从接近完成的科研成果中遴选立项的。为扩大后期资助项目的影响，更好地推动学术发展，促进成果转化，全国哲学社会科学规划办公室按照"统一设计、统一标识、统一版式、形成系列"的总体要求，组织出版国家社科基金后期资助项目成果。

全国哲学社会科学规划办公室

序

"少年智则国智，少年富则国富，少年强则国强"，百年前梁启超写下这句话时，将中国的未来寄托在青年一代身上。青年，尤其是接受了高等教育的青年，肩负着国家的希望。我国是人力资源大国，但不是人力资源强国，中国梦的实现有赖于高素质的人才，这就需要我国由"高等教育大国"转变为"高等教育强国"，而"高等教育强国"的核心是人才培养质量。

在2014年"两会"上，多位全国人大代表提议：高等教育要在培养模式方面加大创新和改革，以培养出更多的社会需要的人才。首先，对于高校而言，应与社会结合，多给学生提供可以实践的基地，让学生经受技能训练，从而提高实践创新能力；其次，对于企业而言，应多给学生提供实习机会和岗位，这也是企业发现、招聘优秀人才的重要途径。

受传统"象牙塔"式的办学理念的影响，我国高校人才培养模式比较单一，重理论、轻实践，重知识、轻能力；学生学习动力不足，创新意识薄弱，动手能力不强；高校教育资源短缺，学生实习基地数量上不相匹配；高校与企业缺乏紧密联系，人才培养与社会需求脱节，等等，这些问题严重制约了我国高等教育的发展，不利于高校人才培养质量的提升。如何突破瓶颈，应按照《国家中长期教育改革和发展规划纲要（2010—2020年）》精神，创立高等学校与科研院所、行业企业联合育人的新机制，进一步推进产学研用结合，促进产学研各方深度合作和资源共享。

长期以来，人们较多地从科技与经济的角度来定位和审视产学研合作，强调产学研合作在服务于经济与社会发展方面的工具性价值，注重科学研究和成果的转化，较少从高校的立场出发，尤其是从人才培养的角度出发来探讨产学研合作的育人功效和办学模式，这就偏离了大学培养人才这一根本使命和办学目标，遮蔽了产学研合作育人的应然价值诉求。《产学研合作提升人才培养质量研究》一书，从产学研合作与合作教育的定义出发，旨在厘清产学研合作与合作教育的联系与区别，拓展产学研合作教育的领域；从哲学、教育学、社会学、经济学等多学科视角探寻产学研合作提升人才培养质量的理论依据；运用价值哲学，从合作主客体两个方面分析产学研合作的教育价值，为我国各类高校深入开展产学研合作提供新的理论视角。

本书通过对我国高校开展产学研合作的现状调研，对发达国家产学研合作典型模式的系统研究，归纳总结了国内外高校产学研合作人才培养的模式类型，提出了各类高校可根据自身的办学层次和人才培养目标类型，以及科研实力、服务对象与产业发展的结合度可供选择的合作模式。同时，通过调研获取了制约我国高校深入开展产学研合作的限制因素，并对其进行了分析，提出了对策建议。

本书在回顾我国高校开展产学研合作教育发展历史的基础上，选择我国首批产学研合作教育27所试点院校之一的长江大学作为典型案例，进行了深入剖析。研究表明，结合本校实际，根据学科专业特点，选择不同的产学研合作模式，构建互利双赢的产学研合作运行机制，是产学研合作提升人才培养质量的重要保证。通过构建的产学研合作人才培养质量评价体系，对实施"工学交替"的合作教育学生培养质量进行了评估检验，表明产学研合作是提升人才培养质量的一条有效途径。

大鹏一日同风起，扶摇直上九万里。实现中华民族伟大复兴的中国梦，离不开各类高素质人才，这就需要高等教育培养数以亿计的高素质劳动者，数以千万计的专门人才和一大批拔尖创新人才。希望本书的出版能为我国产学研合作的深入开展提供新的思路，为高校开展产学研合作实践提供借鉴。

中国梦，教育造！

《产学研合作提升人才培养质量》课题组
2014 年 3 月 12 日

目 录

第一章

绪　论

第一节　研究背景及时代意义

世界高等教育发展的历史表明，大学的发展始终与社会的发展密切相连，大学的职能也在适应与促进社会发展的进程中不断拓展，对国家的政治、经济、文化乃至整个社会的发展发挥着越来越重要的作用，已经由社会的边缘走向社会的中心。美国、英国、德国、加拿大等国家的发展告诉我们，哪里有世界一流的大学，哪里往往就有大国的崛起及其科技与人才中心的聚集，大学与国家的关系从来没有像现在这样紧密。正因为如此，发展高等教育日益成为国家发展战略的基础，大学已深深地融入到社会发展潮流之中，肩负着人才培养、科学研究、社会服务、文化传承与创新等诸多使命。

众所周知，高等教育质量始终是高等教育的生命线，人才培养质量是高等教育的灵魂，尤其在高等教育大众化阶段，人才培养质量备受关注，提高人才培养质量成为当前我国高等教育改革与发展最核心最紧迫的任务。面对全球化知识经济时代和科技革命的挑战，各国政府及其大学对人才培养质量给予了前所未有的关注，充分利用一切可利用的资源和条件，不断进行教育教学改革，积极探索有效途径，着力提升人才培养质量。传统的封闭式办学已然不能适应迅速变化的市场需要，不能满足国际化、全球化对各类高素质人才的强烈诉求，寻求校外教育资源和利用社会环境培养人才成为必然的选择。产学研合作有效地适应了这一新的需要，既密切了教育与社会的联系，也为人才培养拓展了新的途径，在发达国家备受推崇。可以说，产学研合作的水平是一个社会生产力发展水平的重要标志，是一个国家创新能力提升的重要保障，同样也是一所大学提高人才培养质量、科学研究水平和社会服务能力的重要途径。

2011年4月胡锦涛总书记在清华大学百年校庆大会上提出"要积极推动协同创新，通过体制机制创新和政策项目引导，鼓励高校同科研机构、企业开展深度合作，建立协同创新的战略联盟，促进资源共享，联合开展重大科研项目攻关"。此后，国家启动"211"计划即高等学校创新能力提升计划，其主要内容归纳为"1148"，即一个根本出发点、一项核心任务、四类协同创新模式和八个方面的体制机制改革。其中核心任务和协同创新模式与产学研合作密切相关，核心任务是使人才、学科、科研三位一体，增强人才培养、学科建设、科学研究之间的协同与互动，以协同创新中心为载体，构建四类协同创新模式。大力推进学校和学校、学校和科研院所、学校和行业企业以及学校和区域发展、和国际合作的深度融合。探索建立面向科学前沿、行业产业、区域发展以及文化传承创新的重大需求的四类协同创新模式，建成一批2011协同创新中心，逐步成为具有重大国际影响的学术高地、行业产业共性技术的研发基地、区域创新发展的引领阵地和文化传承创新的主力阵营。

在《国家中长期教育改革和发展规划纲要（2010—2020年）》中，将产学研合作视为创新人才培养机制、提高科学研究水平与增强社会服务能力的重要举措，要求全面提高高等教育质量，确立人才培养中心地位。特别提出，要创立高等学校与科研院所、行业企业联合育人的新机制，要求进一步推进产学研用结合，促进产学研各方深度合作和资源共享。在《国家中长期科学和技术发展规划纲要（2006—2020年）》中提出，要全面推进国家创新体系建设，深入实施国家技术创新工程，加快以企业为主体、市场为导向、产学研相结合的技术创新体系建设；强化高水平科研院所和研究型大学建设，加快建立科学研究与高等教育有机结合的知识创新体系。因此，深化产学研合作，积极推进协同创新，既是建设国家创新体系的需要，也是落实规划纲要精神的需要，更是高等院校充分利用校内外资源提高人才培养质量的需要。唯有提升人才培养质量，才能促进人的全面发展，才能为社会提供数以亿计的高素质劳动者、数以千万计的高级专门人才和一大批拔尖创新人才，最终推动人、教育与社会的协调发展。

产学研合作是现代高等教育发展的大趋势，符合高等教育内外部关系规律。基于不同的合作利益相关者立场，就会对产学研合作的主体、内容、方式、内涵和功能等有不同的理解和认知。从高校的角度讲，产学研合作是为了获得教育资源，将科技成果转化为现实生产力，满足人的社会化学习需求，为人才培养搭建平台，形成教育与社会的良性互动，根本目的在于提升人才培养质量。但是，长期以来，人们较多的是从科技与经济的角度来定位和审视产学研合作，强调产学研合作服务经济与社会发展的工具性价值，注重科技成果的转化和资源的共享，关注经济效用，较少从高校的立场出发，尤其是从人才培养的角度来探讨产学研合作的育人功效和办学行为，这就偏离了大学培养人才这一根本使命和办学目标，遮蔽了产学研合作的应然价值诉求。产学研合作在我国已上升为国家策略，创建产学研合作人才培养新机制，促进产学研各方的教育资源深度合作和共享，并探索出不同类型高校适切的产学研合作培养人才的模式，实现产学研各方的合作价值，既出人才，又出成果，是当前产学研合作的关键问题，也是本研究试图所要解决的重要问题。

产学研合作可以说是一个开放系统，它将学术界和产业界有机结合起来，相互交换各自所需的资源，互惠互利，有利于增大合作效益。产学研合作搭建了合作育人的平台，扩大了人才培养途径，能弥补学校教育资源的不足。在人才培养方面，有利于学生理论学习与社会实践相统一，使实践育人成为可能。毋庸置疑，实践育人是我国高等教育的软肋，产学研合作有利于改变我国高等教育这一现状。长期以来，我们往往重视校内教育，实行"圈养式"的封闭人才培养模式，从概念到概念，从理论到理论，从考试到考试，"注入式"的知识化教育占主导地位，缺乏理论学习与社会实践的结合。大学的教育方式与教育方法还没有大的改观，致使大学所培养出的毕业生社会适应性不强，缺乏合作与团队精神，不能很好地满足用人单位的需求。目前，实践教学环节在高校发展中的"短板效应"依然突出，加强实践教学工作已成为提高人才培养质量亟待解决的问题。① 因此，在我国高等教育大众化向纵深发展阶段，寻求新的人才培养途径，创新人才培养模式，提升人才培养质量就成为迫切而重大的现实问题。产学研合作顺应了这一发展要求，有利于集中校内外优质资源培养出广受用人单位欢迎的人才，既推动大学与社会的良性互动，也有利于突破传统人才培养模式，具有极强的现实针对性。

从高校的立场与人才培养的角度研究产学研合作有关的理论与现实问题，有利于改变产学研合作片面追求科技与经济的价值导向和违背人才培养这一大学核心使命的做法。在我国，产学研合作教育（或称合作教育）主要是以提升学生就业竞争力和综合素质为主要出发点，其主要的研究重点与产学研合作不同，产学研合作比合作教育的范畴大，包含了产学研合作教育内容。之所以倡导通过产学研合作来培养人才，既是为了纠正以往

---

① 成协设, 杨有振, 江珩, 等. 校地协同共建"政产学研用"实践育人途径 [J]. 中国大学教学, 2012 (2): 69.

单纯追求科技与经济合作的片面性和不合理定位，也是为了满足产学研合作多元主体的合作需求，将经济、科技与人才培养有机结合。因此，本研究将为全面认识高校参与产学研合作的本质提供新的视角，有利于深化对产学研合作育人价值的理性认识，为创新大学人才培养模式和大学教育理念提供新的思路。

人才培养是一个长期的过程，人才培养质量也是一个受到诸多因素影响的结果，环境、心理、人文素质与家庭等都会对人才的素质形成冲击。[①] 所以，产学研合作是提升人才培养质量的一种有效途径但并不是全部。当今时代，高等教育的发展受整个社会系统的制约，人才培养已不仅仅是高校的责任，企业、科研院所与政府部门等用人单位，也是高校人才培养重要的合作伙伴，理应强化产学研合作的育人责任。着眼于长远可持续的发展战略，我国大学在人才培养过程中，理论知识的学习贯穿于人才培养的方方面面，而实践学习不足。"为什么我们培养不出杰出人才"的钱学森之问引起了人们对创新型人才培养的强烈关注。近年来，各高校纷纷倡导和探索创新型人才培养模式，但远还没有落到实处，对以往以知识传授为主的人才培养模式并没有产生深刻的影响，学生的活动空间还是局限于校园，众多的实习与见习往往流于形式，致使实践教学成效不足。教育的根本目的在于培养全面发展的人，知识的学习固然重要，但知识化的教育不是教育的根本目的。大学生除掌握知识外，也应陶冶情操，培养能力、态度、自主性等非智力因素，这些也是提升人才培养质量的重要内涵，但仅靠大学无法有效完成，需要通过产学研合作建立一个开放的育人环境。

探讨产学研合作提升人才培养质量的理论依据与价值体现，揭示我国高校产学研合作人才培养中存在的问题，借鉴发达国家经验，建立我国产学研合作培养人才的新机制，对于认识高等教育特性，更好地把握高校人才培养规律，创新人才培养模式具有重要的理论价值和现实意义。

第二节 国内外研究现状概述

概念界定是研究的前提，而对研究现状的把握是创新研究的基础性条件。为使研究思路更加清晰，需要对产学研合作与人才培养质量的相关概念进行厘定，在此基础上对相关研究现状进行简要概述，以便从高校的立场出发，紧密围绕产学研合作提升人才培养质量进行深入的探究。

一、概念界定

（一）产学研合作

产学研合作在中文名称上有不同叫法，可称"产学研结合"或"产学研一体化"。王丽姬在《教育产业化的理论与实践》著作中的表述是："产业部门主动联系，以高等院校、科研机构为技术主要输出方，企业为技术主要输入方，并以发展与拓展企业的主体技术为合作领域，共同实施一项或多项高新技术开发或生产项目转移，风险同担，利益共享的联合形式。"刘力认为产学研合作就是指学术界与产业界为了共同实现创新目标而形成的合作交流关系。它是由产业界所发起，以学术界的研究与开发为起点，再经过产业界成功的市场实践，从而在科技层次上实现的创新活动。这一活动涉及企业、高等院校和研究机构等两大领域三个不同部门，三者之间不仅相互联系和相互制约，同时也与政府和整个社会大环境相互联系和相互制约。而要形成产学研合作的良性运行机制，就必须创设能使内外关系协调发展的基本条件。①

产学研合作因不同合作主体间的合作目的、合作模式与合作内容多样，涉及面也比较广，要给其下一个准确的定义实属不易。为统一概念和

---

① 刘力. 产学研合作的历史考察及本质探讨 [J]. 浙江大学学报：人文社会科学版, 2002 (5): 109-116.

研究需要，我们认为产学研合作是指学术界（主要是大学与科研院所）与产业界本着优势互补、平等互利、共同发展的原则，将知识的发现、传递和应用紧密结合起来，在人才培养、科学研究、社会服务等方面所开展的不同形式与内容的合作活动。

（二）产学研合作教育

"产学研合作教育"在西方发达国家普遍称之为"合作教育"（Cooperative Education）。2001年世界合作教育协会宣传资料解释道："合作教育将课堂上的学习与工作中的学习结合起来，学生将理论知识应用于与之相关的、为真实的雇主效力且通常能获取报酬的工作实际中，然后将工作中遇到的挑战和增长的见识带回课堂，帮助他们在学习中的进一步分析与思考。"[①] 加拿大合作教育协会认为："合作教育计划是一种形式上将学生的理论学习与在合作教育雇主机构中的工作经历结合起来的计划。通常的计划是提供学生在商业、工业、政府及社会服务等领域的工作实践与专业学习之间定期轮换。"美国国家合作教育委员会认为："合作教育是一种独特的教育形式，它将课堂学习与在公共或者私营机构中的有报酬的、有计划的和有督导的工作经历结合起来，它允许学生跨越校园界限，面对现实世界去获得基本的实践技能，增强学生的自信和确定职业方向。"[②] 我国学术界一般认为产学研合作教育是一种以培养学生的全面素质、综合能力和就业竞争力为重点，利用学校和企业两种不同的教育环境和教育资源，采取课堂教学与学生参加实际工作有机结合，培养适合不同用人单位需要的，具有全面素质和创新能力人才的教育模式。[③]

结合上述定义，我们认为产学研合作教育是指高校在人才培养过程中，充分利用校内外教育资源与教育环境，将教学、科研与生产劳动三者有机结合，以提高学生理论联系实际、创业创新和学以致用能力，增强社会适应性和团队合作精神的一种教育模式。这种教育模式由于高等教育层次、类型和人才培养定位的不同，在具体合作过程中呈现出灵活多样的特点。

（三）"产学研合作"与"产学研合作教育"的关系

"产学研合作"与"产学研合作教育"有不同的目的、形式与内容指

① 徐金燕. 中国合作教育发展探究 [M]. 北京：石油工业出版社, 2004: 36.
② 徐金燕. 中国合作教育发展探究 [M]. 北京：石油工业出版社, 2004: 36.
③ 张炼. 产学研合作教育的理论问题及在我国的实践 [J]. 职业技术教育：教科版, 2002 (34): 21—25.

向，但联系密切，二者范畴不同。"产学研合作"在内涵与外延方面都比"产学研合作教育"深刻、宽泛。"产学研合作"内容除包括联合科技攻关、成果转化、产品与技术的开发与应用外，还涵盖产学研合作教育的全部内容。

（四）人才培养质量

通常认为，高等教育的人才培养质量指高校培养的人才在知识、能力、个性、品德等方面形成的综合素质的高低以及培养目标的实现程度。产学研合作中的人才培养质量是指在产学研合作的开放系统中，根据高校各自的人才培养定位，选择不同的产学研合作模式，培养的人才满足各利益主体对人才在知识、能力与品德等方面的需求度。这种人才培养质量观是一个多层次、多元化的人才培养质量观，不同层次和类型高校的人才培养质量标准与要求是不同的，各有侧重。对于高职院校来讲，主要选择企业或者依托行业背景寻找合作伙伴，工学交替，以培养高素质的劳动者为目的，学生毕业后就能胜任工作。对于一般普通本科院校来讲，主要选择企业和相关的科研院所，以培养高级专门人才为目的，依托产学研合作平台，采用工学交替或者定向培养等方式，使学生理论联系实际，培养的学生既具有较强的实际工作能力，又具有一定从事研究开发工作的基础。对于研究型大学来讲，主要选择大型企业和科研院所，以培养拔尖创新人才为目的，依托协同创新中心、工程研究中心、科技园区、流动站等产学研合作平台，采用"项目+基地"的方式，着重培养学生发现问题、研究问题与解决问题的能力。不同层次与类型大学的人才培养规格与要求既是对大学参与产学研合作培养人才的目标定位，也是大学准确定位的体现。

二、国内外研究现状

产学研合作能否有效提升人才培养质量并推动社会经济的发展，关系到合作各方的切身利益，因此备受国内外学者的关注。大多数学者认为，产学研合作与人才培养质量是相互促进的正相关关系，多方实质性的合作，有利于科技创新和成果转化，有利于开创合作双方发展与共赢的局面。为了更好地了解国内外学者关于产学研合作提升人才培养质量的相关研究，有必要对此领域的研究进行简要梳理，以便跟踪研究前沿，把握研究方向，开拓研究视野。

（一）国内研究现状

我国产学研合作已取得了系统理论与实践成果，并已经上升为国家政策。从研究主题来看，主要包括产学研合作模式与机制研究、内涵研究、理论基础研究、效益研究、可行性与必要性研究、法规政策研究、对策与建议研究、个案经验总结和合作利益分配研究等方面。从研究方法来看，主要有调查研究法、比较研究法、历史研究法和案例研究法，定性研究多，定量研究不足。目前，我国产学研合作主要强调科技成果转化与经济效益，而对产学研合作与人才培养质量的相关研究关注不够，这与高校人才培养这一最基本的核心职能不匹配，在一定程度上严重制约了人们对产学研合作培养人才价值的认识与理解，影响了产学研合作价值的实现。有关产学研合作的内容、政策与模式的研究众多，且合作模式的研究主要以个案研究和理论研究为主，实证研究较少。通过现有文献的梳理，国内有关产学研合作与人才培养质量的研究主要集中在调查研究（个案）、实践探索与理论研究三个方面。

1. 调查研究

目前有关该领域的调查研究，调查范围小，局限于某专业某高校或某地区，鲜有全国性的调查，缺乏对人才培养质量的对比研究与评价研究，跟踪调查甚少，对国外产学研合作培养人才的调查研究介绍较少，对国际研究动态了解不足。调查结果以调查对象的主观评价为主，问卷设计的科学性和信度有待进一步提高，统计方法的科学性不强。相关调查表明产学研合作有利于人才培养质量的提高，能培养出高素质的应用型人才，但主要适宜于与产业部门密切联系的学科与专业，行业背景明显。如罗秋兰（2007）等对广西工学院"3+1+1"产学研合作教育试点班学生的教育质量进行了调查，回收问卷47份，调查对象是相关学员所在部门同事和领导，调查表明试点班学员基础知识、基本技能总体较强，岗位适应性强，外语应用能力、语言表达能力较好，上进心、敬业精神和团队精神较强，综合素质高，自我定位较适宜，用人单位对试点班学员工作表现整体上较满意，但组织能力与动手能力相对较弱，原因在于工学交替时间短。[①]曹中（2008）对浙江宁波高校产学研合作的调查表明，应用型财会专业学生通过产学研合作实践，增强了对社会的认识和了解，深刻地体会到知识的作用和价值，使他们较快融入经营管理与实务操作的过程，缩短了高等院校人才培养模式和社会实际需要之间的差距，使培养出的人才具

---

① 罗秋兰, 等. 产学合作教育人才培养质量调查与分析 [J]. 市场调研, 2007 (10): 228-229.

有强大的竞争实力。但此项调查范围较小，不具有普遍的推广性。[①] 童国峰（1998）对湖北汽车工业学院参与产学合作教育的部分学生进行了毕业"后效性"的调查，从总体上看毕业生的质量具有比同期进厂的没有经过产学合作锻炼的毕业生"上手快，动手能力强"的优势，发现他们在工作中所表现出来的能力、素质与在大学中所接受的教育很有关系。[②] 孙健（2011）对广东地方本科院校的产学研合作教育的现状进行了全面调查，结果表明参与产学研合作的学生素质较高，就业竞争力强，广受用人单位欢迎，10所高校80.5%的毕业生成为合作企业优先选择的对象。[③] 他还对广州地方院校产学研合作教育人才模式进行了调查与分析（工学交替、校企双向参与与分段培养、项目为依托的联合培养、订单式培养、以科研基地为依托的联合培养和直接服务与企事业生产和管理六种主要模式），并从高校、政府与企业三方面提出了创新产学研合作教育模式的建议。陈晶璞（2010）[④] 等对河北高校产学研合作现状进行了调查，认为产学研合作使理论与实践相结合、教学与科研相结合、人才与成果并存，从政策体系、校企合作与研究范围三方面论述存在的问题，并提出了对策。

国内相关领域的调查研究为此领域的研究进行了有益的探索，也为本研究提供了有益的参考，一定程度上论证了产学研合作对提高人才培养质量的积极作用，并对高校整体的发展（如资源获取、教学改革、管理模式改革等）具有重要影响，为该领域的理论研究和实践探索提供了基础。通过文献梳理，我们发现目前需要进一步跟踪调查参与产学研合作实践的毕业生与没参与产学研合作实践的学生的异同，只有这样才能真实地把握产学研合作的人才培养价值所在，故该领域的调查研究值得深入探讨。

2. 实践探索

我国产学研合作实践可以追溯到20世纪五六十年代开展的原子弹和氢弹的科技联合攻关，它整合了教育、科技与军事等领域的人才，是一项巨大的产学研合作系统工程，重点关注科技成果的重大发现，对于通过产学研合作培养人才的关注不够，其育人价值难以体现。到了80年代，产学研合作教育从国外引进到我国，且经历了"合作教育"、"产学合作教育"与

① 曹中. 新经济形势下: 应用型财会专业人才培养的思考——基于对浙江宁波高等院校产学研合作的调查 [J]. 会计之友, 2008 (6): 87.

② 童国峰. 关于产学合作教育"后效性"状况的调查 [J]. 机械工业高教研究, 1998 (3): 47-48.

③ 孙健. 广东省地方本科院校产学研合作教育的现状、问题与对策: 基于广东省十所院校的调查问卷的分析 [J]. 中国高教研究, 2011 (4): 58-60.

④ 陈晶璞, 等. 河北高校产学研合作问题分析及对策 [J]. 燕山大学学报: 哲学社会科学版, 2010 (4): 123-126.

"产学研合作教育"的更名，是对国外合作教育"Cooperative Education"的创新与发展，虽名称各异，但教育性是其共同本质。它自诞生以来被各国广泛认可，已逐渐成为教育发展的大趋势，其根源在于它符合教育内外部关系规律，抓住了人的社会实践属性本质，将理论学习与实践工作紧密结合，使学生知行统一，是教育理念和教育模式的创新。

我国不同层次类型的高校开展了多种形式的产学研合作人才培养模式的探索，有订单模式、项目基地模式、共建科研实体与基地模式、科技园区模式、创业基地模式等。有些高校把产学研合作作为一种办学模式或教育理念，以人才培养为核心，开展了多学科的产学研合作教育实践，有效地提高了学生的实践能力和就业竞争力，也提升了学校的知名度和美誉度。多数学者认为产学研合作是教育与生产劳动相结合有效途径，有利于高等学校的人才培养模式改革和教学质量的提升，是培养"双师型"教师和高素质应用型人才的重要路径。

不同层次和类型的大学积极探索各自的产学研合作人才培养途径。高水平大学关注科技创新与成果转化，基于研究中心等科研平台培养了大批"双师型"教师和创新型人才，提升了学生创新与实践能力。如北京科技大学按照"一个核心、两个体系、三项原则"的构架，创建了"进校不离岗"的产学研合作培养创新型人才模式，构建了理论与实践教学两个体系，学生的论文选题直接来源于生产实践，具有明确的问题指向和应用价值。通过产学研合作培养人才往往是行业学校的办学特色所在，这些学校往往与行业联系紧密，形成了各式各样的产学研合作育人模式。例如，中国石油大学（北京）①形成了共建校内外实习与实践基地、订单式培养、签订协议开展全方位合作、联合建立企业研究生工作站、联合培养博士后、国际化人才培养模式和共建科研基地等多种产学研合作模式，并不断深化和拓展人才培养途径，在人才培养方面取得了显著成效。

一般普通本科院校以人才培养质量的提高为核心，以学生素质提升为目标指向，着眼于就业竞争力的提高，形成了多样化的产学研合作教育人才培养模式。如长江大学开展产学研合作教育20余年，近几年全面推广"工学交替合作教育"模式，探索与试行"两基三段式"、"项目+基地"、"订单培养"与"4×4"等多种合作教育模式，形成了多学科产学研合作教育的局面，探索建立的政策法规激励约束机制、互惠互利动力机制、合

---

① 宁正福，等. 石油高校产学研合作模式典型案例研究：以中国石油大学(北京)为例 [J]. 科技管理研究, 2011 (1): 98–99.

作教育组织和管理保障机制富有特色[①]；上海工程技术大学试行"一年三学期，工学交替"的产学研合作教育模式，通过20多年的研究与实践，建立了"三纵一横"的组织机构和"三表一证"的质量保证体系。

高职高专院校主要以就业为基本导向，培养一线应用技能型人才，受到了用人单位的欢迎。上海医疗器械高等专科学校试行"校企医监研"五方联动"手脑德心"立体推进的合作教育模式。烟台职业技术学院按照"互惠互利、良性互动"原则，进行校企合作，根据学生意愿和企业要求，学校将学生送至企业岗位轮岗实习，学生实践能力得到了有效锻炼。[②]众多高校的产学合作人才培养模式探索，取得了一系列成果，既培养了人才，也为高校自身的可持续发展赢得了声誉和资源，强化了高校与社会的互动。但我国高校产学研合作仍然存在着合作理念、体制与机制等方面的问题，制约了产学研合作人才培养的有效开展。由于各个合作主体存在着利益矛盾，合作动机不同，相互的信任度不够，导致内在动力不足，运行机制不畅。正如有学者所言："由于地域经济发展差异、学校办学层次不一以及区域政策不平衡导致的一些地方院校在开展和实施产学研合作的过程中出现体制松散、积极性不高、鲜有收效的现状。"[③]

3. 理论研究

关于产学研合作的理论研究主要从教育与生产劳动相结合理论、产学研战略联盟、博弈理论、群落生态学、系统科学、组织学、组织社会学、区域创新理论、交易成本理论等理论视角，深刻论述了产学研合作的必要性、内涵、机制、动力、作用与意义，论述产学研合作对大学自身及其对社会经济发展的重大作用等。如陈宜通（2006）结合案例论证产学研结合有利于更新教师专业知识，促进教师科研和教学质量的提升，对本科生毕业设计起到事半功倍的作用；[④]冯庆斌（2006）运用群落生态学的观点和方法从生态位、生态因子、种群关系等方面对产学研合作创新群落展开研究。[⑤]有关产学研合作与人才培养质量的理论研究数量不多，理论深度不够，不系统，较少从如何育人以及何以育人的角度深刻阐述产学研合作对于人才培养的作用和意义，但也不乏有价值的研究成果，值得学习和借鉴。

---

① 黄义武. 多学科合作教育运行机制探究 [J]. 高等教育研究, 2008 (10): 52.

② 于忠辉. 校企合作教育的理论与实践 [J]. 河北农业大学学报: 农林教育版, 2004 (12): 17.

③ 孟令权. 我国高校产学研合作存在的问题与对策 [J]. 吉林师范大学学报: 人文社会科学版, 2012 (1): 91.

④ 陈宜通. 产学研相结合是提高本科教学质量的有效途径 [J]. 西安建筑科技大学学报: 社会科学版, 2006 (2): 69-70.

⑤ 冯庆斌. 基于群落生态学的产学研合作创新研究 [D]. 哈尔滨: 哈尔滨工程大学, 2006.

产学研合作突破了以往高校封闭办学的模式，它是一种新的教育思想和人才培养模式，有利于教育教学的改革和人才培养质量的提高，已得到广泛的认可。有学者运用建构主义的学习理论、教育与生产劳动相结合育人理论，论述了高职院校产学研合作教育的本质与内涵，认为"产学研合作应以人为本，突出理念创新"。[①] 产学研合作的实践性特征与情境性体验对于学生素质的锻炼提供了良好的平台，如赵云良（2000）认为产学研合作为人才成长提供的环境与实践机会符合认知理论中的适应性（体验性）学习理论，对学习者的刺激最强烈，它能够充分激发学习者的自身能动性，能自我调整，使学习有明确的目标和针对性，从而扎实牢固地掌握知识和技能。[②] 在开放性的社会系统中，实践育人模式成为高校今后发展的必然选择，教学、科研与生产的结合成为高校建立科研实体与生产实习基地的动力所在。有人认为创新能力的培养仅靠学校课堂教育是不够的，还需依靠社会实践，通过产学研合作教育培养应用型创新人才优势明显。[③] 产学研合作培养人才在不同的大学所采取的模式和合作内容是多样化的，学者们结合所在学校的实践，对产学研合作培养人才的模式进行了大量的理论研究，创新合作机制，完善政策与法规是重点研究内容。我国产学研合作教育政策经历了教劳结合，教学、科研与生产相结合，产学研合作教育与产学研用结合四个阶段，由最初政治口号转变为育人理念与人才培养模式，但现有的产学研合作教育制度与法规不完善，缺乏操作性。[④]

总之，有关产学研合作培养人才的理论研究与实践探索在我国历史不长，众多研究有待深入，需强化学理探究，加大定量实证研究，关注产学研合作的综合研究，将科技攻关、成果转化和人才培养结合起来，不能片面化。目前国家大力倡导产学研合作，要求合作各方深度合作，发挥其在人才培养、科学研究和社会服务方面的功效。因此，产学研合作提升人才培养质量这一主题是今后研究的热点，必将受到专家学者和社会各界人士的广泛关注。从实践来看，我国产学研合作还没有形成政府、企业、大学的联动机制，合作的积极性不高、认识不足、体制不畅、动力不强、措施不力，同时也缺乏学术界与产业界密切合作培养人才的文化氛围。

---

① 林云. 高职院校产学研合作教育的理论基础及实质探析[J]. 职业教育研究, 2009 (4): 11.
② 赵云良. 产学研合作的理论背景 [J]. 江苏高教, 2000 (6): 20.
③ 张炼. 产学研合作教育若干理论问题的思考 [J]. 江苏高教, 2000 (1): 95.
④ 王新凤. 我国高校产学研合作教育的政策期待 [J]. 中国高教研究, 2011 (3/4): 55-57.

（二）国外研究现状概述

西方产学研合作历史悠久。著名的"威斯康星思想"引导高等教育与社会的紧密联系，使服务社会成为大学第三大职能。20世纪中叶，斯坦福工业园的创办进一步推动了产学研合作的发展，并逐渐引用到人才培养领域，产学研合作培养人才备受关注。世界各国产学研合作各具特色，丰富多彩，基于科技与经济发展需求形成了诸如美国硅谷、128号公路、英国剑桥科技园区、日本的筑波科技园区等成功的产学研合作典范，强有力地确证了产学研合作的巨大价值，产学研合作备受瞩目，凸显了教育、经济、科技一体化发展趋势。

回顾已有的相关研究文献，学者们主要从知识管理、经济学、国家创新系统理论、组织生态学、公共治理、战略管理、公共政策等理论视野出发，较多地探索了产学研合作的动机、机制、模式、绩效、评价、知识共享、利益分配等诸多理论与实践问题。如Elisas等人从知识管理角度出发，认为产学研合作是一种跨组织现象，共享知识是其动机所在；亨利·埃茨科维兹1995年提出三螺旋模型的概念来解释大学、企业和政府三者间的新型关系。上述不同的研究角度拓展了研究思维与研究路径，有利于加深对产学研合作的认识和理解。

西方国家产学研合作模式呈现出多样性，如美国的企业孵化器、英国的"创业型大学"与教学公司等模式的发展密切了大学与产业界关系，在科技成果转化、课题研究、资源优化配置等领域深入合作，拓展了大学服务范围，提升了大学的社会知名度，为社会培养了大批科技与管理人才。通过科学研究锻炼了师生的研究思维与能力，提高了创新的意识，有利于高校人才培养质量的提高。产学研合作教育对人才培养质量的影响受到了广泛关注，产学研合作教育的合作内容与形式多样，基于不同人才培养目标，结合不同高校实际情况开展了不同的产学研合作教育模式，核心是提高人才培养质量。研究型大学与相关产业部门紧密结合，众多研究生参与项目研究与开发，论文选题直接来源于产业部门，有鲜明的问题意识；本专科生参与的合作教育在不同国家有不同模式，但本质上都以学生发展为本，重视与雇主的合作，促进了学生的学业与就业，如美国的"回归工程"教育、英国的"三明治"教育、德国的"双元制"职业教育等特色鲜明。

国外产学研合作教育（或合作教育）研究由宏观走向微观，趋向于实证研究，集中研究了合作教育的内涵与价值，合作教育与学校的改革发展，工作环境与学生认知、情感、自尊、道德等非理性因素关系的研究，合作教育与学生毕业后的职业类别、职位变动以及性别差异的关系，合作教育与学生学术成绩和综合能力的关系研究等，这些研究都与人才培养相关，以学生发展和就业为核心议题。Cheryl Cates等介绍了辛辛那提大学综合课程的改革与发展，根据学生在合作教育工作中的表现和工作需要，不断调整课程。Raelin, Joe等的研究证实了合作教育能加强理工科女性自我效能感，有利于提高她们的学术地位。Taylor等通过调查研究，考察合作教育对学生学术水平、课程成绩与课堂考勤的影响，结果显示，合作教育影响课堂出勤率，而对前两项内容无明显影响。Cheryl L. Gates对辛辛那提大学合作教育课程学习模块进行了具体研究，认为合作教育课程模块的学习有利于提高学生的社会适应性和工作能力，对于教育质量的提升具有积极作用。

从高校人才培养角度看，产学研合作使学生在校外的实践与校内理论学习有机结合，为学生创新意识与实践能力的培养提供了真实的场景，"做中学"的教育理念得到了贯彻。受实用主义哲学的深远影响，美国产学研合作历史悠久，无论在人才培养，还是在科研与服务社会方面都显示了其巨大的价值，美国高等教育强国的世界地位与产学研合作的高水平不无关系，这对于我国建设高等教育强国有重要的启示作用。国外已有的有关产学研合作以及和人才培养质量相关的研究具有重要的参考价值，但也存在一些不足。国外研究过于强调实用性，忽视了过程的作用，尤其是如何培养人才方面缺乏理论研究的厚度与深度，这些不足将影响到产学研合作的深入发展。此外，国外发达国家的社会经济发展状况、人才观和教育理念与我国也有差异，借鉴别国的产学研合作模式要有所取舍，以便结合我国现实国情，更好地开展具有中国特色的产学研合作人才培养实践。

第三节　研究思路与内容要点

本研究的基本假设是产学研合作能有效提升人才培养质量，产学研合作在不同层次和类型的高校应有不同的合作形式与内容，发达国家产学研合作培养高质量人才的共同经验具有一定的普适性。基于此，我们开展了大量的调查与比较研究，在理论与实践层面论证了这一假设，形成了一个较为严密的逻辑体系。我们简要梳理了该领域的研究现状，从多学科视角阐述了产学研合作提升人才培养质量的理论依据，对产学研合作的教育价值进行了系统探索。然而，本研究的视野并没有局限于国内，对发达国家和地区的产学研合作人才培养的典型模式进行了研究，同时也回顾了我国产学研合作教育的发展历程，重点介绍了长江大学产学研合作提升人才培养质量的实践探索。本书的研究结论建立在调查与比较研究的基础之上，全面揭示产学研合作对人才培养质量的影响，针对我国产学研合作的现状及其存在的问题，给出了相应的对策和建议。最后，探索性地构建了产学研合作教育质量评价体系，这在以往的研究中较少涉及。本书总体上沿着"提出问题—理论解释—现状考察—国际横向比较与历史纵向比较—存在问题的分析与诊断—对策与建议"这一研究思路，试图构建一个相对完整的框架体系，以期弥补相关研究领域的不足。

本研究从理论与实践两个层面，采用文献法、个案研究法、调查法、比较研究法、统计分析法，围绕产学研合作提升人才培养质量展开研究，力图在以下几个方面获得突破。首先，从多学科视角探讨产学研合作提升人才培养质量的理论依据。其次，通过对国内外典型案例的比较研究，证明产学研合作不仅是科技创新和成果转化的有效形式，而且是提升人才培养质量的有效途径，突破了产学研合作教育培养人才的观念，大大拓展了产学研合作仅限于科技与经济领域的合作。第三，产学研合作包含产学研合作教育，其模式具有多样化，不同层次的大学可以选择和采用不同的产学研合作人才培养模式，这也正是协同创新本质之所在。第四，在对全国部分高校和企业产学研合作状况调研的基础上，分析了产学研合作与人才培养质量的关系，针对产学研合作存在的问题提出了对策与建议。最后，基于长江大学产学研合作教育的实践，构建了产学研合作教育质量评价体系，并运用模糊综合评价法和数理统计法，对评价指标体系进行检验，其结果证明构建的评价体系具有一定的科学性、可行性和操作性，这为构建产学研合作质量整体评价指标体系奠定了一定的基础。

第二章

产学研合作提升人才
培养质量的理论依据

产学研合作涉及不同利益主体，合作目的各有侧重，就高校而言，最关心的是通过产学研合作提高人才培养质量。那么产学研合作何以能提升人才培养质量？我们根据掌握的文献，国内外现有研究对于产学研合作提升人才培养质量的理论依据并没有系统的论述，往往只涉及某些理论的某些方面。因此，综合应用多学科理论知识，深刻认识产学研合作的育人本质不仅是必要的，而且是可行的。正如伯顿·克拉克所言："没有一种研究能揭示一切，宽阔的论述必须是多学科的。"[①] 本章运用相关学科的理论从应然的角度综合分析产学研合作提升人才培养质量的内在依据，以期为我国高校深入开展产学研合作提供理论指导。

第一节　理论学习与社会实践相结合

产学研合作是一项多方联动且实践性很强的合作活动，使理论学习与社会实践紧密结合起来，为人才培养搭建了社会实践和知识应用的真实舞台，满足知识创新与人的发展规律的要求，这正是产学研合作提升人才培养质量的社会需要。从实践与认识的关系原理、教育与生产劳动相结合的经典论述与实践育人的视角出发，全面认识产学研合作对人才培养的积极作用，有利于深化人们对产学研合作育人价值的理解与认识。

一、认识与实践相统一

马克思主义哲学的认识论原理告诉我们，实践决定认识，是认识的来源、动力和目的，认识依赖于实践。实践—认识—再实践—再认识，循环往复以至无穷。人类通过实践发现真理，又通过实践证实和发展真理，进而不断地改造着主客观世界。产学研合作就是将科学的理论或知识应用到社会生产实践中去，将科学技术转化为现实的生产力，并得到实践的检验

① 伯顿·克拉克. 高等教育新论——多学科的研究 [M]. 王承绪, 等, 译. 杭州: 浙江教育出版社, 1988: 2.

以验证知识的价值或理论的科学性与有效性，不断提高人们的认识水平，提高人的综合素质，提升人们改造主观世界和客观世界的能力，最终促进人的全面发展和人类文明的进步。

认识与实践相统一是知识发展与人才培养的基本原则，产学研合作符合这一原则。产学研合作打破了高校封闭办学的格局，面向生产实际，将理论与实践结合起来，并在实践中发现和创造知识，同时使培养出的人才较快适应产业部门的需求。人才培养质量的高低需要用人单位的实践检验，而科研成果的有效性也需要实践应用的证明。在知识经济时代，知识只有应用到实际生产中去才能转化为现实生产力，才能实现知识的价值。学生通过产学研合作的实践活动，接触社会生活和生产实际，有利于加深对书本知识的理解和认识，开拓学习视野，启迪思维，增强学生探索新知的动力。要使学生全身心地投入学习活动，就必须让学生面临他们个人意义的或有关的问题，只有在真实问题情境中才能让学生意识到真实的挑战，从而引发学生求知的动机。

创新需要实践，需要一定的环境。产学研合作为学生创新意识的培养和创新能力的开发提供了真实的情境，使理论与实践有机结合，学用一致，知行统一，将书本知识与投身社会实践统一起来，这往往成为创新的动力源和发生地。产学研合作培养人才遵循了实践—认识—再实践—再认识的发展规律，将学习、生产和科学研究统一于产学研合作的具体实践活动中，为培养创新型人才找到一条有效途径。学生在学习、研究与实践的过程中感悟，不断进行分析、联想、推理、反思和对比等，应用已有知识和技能解决现实的问题，激发创造性思维，然后把从实践中获得的解决问题的知识和技能与理论知识相对照，往往成为想象力有效发挥的关键点。

二、理论与实践相联系

创新型人才的培养迫切需要具备能孕育出创新型人才的大环境和舞台。产学研多方位的合作，协同创新，为学生提供了广阔的发展空间，对学生实践动手能力、科研能力、思维能力和解决问题的能力有积极促进作用，能有效激发学生的创新欲望，为培养创新型人才提供实践平台。传统的高校人才培养模式，缺乏真实的实践情境，只能凭借想象，长此以往，禁锢了学生的创新思维，使创新潜力得不到开发。"而现场经验和实验室经验能够激发学生主动思考问题，将学习、思考与行动联系起来，学生既学到了概念，也懂得了概念与人的关系；既学会了学习策略，也学会了应对社会环境的策略"①。

学生通过产学研合作这个实践平台，接触了真实的生产过程，锻炼了动手操作能力，了解了社会发展的需要，学会与人相处，培养了团队合作精神和良好的交际能力，这样的人才适应力强，备受用人单位的欢迎。目前，大学在培养具有创新精神和实践能力的人才方面存在一些薄弱环节，比如工程教育中工程训练不足，重视理论知识传授而缺乏实际动手能力的训练，这样难以培养出创新能力强的人才，以及掌握国际化大工程项目管理的人才。对此，加拿大Suncor能源公司工程主任Max Wang博士认为，大学应该将工程管理实践中的实际经验与教学和学术研究紧密结合，促进教育机构与工业界的深度合作，以培养出适应国际化工程项目的综合性人才。② 知识、技能、方法、情感、态度和价值观等要素的获得，只靠学校教育是无法实现的，必须将学生置于更宽阔的学习情境中，而产学研合作实践为上述要素的获得提供了有效途径。产学研合作使学生亲自参与现代化工程生产过程，强化其工程意识，缩短了高校与企业和社会的距离，使学生较快适应实际工作岗位的需求。

三、"学与做"相结合

产学研合作通过整合校内外资源，在与社会的互动与合作中，发挥合作各方的人力、物力、财力等优势，以实现高素质人才培养目标。产学研合作既是一种人才培养模式，也可作为一种办学模式，是教育理念和人才培养模式的创新。教育理念影响着高校的定位、人才培养目标与规格的制定，进而影响人才培养模式的选择和人才培养的质量。产学研合作秉承理论与实践结合、知行统一、手脑并用与"做中学"的教育理念，打破了传统单一的课堂教学与实验实习的人才培养模式，使"学与做"在真实的实践工作中结合起来，增强了学习的目的性，为培养适应社会发展的人才提供了新途径和新思路。在产学研合作过程中，将学生置于社会、企业和科研院所的实践活动中，引导学生关心社会、了解社会，激发学生的求知欲望，培养学生的创新精神和创新能力。

---

① 威尔伯特，麦肯齐. 麦肯齐大学教学精要——高等院校教师的策略 [M]. 徐辉，译. 杭州: 浙江大学出版社，2005: 181.

② 周玲. 高等工程教育的新特征与新发展 [J]. 清华大学教育研究，2010 (1): 115.

杜威提出"做中学"的教育原则，把学校知识的获得与生活中的活动联系起来，学与做统一，在"做中学"，这为产学研合作培养人才提供了坚实的理论基础。产学研合作的育人过程把学生置于更广阔的社会环境中，满足学生主体性的需求和主动参与的态度，强调"做中学"、探究式学习、主动学习与科研项目带动式学习等，促使学生的个性化在这一教育模式中充分体现，这种学习方式会使学生终身受益。

第二节　教学、科研与生产相结合

教育作为社会系统的子系统，它不是一个孤立的存在，在与社会的互动与交流中获得社会的支持，进而不断地发展自我。教育发展的根本目的在于人自由而全面地发展，而人的发展离不开社会，离不开生产劳动，因为人是一种社会关系的存在物。为了人的发展就必然要求教育要与生产劳动的紧密结合，而教育与人的发展离不开社会的进步，社会进步离不开社会生产与科技的进步，科技的进步离不开科学研究以及从事科学研究的人的发展，这是一个相互联系密不可分的联合体或系统。产学研合作就比较好地把教学、科研与生产巧妙地结合在一起，是教学、科研与生产相结合的有效途径和实践形式，它们的结合与发展都离不开人才。因此，产学研合作培养人才符合"三结合"的要求，也符合大学发展的基本原则，它将有利于促进人才质量的提升和大学的发展。

一、教育与生产劳动相结合

建设高等教育强国，提高人才培养质量是核心。人才培养要遵循教育规律，教育不但要满足个人发展的要求，同时也要满足社会发展对人才的要求，这对高等教育提出了更高的要求。因此，寻求造就全面发展的人的有效途径和方式就成为各国高等教育改革与发展的必然诉求。马克思曾指出，教育与生产劳动相结合"不仅是提高社会生产的一种方法，而且是造就全面发展的人的唯一方法",是"改造现代社会的最强有力的手段之一",① 这里的方法与手段是同义的,生产劳动包括脑力劳动和体力劳动。这一论断的提出具有历史范畴。在原始社会,人们一般通过生产劳动过程教育下一代,教育与生产劳动融合;随着国家的建立和社会劳动分工的出现,教育与生产劳动逐渐分离;近代工业的发展对劳动者素质的高要求需要教育与生产劳动密切结合。这种融合—分离—结合的历史过程与生产力的发展紧密关联。

教育与生产劳动相结合就是要解决人才培养过程中理论与实践相脱节的矛盾,培养学用一致、知与行有机统一的全面发展的人才,这也是现代高等教育发展的必然要求。我国早已将教育与生产劳动相结合作为教育方针,并常常见诸国家领导人的讲话,足见其重要性。现代高等教育与生产劳动的结合要求以科学技术为中介,把人的发展和社会发展结合起来,培养出德、智、体全面发展的人。产学研合作则顺应了这一要求,使生产实践与科研实践成为育人的手段,发挥着其独特的社会功能与育人功能:一方面能极大地促进社会生产力的发展,满足人的物质需求;另一方面对提高人的实践与认识能力、理论联系实际能力、合作意识、社会责任感等也同样具有巨大的促进作用。

产学研合作是培养学生实践能力的重要途径,有利于弥补高校仅靠理论教学和校内教育资源培养人才的不足。产学研合作有利于理论学习与实践学习的结合,使学生进入生产现场,感知、体验生产过程,提升实践能力,并使培养的人才"适销对路",满足用人单位的需求。如华南理工大学推行本科生"打工"计划,开展多种形式的联合办学,建立产学研合作实践教学基地,实施研究生挂职锻炼计划等。这些多形式的产学研一体化实践活动,强化了学生的实践能力,促进了学生创新意识、创新思维和创新能力的培养,拓宽了学生的知识视野,提高了教学质量。产学研合作培养的学生适应了社会发展的不同需要,近几年来该校毕业生一次性就业率保持在92%以上,许多毕业生成为知名的企业家或企业高管,学校被誉为"工程师和企业家的摇篮"②。

---

① 上海师范大学教育系. 马克思恩格斯论教育 [M]. 北京: 人民教育出版社, 1979: 159, 107, 195.
② 李元元, 等. 促进产学研一体化, 培养高素质创新人才 [J]. 高等工程教育研究, 2001 (2): 34-36.

二、教学、科研与生产三结合

　　教学、科研与生产三结合是马克思"教育与生产劳动相结合"的创新与发展，是现代教育、科学技术与生产劳动相互关系的集中阐述，是现代社会发展进步的动力，更是人才培养与大学发展的内在需求，产学研合作则顺应了这一需求。高等教育史上，教学与科研的结合铸就了德国大学的辉煌，使大学的人才培养与科学研究紧密结合，德国大学一度成为世界各国学习的典范，有力推动了科技的发展与社会的进步，造就了众多科学巨匠。教学与科研的结合不仅仅是在大学的内部，更应该是大学的教学要满足时代发展对人才培养的需求，大学的科研也应关注社会的现实发展需求，甚至应该有所超越，这样的教学与科研不但要与社会相结合，更应指向人才培养。大学职能的拓展与全面的应用最终在美国的大学得以实现，服务社会成为大学的第三职能。把大学与社会的发展紧密联系起来，使教学、科研与生产紧密结合，开创了高等教育发展的新时代。可以说，人才培养质量的提升与大学的发展是相辅相成的，产学研合作使教学、科研与生产三结合成为可能，满足了大学发展及其人才培养的内在和外在需求。

　　从我国大学现实发展的角度看，如何有效地把教学、科研与生产结合起来，如何平衡它们之间的关系一直是摆在我国大学面前突出的难题。从高校来看，这些问题主要表现为高校教学与科研结合不够，教学与生产实际结合不够，科研与生产相脱节。产学研合作的开展使"三结合"成为可能，它是"三结合"的有效实践途径，必将有力推动教育、人与社会的协调发展。但由于受各种评价机制与政策的影响，以及大学不合理的发展定位，高校与企业往往热衷科研忽视教学，企业参与高校人才培养的动力不足，其根本原因在于合作的利益主体间存在利益冲突，缺乏合作共赢的理念，缺乏相应的政策引导与创新的机制。

　　现实中，重点大学侧重培养创新性研究型人才，往往强调教学与科研的结合，主要与企事业等用人单位以科研项目为依托联合培养人才，而普通本科院校和高职院校侧重培养应用型与技能型人才，往往强调教学与生产的结合，以工学交替的合作教育为主要形式。但各高校所强调的也往往是各高校所不具备的，致使培养出的人才得不到用人单位的认可和好评。教学、科研与生产三结合是大学发展的基本原则，在不同层次和类型的大学具有普遍的适用性，只是在结合的内容和形式上有所区别罢了。从理论上讲，科研可以促进教学，给教学以创新支持，教学反馈科研并给科研以灵感的驱动，科研是"源"，教学是"流"，科研应走在教学的前面，否则我们的教学只能是无源之水。教学与社会生产的结合可以培养出受用人单位欢迎的人才，科研与生产的紧密结合既可以解决技术难题，也可以使科技成果成为教学的内容，为人才培养提供素材。因此，高校的科研不仅仅是为了更好地教学以培养人才，它还承担着将科技成果转化为现实生产力的任务，解决企业与社会生产中的技术难题，在直接或间接服务社会中提高科技创新能力，以更好地服务教学，更好地培养出高质量的人才。可以说，"三结合"正是产学研合作的内在机理，也是产学研合作提升人才培养质量的内在依据。

从知识运作的角度看，科研是为了发现和创造知识，教学是为了传递和保存知识，而生产是为了应用知识，这一切都是以人为中心，人才培养是教学、科研与生产三结合的纽带和桥梁。"三结合"有利于高校人才的培养，使学生理论学习与实践应用结合起来，把知识的学习与社会生产联系起来，学用一致，手脑并用；"三结合"有利于企业技术的创新与经济效益的提高，可以寻得高质量人才；"三结合"有利于高校及时根据社会生产的实际开展创造性的科学研究和教学改革，为人才培养打下基础。可以说，"三结合"为产学研合作培养人才提供了理论依据，产学研合作本着互利多赢的原则，为人才的成长提供了知识应用和知识创新的舞台，使实践育人成为可能，这种实践可以是工作实践，也可以是科学实验和大的创造发明。大学人才培养中，学生的毕业论文选题可以来源于社会生产实践，学生的论文导师也可以来源于企业和科研院所，研究生的科研能力也可以在高校与企业的科研项目合作中得到锻炼，这些都大大拓展了传统大学在人才培养中条件与资源的不足。

总之，产学研合作是实现教学、科研与生产三结合的有效途径，使大学在更加开放的社会系统中实现教学与科研的融合，让教学、科研、生产更加紧密地结合，为人才培养提供了更大的空间和舞台，为人才培养质量的提升打下坚实的基础。不同层次和类型的大学由于实力不同、发展定位不同，所以在产学研合作中可以有不同的合作内容，"三结合"的侧重点也会有所不同，但无论如何，大学在任何时候都不能偏离提升人才培养质量这一核心目标。

第三节　人的社会属性与社会化学习相适应

教育是一项培养人的社会活动，实现人才培养目标就应顺应人的本质属性，了解人的内心世界，把握人的本质属性。因此，认清大学生的学习规律和心理发展规律，关注人的本质需求，应用适当的途径和手段实施相应的教育才有可能提高人才培养质量。社会实践性是人的本质属性，人的社会化离不开社会实践，人的社会化发展需要社会化的学习。产学合作为人的社会化学习与能力的培养提供了实践舞台，使人的社会化与社会化学习相适应。产学研合作中的实践情境、体验、合作与互动等为大学生学习与成才提供了有益渠道，有助于知识的获取、能力的提高、情感培养和自我价值的实现，从而促进人的全面发展。

一、人的社会属性使然

人由一个自然人发展变化成一个社会人，既离不开学校教育的培养，也离不开社会环境的影响，既需要教师课堂理论教学，更离不开学生社会实践的学习。什么是人的本质呢？马克思关于人的本质主要有三个命题：一是"劳动或实践是人的本质"；二是"人的本质在现实性上是一切社会关系的总和"；三是"人的需要即人的本质"[①]。人的本质离不开劳动或实践，离不开社会关系，只能在实践活动中得到生成、体现和确证。这种实践，是基于某种需要进行的实践，而离开人的需要的实践是不存在的。在现实的人身上，实践活动是内容，社会关系是形式，人的需要是动力，只有正确地理解三者之间的内在联系，从三者相统一的基础上进行理解，才能全面领悟人的本质。因此，社会实践属性是对人的本质内涵的解读。

产学研合作是在一定社会关系和实践需要基础上的合作与交往活动，

---

① 马克思．"人的本质"思想解读[EB/OL]．http://news.sina.com.cn/c/2006-07-06/06009383513s.shtml.

重在实践和合作，这一内涵顺应了人的社会实践属性，是其之所以能提高人才培养质量的内在依据，它符合马克思主义的实践观以及对人的本质属性的认识。产学研合作过程中的实践性活动把人与动物区分开来，而不同群体的互动与交往，形成不同的社会关系，每个参与合作活动的人又是基于一定的需要在不同的社会关系和不同实践中形成独特的个性。反观我们的传统教育，见物不见人的教育和管理随处可见，教师教的越来越多，"满堂灌"的教育模式根深蒂固，使学生的社会实践属性无从施展，失去了求知的动力，久而久之创新意识和创新能力被泯灭，成为守成的"乖学生"，这就违背了抓住"人的本质"的教育真谛。

产学研合作为学生的社会实践提供了真实的环境条件，搭建了与外部社会交流和信息沟通的平台，使学习更有针对性，使自学、乐学成为可能。在这种条件下，人的学习积极性和学习兴趣被充分地激活，独立自主的探索活动释放了人潜在的能量，使人的创新思维和创新能力的发展成为可能。产学研合作在人才培养过程中应关注人的社会实践活动（可以是生产实践、思维实践和科学实验等），不管采用什么样的合作内容、形式、手段和模式，只有抓住了人的本质属性并据此而开展教育活动，以人为本，真正做到实践育人，合作育人，才能培养出高质量的创新型人才。

二、实践育人的诉求

人的社会实践属性决定了人才培养不应仅仅局限于理论知识的学习，还应关注实践育人的重要性。因为人的非理性因素的获得（如情感、态度、责任心等）需要实践的锻炼与体验，仅靠理论学习与领悟是不够的。现代教育必须面向社会，面向生活，为学生提供更多的亲自动手、动脑的实践机会，要给学生更多独立思考和选择的机会，发展学生个性，以培养其创新精神和创新能力。但实践育人依然是我国高校人才培养中的瘸腿，实践育人的内容、形式和组织实施与社会发展、教育提高、个人成才要求相去甚远。[1]产学研合作正是实践育人的有效途径，它所提供的实践经验和学习平台，有利于知识的学习和能力转化，把知识的发现与应用相统一。

---

[1] 金一斌. 实践育人是大学生成长成才的必由之路 [J]. 中国高等教育, 2012 (6): 1.

建构主义学习理论认为，理解依赖于个人经验，人们对事物的理解与个体的先前经验有关，知识是个体与外部环境交互作用的结果，知识不是通过教师传授得到的，而是学习者在与情境的交互作用过程中由学习者自己建构的。产学研合作中的科研人员或学生将已有经验与具体实践环境相结合，有利于他们对知识的意义建构，从而提升人才培养质量。认知心理学学习理论认为，学习者的知识和信仰广泛地存在于对生活的多个方面的解释，这些先验的思想和观念通过人们对各种生活问题的经验性体验而形成。因此，最有效率和质量的学习是在一定的社会实践环境中，学习者为自身生存和发展需要而进行的积极主动性学习。[①] 产学研合作提供了与现实生产场景交互作用的情境，使学习者将课堂上的学习与工作中的学习结合起来，获得基本的实践技能，从而增强学习者的自信，加强学习者对职业的体验与理解，有助于理论学习向实际工作能力的转化和生成，这对人才的培养具有重要意义。人本主义心理学家罗杰斯认为，大多数意义学习是从做中学的，促进学习的最有效的方式之一是让学生直接体验到面临的实际问题、社会问题、伦理和哲学问题等。产学研合作实践活动在本质上是一种价值创造活动，使学生能在实践活动中真实地感受复杂多样的价值关系的变化，并联想现实生活，不断反思和领悟，不断形成真实和稳定情感体验，往往能经受住生活的磨难和巨大的打击。

1996年联合国教科文组织就提出面向21世纪的教育改革报告《学习——内在的财富》，报告中提出要使学习尤其是实践能力的学习方法与地点多样化，强调"学会共处，学会与他人一起生活，学会尊重多元性、相互了解与平等的价值观，特别是要增进不同种族、民族、文化传统与国家的人们之间的理解"；还强调"学会做人，以便充分发展每一个学生的人格，不断增强自主性、判断力与个人责任感"等。[②] 学生责任感的强化与社会性发展靠传统教育以课堂书本知识的传授为主的教育方式是不可能完成的，而强调在实践中体验人际冲突、人际理解和自主性发展等的社会性教育才是真正途径。学生参与产学研合作实践，与来自不同文化、工程背景的人合作与交往，在不同的矛盾冲突中自主地解决现实问题，自由地判断和选择问题，解决矛盾，可以获得心理变化发展的高峰体验，有利于其自主性的发展和完善。

英国的"三明治"教育，德国的"双元制"职业教育等不同形式的合

① 赵云良. 产学研合作的理论背景 [J]. 江苏高教, 2000 (6): 20.
② 国际21世纪教育委员会. 学习——内在的财富 [M]. 北京: 教育科学出版社, 1998: 80–87.

作教育，以及我国的工学交替、订单式培养、项目+基地等合作教育模式都是旨在帮助学生获得实践经验和技能，以充分地激发学习者的好奇心和兴趣，既利于学生有针对性地学习所需知识，也利于学生在独立自主获取知识的过程中自我发展与完善。产学研合作实践中，一项共同的任务需要大家的同心协力才能完成，使他们体味到自身的价值，有助于强化学生的集体责任感和荣誉感。如浙江林学院开展的多地区、多学科、多校区的产学研合作教育创新，促进了学生全面发展。试点专业学生具备较好的专业知识与技能，"社会责任感、道德素养"、"敬业精神、团队合作精神"等指标满意度达到95%以上。[①]

三、社会化学习的满足

人是社会关系的总和，人的社会化必须经过社会化学习与实践活动。人的一切实践行为与活动都通过制造和使用工具、工作劳动、结成社会关系等形式表现出来。所以，人要想更好地生存，必须通过社会化途径学习和掌握社会文化知识和规范，并将社会价值标准内化，以便适应社会生活。在社会活动中，竞争与合作是最基本的实践行为，如何处理二者关系往往成为一个人乃至社会发展的决定性因素。产学研合作是不同主体间社会性实践行为与活动，其合作理念与合作氛围对社会整体发展不无裨益。学会合作、学会生存、学会适应是培养高素质人才的目标所在，更是一个公民应该具有的素养和品质，产学研合作中的实践平台为这些目标的实现提供了可能，为人的社会化学习提供了有益渠道。

社会化学习理论由美国心理学家阿尔伯特·班杜拉（Albert Bandura）于1977年提出，探讨个人的认知、行为与环境三因素及交互作用对人类行为的影响。班杜拉认为，行为主义的"刺激—反应"理论无法解释人类的观察学习现象，所谓观察学习（observational learning），是指学习者通过观察他人（榜样）所表现出的行为及其后果而进行的学习。在观察学习的保持阶段，示范者虽然不再出现，但其行为仍会给"观察者"以一定的影响，学习行为会受到人的认知、行为与环境的交互影响。产学研合作实践为学生创造了一种观察学习的好机会，用人单位员工的工作态度、职业素养和职业意识给学生树立了一种学习的榜样，用人单位领导的管理艺术和

---

① 童晓晖. 地方普通高校产学研合作的教育创新 [J]. 黑龙江高教研究, 2009 (12): 31.

管理技术使学生感同身受，能使他们充分领略到社会发展变化对人才质量的新要求，学生在感受用人单位文化的同时，也会有所触动，对自己提出新的要求。学生通过不断的自我调节与观察学习，调适和设立新的目标，评价自己并建立较高的自信心，增强其适应社会环境的能力。能否实现这一目标，需要落实到产学研合作实践的具体行动中，用思想来引导，用制度来保障。

产学研合作呼声不断，但遗憾的是真正能长久坚持和有效合作的少，这与合作的理念和合作意识不无关系。竞争与合作是人类在社会实践活动中相互作用的两种基本形式，合作往往是双赢，而竞争则总会有损于一方，使另一方受益。如果多些合作的实践，那么合作意识就会越来越强，有利于利益最大化。产学研合作就是一种为实现利益最大化而进行的各种形式的协同行为，属社会性合作行为。只有全社会形成合作的理念和合作的文化氛围，才能使合作成为自然而然的事，而不是一方的单相思。有人曾对温州现象进行了深入研究，认为温州人获得成功的秘籍是他们有强烈的合作意识，合作有利于效益的最大化。参与产学研合作的高校师生在合作中潜移默化地培养合作意识，学会与人相处和合作，这本身是对人才素质的一种锻炼与提高，也是当代教育所倡导和要求的一项重要教育内容即学会合作，进而在无形中提升高等教育人才培养质量。这种合作理念的培养需要合作主体有意识的指导和帮助，并在实践中不断强化，久而久之逐渐进入学生的心理世界，形成合作意识和合作文化，有利于提高学生的合作能力和生存力。

产学研合作为学生接触与了解社会提供了便利渠道，成为学习与工作之间的桥梁，在与社会互动的过程中，加强了对社会的认知，对学生今后的生存和发展做了预先的准备。社会认知主要指对他人表情、性格、行为动机、人与人关系、心理状态、情感与价值观等的认知，是一个推测与判断的过程。在产学研合作实践中，学生在用人单位开放的工作环境中与人交流、相处和互动，他们的态度和行为易受特定环境的影响，对新的环境往往具有一定的敏感性。与不同的同事打交道能领略对方的性格、表情、行为与动机等，学会对人际关系的判断和识别，根据社会价值有选择地进行社会认知，并进行相应的实践行为，使其与外界社会环境保持平衡，增强自我控制与反应能力。以往学生在高校只有通过师生的相互认知来了解社会，产学研合作实践为这种社会认知提供了直接的渠道，为学生今后的工作和职业期待提供了锻炼的机会，有利于学生生存能力的提高。

第四节　高等教育与社会的互动发展

产学研合作使人才培养处于一个开放的协作系统之中，推动了高等教育与社会的互动与协调发展，符合高等教育外部关系规律的基本要求。在市场经济背景下，大学人才培养质量的提升除大学自身的努力外，还离不开社会系统的广泛支持。

一、高等教育社会适应力的提升

知识经济时代，大学要想更好地发展，就要不断加强与外部环境的互动与交流，不断进行物质、能量与信息的交换，资源共享，合作双赢，不断提升高等教育的社会适应能力。高等教育外部关系规律告诉我们，高等教育适应和促进社会的发展（包括政治、经济、科技、文化和人口），在与社会系统的互动中可以提升自我发展能力。产学研合作就是大学与外部环境互动发展的重要途径，符合高等教育外部关系规律的要求，有利于强化大学与社会的联系，使大学有机会及时了解社会发展需求，提升社会适应力，大学因其创造性地适应社会发展而存活久远。据研究，1520年之前成立，至今仍然存活，功能相似，历史没有中断的机构世界上约有85个，这其中包括70所大学。[①]众所周知，人力资源是一个国家综合国力的主要构成要素，是提升竞争力和发展水平的关键，培养各类高质量的人才是一个复杂的系统工程，在现代社会仅靠高校自身的力量是很难实现的。大学需发挥人才密集与学科综合的优势，积极开展产学研合作，充分利用校内外各种资源和环境，始终保持大学作为开放系统的样态，才能不断发展自我。

---

① 克拉克·克尔. 高等教育不能回避历史——21世纪的问题 [M]. 王承绪, 译. 杭州: 浙江教育出版社, 2001: 50.

二、教育资源与社会资源的共享

学术界与产业界作为社会性组织，在资金、信息、技术、人才等资源方面存在着很强的互补性，蕴含着巨大的合作潜力和利益需求，它们都需要通过资源的优化配置以提高其竞争力和生存力。从经济学的角度看，高等教育是一项投资巨大的社会公益性事业，若没有充裕的资源作保障，没有办学的高效益，就不可能培养出更多的高质量人才以满足国家和社会的需求。产学研合作有利于优化资源配置，降低合作各方的交易成本，为办学效益的提高奠定坚实的物质基础，为人才培养质量的提升提供外部资源保障。

由于学生的工读轮换，高校有计划地参与产学研合作，在保持一定在校生规模的同时，可以大大提高注册学生的数量，凸显规模效益。学校与用人单位在资金、信息、技术、人才等资源方面存在着很强互补性，蕴含着巨大的合作潜力和利益需求，它们都需要通过资源的优化配置以提高其竞争力和生存力。资源依赖理论认为，一个组织的存活需要与周围环境相互依存才能达到目的，强调组织体从周围环境吸取资源，而产学研合作各主体本身就是一个独立的组织体，是一个开放系统，合作目的是获取对方的资源以更好地生存，实现利益最大化。高校拥有的知识和人才成为企业乃至国家提高竞争力的决定因素，而企业拥有的社会资源和科技发展的最新信息是高校难以企及的，双方合作可以各取所需，优势互补，促进资源的优化配置和整合利用。通过产学研合作能缓解我国高校大众化阶段办学经费不足的压力，加大对人才培养的资金投入，提高办学效益，也可从企业获得社会经济技术发展最新信息，促进学科建设，共建科研或实践创新基地，为学生搭建良好的实践平台，也有利于"双师型"教师队伍的建设；企业则可以获得高校丰富的人才和科技资源支持，创新企业组织的活力，提高市场竞争力。

三、人力资本存量的增加

从交易成本理论来看，交易成本是指完成一项交易所必需的活动所产生的成本（如获得市场信息所需的搜寻成本、谈判成本和寻找合作伙伴的成本等）。交易的高频率和不确定性会增加交易成本，而合作可以提高效率，降低交易成本，为人才培养提供物质支持。产学研合作作为一种市场行为，合作过程同样存在交易费用（如寻求伙伴的搜寻成本，签订协议的

谈判成本等)。长期稳定的合作有助于双方降低由交易的不确定性引致的
交易费用,共建实验基地、互派人员,可以使交易成本大大低于一方的单
独投入。根据博弈论,产学研合作使合作方各取所需或一方所得大于另一
方所失,总收益为正,属正和博弈,有利于节约资源和成本,提高社会效
益。高校既获得了教育资源,也为毕业生的就业拓展了渠道;企业则获得
了技术与智力支持,降低了成本,产生了最优的整体效应。

　　建设人力资源强国,要求高等教育的人才培养既要有"质"的要求,
也应有"量"的要求。在大众化与市场经济背景下,经费短缺是不争的事
实,只有开放办学,走产学研合作的道路,才能获取广泛的社会资源,多
渠道筹措办学资源,加大资金投入,提高效益,培养出更多更好的人才。
产学研合作使合作各方互利共赢,优势互补,有利于节约社会资源,实现
利益最大化。

第三章

我国高校产学研
合作的历史回顾

第一节　产学研合作的发展轨迹

产学研合作教育的实施，提高了人才培养质量。利用校内校外两种资源，加强学校与社会、企业的联系，有助于培养学生实践能力和社会适应能力，满足社会对人才的需求。通过"工学交替"、"订单式"、"两基三段式"、"项目+基地"等合作教育人才培养模式，提高学生的思想素质、业务素质，调动学生学习的积极性，起到了很好的作用。通过20多年来产学研合作教育的研究与实践，大量事实表明，毕业生到工作单位后能很快进入工作角色，适应能力明显强于非合作教育的学生，角色转换也比非合作教育学生要快，人际关系也比较融洽，领导与同事的认可程度较高。我国高校产学研合作教育从计划经济时期开始，到市场经济条件下的互惠互利的合作，不论是从形式上还是从内容上，都有很大的发展和创新。不过，这一发展历程是曲折的，不仅体现在我国教育界教育思想、教育观念的转变上，而且体现在教育教学模式、教学内容、教学方法等方面的变革上。回顾产学研合作教育的发展历程，有助于我国不同层次和类型的高校拓宽视野，开展产学研合作教育。

一、发展的四个时期

我国产学研合作教育走过了20多年的发展历程，回顾这一发展历程，我们认为至少有三点意义。第一，真正意义上的产学研合作教育在中国高校的实施，是借鉴国外先进教育模式进行本土化的成功范例之一。第二，是市场经济体制下适应社会需要，谋求高校自身发展的一项有效的改革举措。第三，通过产学研合作教育的推行，促进现代教育观、教学观、人才观、就业观的转变，是现代教育理论和方法在中国高校的具体实践。本着尊重历史、尊重事实、基于发展的观念来客观分析，我国高校产学研合作教育的发展大致可以分为四个时期，即引入期、探索期、稳步探索期、创新发展期。

（一）产学研合作教育的引入期（1984—1989年）

1984年到1989年是产学研合作教育引入期。这一界定的依据是：1984年原国家教委组织的代表团考察了加拿大滑铁卢大学（UW）的合作教育后，认为合作教育是一种新的人才培养模式，能充分利用学校与社会多种不同的教育环境和资源，在人才培养方面发挥各自优势，能把以传授课堂理论知识为主的学校教育和与直接获取实际经验的实践教育有机结合，培养学生的综合能力，提高学生的全面素质和增强学生的就业竞争力。在这一模式培养过程中，学生在学校以学生的身份进行理论学习，到社会上以"职业人"的身份参加具有专业背景的实际工作。特别是了解到滑铁卢大学是一所以合作教育而享有盛誉的大学，在西方市场经济体制下培养的人才无论是质量方面，还是适应人才市场需求方面，很受雇主欢迎。对此，国家教委表现出了浓厚的兴趣。随后，该校的D.Wright校长应国家教委的邀请，访问了上海和其他一些城市，提出了可将滑铁卢大学的合作教育引入中国。这一提议首先在上海地区的高校得到了积极响应，并得到地方政府的支持。处于改革开放前沿的上海把引入国外的教育模式看作是一种很好的尝试，所以，比较快地达成了中加（中国、加拿大）上海合作教育项目的意向，确定了上海工程技术大学（SUES）作为试点学校。作为中加合作伙伴，上海工程技术大学和滑铁卢大学开展了广泛的交流，上海工程技术大学派出人员到滑铁卢大学进行考察学习，具体商议合作教育的内容以及运作过程；加方也多次派人来上海进行指导，与上海工程技术大学的纺织学院制订具体的合作教育试点方案。双方十分重视这一合作项目，并拨出专项资金作为方案试点的基金，从1985年开始进行了前期的试点工作，从此，拉开了我国产学研合作教育探索的序幕。1989年2月按合作项目的要求正式启动该项目，1992年项目试点完成。由中加合作教育项目组主持，原国家教委领导、上海市政府领导和加拿大驻沪总领事出席，邀请了国内外教育专家对项目进行了验收，大家认为项目的试点很成功，效果十分明显。国家教委建议在国内部分高校进行推广性试验。

（二）产学研合作教育的探索期（1989—1996年）

1989年，在引入加拿大合作教育计划试点的同时，国内其他高校也开始进行了合作教育的探索。从1989—1996年出现了前所未有的推进教育教学改革的局面，可以把这一时期看作是中国产学研合作教育探索的"战国"时期。1989年以前开展合作教育试验的只有上海等少数高校，到1991年4月中国合作教育协会成立时，宣称开展合作教育的高校46所，1992年全国产学合作教育协会第二次会议召开时，确定开展合作教育的高校增加到65所，1995年达到81所，1996年近90所。1996年是中国合作教育发展的高峰期。

这一时期的探索主要表现在四个方面。第一，对合作教育人才培养模式的探索。主要有"三明治"以及"三明治"的拓展"工学交替"式、"中期结合"式、"后期结合"式等。第二，对合作教育组织的探索。当时，由于国务院部委管理着许多高校，这些高校具有先天的行业背景，这些高校基本在所属的行业寻求合作伙伴，也有部分地方高校在高校所在地区寻求区域合作对象。还有通过校友建立合作关系，当合作具有一定规模和深度时，学校与合作方协商建立紧密或松散的合作组织。第三，对合作内容的探索。以人才培养、教育教学改革为核心的合作教育，主要是为了解决学生理论学习与生产实际脱节的问题。当然，为了调动合作方的积极性，高校主动为合作方培训职工，帮助企业解决技术难题，教师和工程师双向交流、情报资料共享等，除了建立在先天的隶属关系情感基础上的合作成分外，互利互惠的成分开始增加。第四，对合作教育人才培养计划与实践的探索。以教育为核心的合作首先是体现在人才培养计划上，在学年学分制的推动下，有些高校把合作教育的内容纳入到教学计划，对学生进行考核，规定一定的学分。还有些高校利用假期安排合作教育学期，有的高校延长学制，将4年学习时间延长至5年。在合作教育实践探索深入进行的同时，一些新的问题出现了。一是国有企业开始了前所未有的公司制改革，这种改制对计划经济体制下的合作教育是一种很大的冲击。二是突破学制触动了当时的大学生分配制度，导致毕业时间、分配时间与人事管理制度矛盾。

（三）产学研合作教育的稳步探索期（1996—2003年）

1996—2003年是我国产学研合作教育的稳步探索期。标志有三个方面：

第一，合作教育的研究成果比较突出。在教育部的指导下，"九五"期间，中国合作教育协会组织有关高校继续开展合作教育的研究与实践，取得了一定的成果，具有很好的推广价值。比较突出的是"工学交替模式"、"多方位合作教育模式"、"专科合作教育模式"、"研究生合作教育模式"等。这些成果再次证明了合作教育在中国实施的效果和发展前景，实用性强，具有继续深入研究的必要性和可行性。

第二，合作教育模式得到稳步推广。20世纪80年代，中国的教育改革最为活跃，同时，也导致了合作教育的试点有些盲目，很短的时间内试行合作教育的高校就达到了90多所。进入90年代后期，改革趋于理性，学校的管理者认真地研究合作教育的基本规律，找出存在的问题和解决的方法，最后确定适合本校的合作教育模式。

第三，基本上形成了地区、学校、行业特色。通过近20年的合作教育理论与实践的研究，形成了华东、华中、华北、东北地区的区域和学校特色。以上海工程技术大学、原江汉石油学院为代表的"工学交替"合作教育模式；华东理工大学的"3+1+1"的合作教育模式；天津大学试行的"311"合作教育模式；北京工业大学在高等工程教育本科5年试行的合作教育模式；中国矿业大学、武汉理工大学通过董事会进行的"3+0.5+0.5"合作教育模式；湖北汽车工业学院把学生四年培养计划同在企业一年的见习期结合进行的合作教育人才培养模式；北京航空航天大学、复旦大学、南京大学、西北工业大学、北京科技大学、北京农业大学、承德石油高等专科学校、福建建筑高等专科学校、沈阳电力高等专科学校等一批高校，在不同层次的大学生中开展的合作教育都各具特色。石油大学、原大庆石油学院、原西南石油学院、原江汉石油学院、原西安石油学院等石油高校，利用行业优势，开展的石油合作教育，北京航空航天大学与同属航空航天企业开展的合作教育，中国矿业大学与同属煤炭行业的企业开展的合作教育，武汉理工大学、湖北汽车工业学院与同属建材汽车行业的企业开展的合作教育，还有上海工程技术大学等一批地方院校的合作教育，都具有行业和地方的鲜明特色。

我国产学研合作教育的稳步探索期是理性的、成熟的探索阶段，也是符合产学研合作教育发展一般规律的。同时，我国产学研合作教育从单纯的合作教育人才培养模式的探索，向多方位产学研合作教育的探索发展，向凝练学校办学特色等方面发展。因此，合作的内容也更加丰富多彩。

（四）产学研合作教育的创新发展期（2003年到现在）

2003年以来，我国高校产学研合作教育进入创新发展期。2006年4月中国高等教育学会产学研合作教育分会在云南昆明召开了换届选举会议，会员单位发展到229个。继2004年12月在浙江宁波职业技术学院授牌"全国产学研合作教育实验基地"以来，先后授予上海工程技术大学、长江大学、上海张江高科技园区为"全国产学研合作教育示范单位"，授予北京石油化工学院为"全国产学研合作教育实验基地"，开始了新形势下产学研合作教育的不断创新。据统计，2009年第六届国家级教学成果奖评选中，以"产学研"为标题的成果奖有十余项。以北京科技大学、南京航空航天大学、复旦大学等为代表的高校，在研究生层次的产学研合作教育成果突出；对以上海工程技术大学、长江大学、北京化工学院、大连交通大学、石家庄铁道学院、河南工业大学等为代表的普通本科教育产学研合作教育模式的探索更加深入。以武汉职业技术学院、宁波职业技术学院、浙江大学城市学院、北京政法职业学院、陕西工业职业技术学院、黑龙江农业工程职业学院等为代表的高职高专产学研合作教育异军突起。

我国产学研合作教育是在稳步探索的基础上进行创新发展的。由于"九五"期间产学研合作教育世行贷款项目延续到"十五"，因此，教育部把产学研合作教育的研究纳入到了"面向21世纪中国教育教学改革研究"计划，拨出专项研究经费，支持一批高校开展研究。中国产学研合作教育协会继续有组织、系统地开展了产学研合作教育试验与推广。在研究生、本科生两个层次继续进行合作教育人才培养模式的探索，同时，拓展科技合作及其他领域，把教育科技的合作延伸到了兴起的科技园区、工业园区、技术开发区、工程技术中心、重点实验室等。在产学研合作教育的政策法规方面，提出了一些意见和建议供政府有关部门参考。但是，由于种种原因，没有完全达到预期的效果，产学研合作教育的研究成果只有复旦大学、上海工程技术大学和长江大学等高校提出了几份研究报告。

客观地说，"九五"到"十五"期间是我国产学研合作教育的低谷时期，表现在三个方面。一是本来脆弱的产学研合作教育的试验遇到了我国大学合并调整，大学的精力和工作重点放在了组建、调整的工作上，对于产学研合作教育的研究与实践，很多高校都中断了。二是高校的扩招对产学研合作教育的试验冲击很大，学校自顾不暇，重点是解决扩招带来的教育资源严重不足的问题。三是中国产学研合作教育还没有形成一种制度，一哄而起的快，停滞的也快。但是，也正是因为合并、扩招，也给中国的产学研合作教育带来了创新与发展的机遇。通过创新产学研合作教育模式，丰富产学研合作的内涵，解决当前办学中存在的问题，把产学研合作教育推向了一个新的发展时期。

二、发展时期呈现的特点

（一）引入期反映了高等教育对外开放的时代需要

一是观念的转变。一场社会变革，思想、观念的转变是先导。当国家经济体制、教育体制逐步发生变化时，要从教育思想、观念上进行转变，真正树立教育与社会经济发展相适应的观念。因为传统的教育观念总是比较多地考虑自身的规律，教育的社会性需求、人才的市场需求等方面的因素考虑得少一些，多少年来形成的主要立足于校内培养的教育模式已经开始不适应。要生存、要发展，必须从思想上、观念上改变传统教育与现代社会发展的不适应性，探索新的改革和发展之路。

二是模式的突破。教育模式的多样化是今后教育改革和发展的必由之路。新形势下，吸收国外的一些先进的教育经验，结合中国的实际情况进行有益的改革尝试，改变教育模式单一的局面，突破原有模式而探求新的模式就成为了教育教学改革的必然。所以，把课堂教学—实践—就业结合起来构成的产学研合作教育，是一种有效的突破。

三是教育的创新。产学研合作教育是一种在思想和观念上、在组织运作上教育方式的创新。长期以来，传统教育影响很深，特别是传统的甚至落后的文化对教育的影响是长期的，它表现为一种墨守成规的思想，强调继承，束缚发展。在我国合作教育的引入期，曾经出现过很多不同意见，认为目前比较成熟的教育模式就已经可以培养社会需要的合格人才，操作上轻车熟路，没有必要搞其他模式。只有在改革开放的今天，一个好的政治、经济和文化环境作为契机，为教育的创新提供了良好的环境。

（二）探索期反映了高等教育改革发展的客观现实

一是试点的高校多，但坚持下来的高校较少。据不完全统计，在合作教育探索期间号称开展试验的学校有90多所。从对1992年第二次全国产学研合作教育会议的与会单位、交流论文等情况看（不完全统计），开展产学研合作教育探索的学校主要有：北京地区的北京工业大学、北京航空航天大学、石油大学等12所，上海地区的上海工程技术大学、上海纺织高等专科学校等12所，江苏地区的中国矿业大学、南京航空航天大学等14所，湖北地区的原武汉汽车工业大学、原江汉石油学院、湖北汽车学院等5所，东北地区的东北大学、沈阳电力高等专科学校、原大庆石油学院等16所，还有天津、湖南、河南、河北、浙江、山东、福建、广东、陕西、四川等省市38所。1995年81所，1996年90多所。1996年是中国产学研合作教育的发展进入形式和数量上的高峰期，然而此后，实质性的产学研合作教育的实践活动开始降温，参与产学研合作教育的学校数量有所减少。

二是合作教育形式多样，但发展成熟的高校较少。在产学研合作教育的探索期，除了北京航空航天大学、北京工业大学、上海工程技术大学、原江汉石油学院、湖北汽车工业学院等少数高校参照国外合作教育模式系统地展开试验外，国内的大部分高校则是根据贯彻"教育与生产劳动相结合"的思想展开的，前者参照国外的合作教育模式，目标体系很明确，后者是建立在教育与生产劳动相结合的大概念上的。后来，中国产学研合作教育协会比较认同的方式是：利用学校和社会两种教育环境，适当安排学生一定的实际岗位的工作，培养学生具有一定的专业实践和社会工作经历，以及较强的择业竞争能力，学校、社会、学生共同参与。这些方式主要有"工读交替"、"311"、"3+0.5+0.5"、"7+1"、"4+1"、"2121"、"6111"等形式，有大学教育过程的中期、后期，研究生、本科生、专科生等层次开展的合作教育；理工类、文管类、农林类、医学类等学科专业开展合作教育的试验。但是，1995年以后，两种思路下进行试点的学校都开始减少，有的基本上停止了。但是寻找适合我国的产学研合作教育的试验仍在进行。

三是提出了许多研究课题。探索期是中国产学研合作教育史上最活跃的时期，广大的教育工作者顺应教育改革的历史潮流，在教育的创新中做了大量开拓性的工作，理论研究和实践探索均取得了成果。第一，界定了相关概念以及与其他概念之间的关系。究竟什么是产学研合作、什么是合作教育、什么是产学研合作教育。第二，提出了运行机制问题。主要是从事物的可持续发展的角度，明确了发展的动力和运行机制。第三，提出了产学研合作教育的目标与模式问题。产学研合作教育既然是一种操作性很强的实践活动，应该有一些基本的、可参照的体系和范式。第四，提出了产学研合作教育的社会环境问题，即政治经济体制、教育体制等对产学研合作教育的影响。第五，提出了政府对产学研合作教育支持的政策法规等问题。

正是由于该时期发展快、形式多样、思想活跃，既有研究与实践的成果，又有一定的经验教训，既有重点的专项试验，又有大面积的多种形式的试验，使得这一时期的我国产学研合作教育成为历史上最活跃的时期，也正是这些有益的探索，对我国今后产学研合作教育的发展提出了许多研究课题，为产学研合作教育的深入探索与发展奠定了基础。

（三）稳步探索期反映了产学研合作教育理性思考

　　一是合作教育的含义更加明确。在合作教育的引入期和探索期，对于合作教育定义、内涵方面的理解，主要还是基于教育与生产劳动相结合这一点，所开展的合作也是一种广义的合作。因此，合作的面比较宽，合作的层次比较全，合作的内容多样化，不论高校与企业的合作是否直接或者间接与教育有关，大家都称它为合作教育。于是大家就提出了一些疑问，当前的校企合作的做法在我国高校办学的历史中早就有过，50年代出现的"教育与生产劳动相结合"、60年代"半工半读"、70年代"到工厂去、到农村去"都是学校与校外合作教育的形式。如果把这些都称为合作教育的话，那么，合作教育就是一个很泛的概念。通过国内几次合作教育会议的交流以后，一些专门研究合作教育的人士提出，应该给合作教育一个特定的含义，有别于高校与社会其他方面广泛合作的特定概念，应该建立一套理论体系和规则。首先，要在一个方面达成共识，那就是合作教育这种形式最初是20世纪80年代从国外引入的，没有完全照搬，融入了一些适合中国特色的做法。没有这个认识基础，把合作教育与高校同社会广泛的合作混为一谈，那么，对这样的一种所谓的合作教育的研究肯定是模糊的。所以，西安会议以后，这一认识越来越为高校的产学研合作教育研究人员所重视，直至1997年国家教育部组织专家进行研讨，提出对合作教育试点的定位以后，才有了较为明确的、权威的说法。因此，就出现"利用学校和社会两种教育环境，适当安排学生一定的实际岗位的工作，培养学生具有一定的专业实践和社会工作经历，以及较强的择业竞争能力，学校、社会、学生共同参与的一种教育方式"的定义。强调了合作教育的本质特征就是表现在人才培养、科学技术、社会服务等方面的合作，把学校的功能与产学研合作教育有机地结合起来。强调了合作教育的目的和性质主要就是利用学校和社会两种教育资源和环境，共同培养适应社会发展需要的人才。

　　二是在运作机制与环境（条件）的认识上有了很大的进步。学界认为，在20世纪80年代实行的合作教育，是一种计划经济体制下的产学研合作教育，过去的一些成功的做法在市场经济体制下难以行得通是很正常的，体制的不同，运作的方式不同也是必然的。因此，应该吸取计划经济体制下开展产学研合作教育的经验和教训，探索市场经济体制下的产学研合作教育模式。这一说法为中国产学研合作教育的经历划定了两个不同的时期，实现了由计划经济时期的产学研合作教育到市场经济时期的产学研合作教育的跨越。

三是纳入教育部教育改革试点计划。教育部首次把产学研合作教育纳入到教育与教学改革的试点工作，说明了产学研合作教育的工作得到了政府教育主管部门的认可和支持，使得中国的产学研合作教育开始进入稳步探索期。第一，产学研合作教育研究的成果比较突出，实用性强，具有继续深入研究的必要性。在教育部的指导下，"九五"期间，中国产学研合作教育协会组织有关高校继续开展研究与实践，取得了一些具有推广价值的成果。这些成果再次说明了产学研合作教育在中国实施的效果和发展前景是好的。第二，基本上形成了地区、行业、学校特色。通过20多年的理论与实践的研究，形成了华东地区、湖北地区、华北地区的区域特色，石油、煤炭、钢铁、汽车、航空航天、纺织、机械、农林等行业特色。

稳步发展期是中国产学研合作教育趋于理性和成熟的时期。1997年11月18日，全国第五次产学研合作教育研讨会在陕西省西安举行，这是一次具有里程碑意义的会议。第一，肯定试点方向。教育主管部门和部分教育专家、企业的领导等，对我国产学研合作教育是肯定的，特别是对"工读结合"的性质问题，教育部原副部长周远清同志指出，产学研合作教育人才培养的主要形式是"工读结合，学生顶岗工作"，它的本质特征是"工读结合"，强调学生"顶岗工作"。尽量考虑专业对口，但也不要过分强调对口，否则会阻碍我们的试点和推广。第二，根据不同类型的试点学校、专业、目标、试验内容、成本问题等，分门别类地进行。第三，教育部对于推动产学研合作教育"九五"试点工作起到了至关重要的作用，拨出专项试点经费进行深入的研究。同时，教育部还通过世界银行贷款项目进行支持。在教育部和中国产学研合作教育协会的推荐下，批准了两个指令性重点研究项目。一个项目是"合作教育的机制、政策法规及理论研究"，负责牵头研究的单位是原江汉石油学院，参加研究的单位有天津大学、华东理工大学、南京大学、武汉理工大学、上海工程技术大学、北京市教科院等；另一个项目是"合作教育培养创新人才的实践"，负责牵头研究的单位是上海工程技术大学，参加单位有原江汉石油学院、天津大学、南京大学、复旦大学、上海交通大学、武汉理工大学、北京工业大学。要求解决模式、特色、对策等三个方面的问题。2003年项目全部验收通过。

（四）创新发展期反映了产学研合作教育内在需要

"十五"以来，我国产学研合作教育进入到了发展创新时期，主要表现在四个方面。第一，教育的改革与发展提供了产学研合作教育创新的引擎。第二，特色战略催生了产学研合作教育创新。第三，创新发展期要求产学研合作教育要以提高教育教学质量为根本目的。第四，产学研合作教育促进学校办学特色的形成。

一是高等教育大众化的需要。2002年我国高等教育毛入学率达到15%，2004年达到17%，2009年9月11日，教育部部长周济在国务院新闻办公室举行的新闻发布会上表示，高等教育毛入学率达到23.3%，我国高等教育向大众化纵深发展。在人均国内生产总值1000多美元的条件下，我国高等教育发展实现了从精英教育到大众化教育。在我们欢呼的同时也面临一个重大问题，那就是大众化阶段高等教育的质量问题。首先，大众化阶段高等教育的目标与精英教育阶段的教育目标肯定会有差异，这是毫无疑问的。其次，精英教育阶段建立起来的教育资源体系是远远不能满足大众化教育需求的，一方面需要多方筹措办学经费，增加资源配置，另一方面则要挖掘潜力，开拓新的办学模式，谋求与社会的多方合作，拓展和利用学校之外的教育资源。这时候，很多大学校长把产学研合作教育作为学校的办学模式或办学特色，探索大众化时期的产学研合作教育就成为必然。因此，产学研合作教育不仅仅是单一的人才培养模式问题，而是学校提高教育质量和办学特色问题。

二是人才培养的需要。在大众化教育的进程中，一个不可逾越的鸿沟就是计划经济体制下建立起来的大学生就业制度的改革。早在1993年2月13日，中共中央、国务院就印发了《中国教育改革和发展纲要》，纲要第19条指出，改革高等学校毕业生"统包统分"和"包当干部"的就业制度，探索学生"自主择业"的就业制度。在1993年部分高校试点的基础上，1994年推行双向选择、自主择业的就业制度。正因为这一改革的实施给高等教育人才培养的质量敲响了警钟，用人单位普遍认为大学生的社会实践能力和实际动手能力不能适应工作岗位的需要。当时高校的社会实践平台和实践教学能力远远不能满足不断增长的教育教学需求，通过走产学研合作教育的道路，不失为一条有效途径。

三是高校办学多元化的需要。《中共中央关于教育体制改革的决定》提出，高等教育体制改革的关键，就是改变政府对高等学校统得过多的管理体制。在国家统一的教育方针和计划的指导下，扩大高等学校的办学自主权，加强高等学校同生产、科研和社会其他各方面的联系，使高等学校具有主动适应经济和社会发展需要的积极性和能力。首次提出扩大高等学校办学自主权的问题。1998年8月29日公布的《中华人民共和国高等教育法》第十一条指出，高等学校应当面向社会，依法自主办学，实行民主管理。实际上国家把大学推向了市场经济体制下自主发展道路。进入21世纪，中国的高等教育既发生了量的变化，也发生了质的变化，国家主要通过宏观政策的调控、部分教育性投资拨款、开展大学评估等手段对大学进行管理。特别是大学评价作为调控的指挥棒，在本科教学工作水平评估中把人才培养质量、办学特色作为大学评优的重要条件，因此多种形式的产学研合作教育成为了众多大学探索和追求的目标。

进入21世纪以来，随着市场经济体制改革的深入推进，许多高校，特别是地方高校深深地感觉到了前所未有的压力。大学的竞争是人才培养质量的竞争，是学科优势的竞争，是办学特色的竞争，而在教育质量上，还存在质量意识薄弱，资金投入不足，师资水平有待提高，教育模式与教学方法亟待改进的问题。在学科发展方面，学科团队实力不强，科学技术创新不够。在办学特色方面虽然有特点但是不够鲜明。现代社会既呼唤一流的大学，也更多地呼唤特色鲜明的大学。因此，特色办学上升到学校发展层面，很多高校把产学研合作教育作为学校的办学特色，促进学校的教育资源和功能更好地利用和发挥。通过教育合作促进人才培养模式多样化，通过科技合作促进学科专业水平的提高。在产学研合作教育的目标与内容上，通过建立相对稳定的产学研合作教育基地，开展以培养大学生实践动手能力、社会实践与就业能力、实践创新能力为目的的产学研合作教育；通过探索多方位的产学研合作教育，拓展多学科领域、多种教育层次、多种人才培养规格、多种教育形式的产学研合作教育；通过产学研合作教育的组织，互利互惠搭建科学研究与科技开发的平台，使研究成果尽快转化为生产力，从而带动学科专业的发展，打造教育教学质量的学科专业环境。

围绕国家重大战略的实施，推动产学研合作的创新发展。通过西部、中部、沿海、长三角、东北地区等国家战略的实施，高校与区域、地方政府以及世界知名企业和研发单位合作，开展科技创新，打造核心技术，服务产业升级，提高企业的市场竞争能力。发挥高校农技优势，开展"三农"及农产业的发展研究。开展定期下乡、拓展科技扶贫领域。探索产学研多方合作的实践机制，搭建产学研合作教育基地等实践平台，组建产学研合作委员会、校董事会等多种形式的组织平台，寻求合作共赢。通过开展有效的产学研合作教育人才培养实践，促进人才培养模式的改革，深化和创新多种合作教育人才培养模式。通过落实产学研合作教育"进规划"、"进大脑"、"进管理"，产学研合作教育要"进校园文化"、"进培养计划"、"进教学环节"等，探索建立产学研合作教育的体系和保障机制。

根据党的教育方针，为了更好地落实人才强国战略，把注重内涵发展，推进产学研合作，提高教育质量，鼓励办出特色作为大学的目标。2010年7月颁布的《国家中长期教育改革和发展规划纲要》共70条中有6条（第十九、二十一、二十二、三十二、三十九、四十条）分别阐述了开展产学研合作，提高人才培养质量，科技创新并加快科技成果转化，完善中国特色现代大学制度，办出大学特色等。特别是第十九条，大力推进研究生培养机制改革。建立以科学与工程技术研究为主导的导师责任制和导师项目资助制，推行产学研联合培养研究生的"双导师制"；第二十一条，推进产学研结合，加快科技成果转化，增强社会服务能力；第四十条，完善中国特色现代大学制度，扩大社会合作，探索建立高等学校理事会或董事会，健全社会支持和监督学校发展的长效机制。探索高等学校与行业、企业密切合作共建的模式，推进高等学校与科研院所、社会团体的资源共享，形成协调合作的有效机制，提高服务经济建设和社会发展的能力。作为国家教育发展战略，把开展产学研合作写进纲要，并且内容如此具体和系统，这在我国高等教育发展史上是少有的，为创新和拓展我国的产学研合作教育，提供了极大的空间，为我国创新发展期的产学研合作指明了方向，产学研合作教育的创新发展期的前景将更加美好。

第二节　产学研合作的类型

产学研合作经历了产学联合、产学研结合、产学研用结合到现在的协同创新等发展阶段，其模式多种多样。从产学研合作的人才培养层次、紧密程度、合作主体等方面，可将我国产学研合作形式分为如下五类。

一、人才培养层次的视角

（一）本科生教育层次的产学研合作

本科产学研合作教育是我国高校在引入期的主要层次，加拿大滑铁卢大学与上海工程技术大学的合作项目就是在本科层次开展的。所以，20世纪八九十年代开展产学研合作教育的高校主要以本科院校为主。高校与社会多方联合，共同培养大学本科生，代表性的高校有：浙江大学、天津大学、西北工业大学、北京工业大学、石油大学、中国矿业大学、武汉理工大学（原汽车工业大学）、上海工程技术大学、长江大学（原江汉石油学院）、西南石油大学（原西南石油学院）、东北石油大学（原大庆石油学院）、西安石油大学（原西安石油学院）、湖北汽车工业学院等。

（二）研究生教育层次产学研合作

20世纪90年代中后期，一批教育部高校在研究生教育层次试验开展产学研合作教育，高校与科研院所、企业联合培养研究生、工程硕士、博士等。在研究生层次开展产学研合作教育的代表性高校有浙江大学、清华大学、北京科技大学、复旦大学、上海交通大学、西安交通大学、华中科技大学、北京理工大学等。

（三）专科生教育层次产学研合作

专科生层次的产学研合作教育在20世纪80年代虽然不是主体，但是，有些专科院校的成功做法得到了国家教委和全国产学研合作教育协会的充分肯定。具有代表性的高校有南京动力高等专科学校、上海纺织高等专科学校、河南机电高等专科学校、本溪冶金高等专科学校、长春汽车高等专科学校、承德石油高等专科学校、重庆石油高等专科学校等。这些高校进行了长期的、卓有成效的探索。进入21世纪以来，以武汉职业技术学院、宁波职业技术学院、浙江大学城市学院为代表的职业技术学院，更是把产学研合作教育作为自己的办学特色，成了推动我国产学研合作教育最活跃的力量之一。

二、合作学习模式的视角

（一）"3+1"模式

三年在校学习，一年在企业工作，进行生产实践。哈尔滨工业大学与长春第一汽车制造厂签订汽车工程专业联合培养学生的协议，学生前三年在校学习基础理论和专业知识，后一年到长春汽车厂进行毕业设计和答辩；北京航空航天大学和空间技术研究院进行了"3+1"的试点；南京大学生物科学与工程系也试行"3+1"模式。

（二）"3.5+1+0.5"预分配模式

浙江大学1987年开始，与北京重型电机厂、天津电梯厂等85家企业合作，试行"3.5+1+0.5"预分配模式。学生在校进行三年半学习后，提前分配到对口的企业，参加为期一年的工程训练，一年后返校，完成厂校共同确定的毕业设计课题。审查合格发给毕业证和学位证，学生回签约单位工作，取消一年见习期。

（三）"3+1+1"模式

天津大学曾经试行五年教育制，即"3+1+1"模式。学生在校学习三年之后进行预分配，第四年到华北制药厂生产实践一年，第五年再回学校学习一年专业知识和毕业设计。原江汉石油学院1991年与第四石油机械厂、江汉油田等单位合作，试行"311"合作教育模式，学生前三年在校学习，第四年到企业参加工程生产实践，第五年返校学习专业课和毕业设计。在一年的工程生产实践中，设计了"两段实践，五项内容，依次转换"的实施方案，对学生进行有计划有组织的培养。

（四）"三段式7+1"模式

原武汉汽车工业大学从1988年起在汽车专业试行"三段式7+1"模式的产学合作教育。在董事会的指导下，采取了小分散、大集中、理论与实践相结合的"三段式7+1"模式。这种模式的具体安排是：在本科生四年教育的全过程中。分三个阶段进行，第一阶段，一年级学完部分基础课之后下厂参加生产劳动、了解生产过程及企业的组织管理，进行基本工种的技能训练并参加技工等级考核，撰写劳动锻炼和实习报告。第二阶段，在第六学期学完技术基础课和少量专业课后下厂到生产第一线，与现场工程技术人员或管理人员一起，解决生产中的技术问题，撰写专业生产实习报告。第三阶段，在第八学期基本上完成教学计划安排的全部课程后下厂进行毕业实习和毕业设计，在现场搜集资料，选择课题，进行"真刀真枪"的毕业设计，大约集中一个学期的时间，身份是见习工程师。

（五）"工学交替"模式

"工学交替"合作教育模式是目前我国高校在本专科层次开展最为普遍、坚持最久、最活跃、最具生命力的一种模式。理论学习与获得实践经验的实际工作紧密结合，学习工作交替进行。这种模式诞生于美国，有一百多年的历史。产学研合作教育的根本属性是它的教育性，这种模式能充分利用学校与社会的教育资源和教育环境，培养适应社会发展需要的合格人才。

三、合作紧密程度的视角

（一）松散形式

根据时间、地点、项目等需要进行非固定式的产学研合作教育。如高校为了安排学生进行某项工程实习或生产实习而与产业等部门的临时合作，产业等部门按学校要求接纳并安排学生在生产第一线实习或顶岗工作。无固定的教育指导教师或组织工作机构，无须承担学生的实践经费，对学生的实习质量同样也无评价标准，一旦约定的任务完成，双方的合作结束。这种产学研合作教育的内容可以是一次性的或多次性的，也可以是连续性的，但无契约或法规约定。

（二）紧密形式

紧密形式的产学研合作教育，实际上是通过合同或协议等法律形式，高校和产业等部门结成一个合作体。以合作教育及科学研究为核心，共同成立诸如"工程研究中心"、"校企联合科技开发研究中心"、"产学研合作教育委员会"、"董事会"等机构，共同承担风险、共同分享成果与利益等的产学研合作教育。

（三）混合形式

混合形式或称半紧密形式，是相对于松散或紧密形式而言的。高等院校与产业等部门在科研及科技开发、人才培养、技术改造、提高管理水平和经济效益等方面进行广泛的合作，一般通过合同或协议等形式明确双方的义务与责任，阶段性地把产业等部门作为教育、科研及中试基地，安排学生从事工程教育的实践或科研活动，产业等部门、学校、学生三方受益。

四、合作过程的视角

（一）全过程结合模式

"工学交替"属于这种形式。在学制不变的情况下，理论课学期结束之后，利用暑假完成工作学期计划，进行6周左右的生产实践，四年内共交替安排4个工作学期。这种形式的特点是可以结合各阶段课程学习的进程要求安排工作学期，把工作学期的内容分解成若干个目标，把学习和实践有机地结合。

（二）后期结合模式

学生一般先在校进行三年的课程学习，第四学年安排半年到企业工作后，再返校学习和做毕业设计（论文）。这种模式的特点是：课堂学习+工作学期+毕业设计，操作起来比较简单，学生有一个完整的工作和学习概念。

（三）见习期结合模式

在完成大学的课程学习后，先落实学生的工作单位，利用学生在用人单位的见习期安排合作教育的工作学期，由用人单位和学校双方对学生进行管理。有"4+1"、"7+1"、"9+1"等形式。这种形式的特点与后期结合式相近，在操作上较简单。但面对既定的就业单位而受到限制较多，学生更换工作岗位比较困难，学校对学生的管理处于被动地位，只能是指导性的，学生工作学期的成功与否主要取决于用人单位。

五、合作主体构成的视角

（一）校企、校地合作

由企业（科研院所）和地方政府提供教育教学基地和科研基地，投入科研研发基金，设立教育教学的奖励基金，提出共同开发的项目，学校利用师资人力资源的优势、学科与文化优势、实验室的先进设备等，双方签订协议，开展互利互惠的合作。因此，也有人称之为"官产学"合作。

（二）校校（国际国内）合作

开展国际国内高校之间的合作，也是产学研合作教育深入发展的必然结果。各校利用自己的学科优势、图书资料优势、学校办学的文化优势以及其他资源优势，开展校校合作。

（三）董事会模式

依据互惠、互利原则，由官、产、学或学校与其他方组成董事会，作为实行产学研合作教育组织，董事长由校方或合作方担任。董事会下设教学工作委员会及科技工作委员会等组织，签署合作协议，确定学校与各董事单位（企业）的对口合作关系，明确合作内容和各自的职责，规范董事单位工作；加强学校与董事单位之间的信息交流，建立定期的信息沟通；董事单位为学生提供教学实践基地。董事会的作用是对学校与产业部门的全面合作、联合办学进行组织与协调，从而在政府部门、企业与学校之间架起一座沟通和合作的桥梁。董事会根据企业的发展对学校人才培养的要求，提出有关教学计划的改革意见，推动学校教育教学改革，使教学计划的制订更加科学规范；董事单位提供优惠的校外实习条件，成为学校稳固的实习基地；学校与企业联合科技攻关，实现科技合作，既满足了学校教学和科研的需要，也为企业解决了难题；学校为企业培养在职研究生和进行在职人员培训，优先输送优秀毕业生，大大提高了企业的人员素质；学校优先提供新技术、新产品、新工艺及最新科技信息，提高企业的市场竞争力。

（四）高新技术开发区合作模式

开发区作为地方经济发展的试验区、示范区，无论是在建设体制方面，还是在经济开发与运行方面都具有相当的灵活性、开拓性，以及自身的一些特点。首先，开发区本身就是一个小社会，除了企业和政府，社会的多个细胞也都集成在开发区，开发区自身的发展就有与高等院校进行合作的需求。他们与学校的相关学院合作，由知名学者带领其学生组成项目小组，解决开发区亟须解决的问题。另外，开发区在企业上市、清产核资、职位分析等项目上，聘请学校教师和学生参加，作为学生的实习或毕业设计（论文）题目。其次，开发区作为中介机构，为学校和开发区内企业的联系起纽带作用。开发区作为中介，一方面可以满足企业发展的各种需求，另一方面可为学生提供实习基地，特别是一些高级别的开发区，学生在实践中接触到世界级水平的先进技术和经验，学到书本中学不到的知识和技能，为学生今后的就业创造机会。由于开发区本身就是一个试验、探索、开拓的场所，因而与开发区联合的模式属于一种动态的模式，它随着市场经济的发展，在动态中定位，在动态中发展。这种动态体现在开发区内，主要根据不同的需求调整和安排合作教育项目，而不是固定在某个企业，这就为合作教育提供了多条发展的途径。

此外，还有与国家重点工程相结合的产学研合作教育模式；与国际跨国公司联手的产学研合作教育模式；共建联合研究室、共建高技术应用中心、共建技术创新园区、在企业建立博士后流动站等。

总的来看，这些产学研结合的形式各有利弊。不同的学校、不同的学科专业、不同性质的合作单位，需要结合自身的实际情况灵活地选择合作形式。从学校角度讲，产学研合作的最终目标是更好地培养人才，但实现目标的途径可以是多样化的。

第三节　产学研合作的发展特点

产学研合作作为提升人才培养质量的有效途径，一直是教育界关注和研究的热点问题。通过研究与探索，无论在理论上还是在实践方面都有所发展与创新。

一、认识不断深化

近几年来，一些专家学者对产学研合作有关理论问题进行了深入研究，提出了一些有价值的观点，对丰富产学研合作理论具有重要作用。

（一）"产学研"概念的认识与理解不断清晰

1992年4月，原国家经委、国家教委、中国科学院共同提倡实施"产学研联合开发工程"，但当时大家对有关"产学研"概念的认识与理解一直模糊不清，一直没有统一的定义。通过研究，对产学研合作认识不断清晰。目前，产学研合作基于两个层面，一是由政府推进的产学研合作，主要是指企业、学校、科研院所在科技上的合作，它的主要目标是科技创新。另一种层面的产学研合作，是指企业、学校、科研院所及社会其他方面在教育上的合作，其目的是培养适应社会主义现代化建设需要的人才。高校的产学研合作类型各异，既有基于人才培养的合作，也有科技创新与开发合作。但是高等院校的办学类型、层次不同，在产学研合作层面选择上有所侧重。高水平的研究型大校偏重于科技合作，以教学为主的教学型大学，则侧重合作教育。通过产学研合作研究与实践，发现产学研合作具有四个方面特点。一是合作目的的共同性。合作各方之所以愿意进行合作，在于大家具有共同利益或目标，这是合作的基础。二是合作的优势特性。合作各方具有对方所没有或不及的特长或优势，这是合作的前提。三是合作的导向性。合作方以市场为引导，在合作过程中要有利于资源的配置，促进合作各方的共赢，这是合作的关键。四是合作的多样性。合作具有多样的形式，便于合作者之间进行有效的合作，这是合作的条件。尽管产学研合作的形式多种多样，但在实际过程中，具体问题要具体分析，没有一种适宜各类高校照抄照搬的模式，也没有一劳永逸的模式。产学研合作是一个动态的过程，因为事物在发展，形势在变化，合作也要根据这种变化对自身进行调整。产学研合作应是一个双赢的合作形式，要想真正有效地合作，必须考虑合作各方的意愿，要想长远合作，必须以互惠互利、成果共享为基础，并且形成一种机制，这是合作的动力源。

（二）产学研合作成本的核算开始引人注意

新制度经济学的创始人罗纳德·哈理·科斯（Ronald Harry Coase）

指出，企业和市场是两种不同而又可以相互取代的交易体制。交易费用同样存在于产学研合作的全过程，并影响产学研合作的成败。这种费用包括寻找合适的合作项目的费用、为形成合作契约而展开的前期费用、对合作项目进行管理、监督的费用、发生纠纷进行仲裁的费用等。要想使合作成功，必须使合作的交易成本低于个体内部运作的交易成本，或者使合作的交易成本远远低于合作后所获得的回报。如果合作的交易费用长期不能低于个体内部运作的交易成本，或低于合作后的回报，这种合作就难以为继。因此，降低合作中的交易费用是产学研合作的关键。这就出现一个两难问题，因为信息不对称，容易造成合作的不稳定，需要增加沟通和协商，沟通协商的增加，必然加大合作的交易费用，而交易费用的增加，又会使合作变得不稳定。在我国合作教育中，目前存在的交易成本主要是学校承受，这种交易成本的经费支出，往往高于非合作教育的人才培养。学校为了使企业接受学生参加生产实践，一定会付出比非合作教育学生多得多的经费、人力成本，这在美国加拿大等国家的大学会转嫁到学生身上，比如增加学费，而我国大学在这方面受到很多制约，目前难以做到。但是，随着规模的扩大，学校难以承受时，成本问题必然是一个突出的问题。

（三）产学研合作的知识产权保护得到重视

在高层次的产学研合作特别是科技的合作中，知识产权又被称为"智力成果权"、"无形财产权"，形成有效的知识产权保护环境是产学研合作的前提。从合作的实际情况看，对于没有高科技含量的产品和项目，不太容易形成长久的合作。因为企业一旦掌握了技术关键，而又没有很好的知识产权保护的约束，企业就可以丢开合作方自己干，这种趋利避害的投机行为之所以出现，在于企业这时单干所付出的交易成本最低，即当企业内部交易费用低于公开市场交易费用时，企业将选择使这些交易内部化。从这个意义上讲，缺乏知识产权保护是由交易费用派生出来的问题。那么在这种情况下，是否还会有产学研合作呢？答案是肯定的。但是只有富含高科技的产品和项目，或者项目承接方的规模较小、能力较弱，而且技术拥有者一直掌握核心技术的情况下，产学研合作才有望成功。因为单靠企业自身无法完成产品的更新换代或项目的实施，也就无法在市场上形成更强有力的竞争。对于企业而言，这时它所支付的交易费用是无穷大，它必然会考虑合作。因此，在合作教育人才培养的过程中，以科技为纽带的合作往往要注意这方面的问题，不要因为知识产权的问题而导致合作教育的失败。这种合作往往在技术创新领域中出现，不管是学校还是企业，在共同研究和开发的过程中，学生、教师、企业人员等都是参与者，必须用契约的手段、法律的手段来规避知识产权保护的风险。

二、内容不断丰富

近年来，高校为了培养创新型人才，不同层次、不同性质的高校不断创新产学研合作形式，特别是我国一批"985"、"211"重点高校、部分普通本科和高职高专院校，在探索产学研合作的途径中，闯出了一些新的路子。

（一）构建了产学研合作联盟组织

所谓产学研联盟，是指企业、高校和科研院所为了实现共同目标，获得最佳利益和综合优势，利用各自的资源或优势而建立的一种优势互补、风险共担、利益共享、共同发展的共同体。它是面向市场而建立的一种动态性的知识、技术和经济、人力资源及教育方面的联盟，是科技成果转化为生产力的不可或缺的有效实现形式和途径。同时，在校大学生和毕业生受益于产学研联盟。产学研联盟中的企业、高校及科研院所，有着共同的战略目标，又各有优势和资源，通过协议实现风险共担、共同发展，因而是一种典型战略联盟形式。与产业市场中一般的战略联盟不同，产学研联盟的主体更加多元化，包括了企业、高校和科研机构等，同时，各主体的资源和优势互补性更强。产学研联盟以战略联盟的形式，将一定区域内的企业、高校及科研院所结合起来，发挥各自优势，进行技术创新、市场开发和人才培养等方面的合作，为促进区域经济发展、提高人才培养质量奠定了良好基础。如武汉东湖高新技术开发区的产业联盟，参与联盟的高等学校在相关专业的学科发展都处于领先水平，培养的自主创新人才基本能够适应市场需要，并且直接服务于高新技术产业。如2009年成立的国家地球空间信息产业技术创新战略联盟，成员有武汉立得空间、武汉吉奥信息等地理空间信息企业、湖北省测绘局、武汉市科技局、武汉大学、长江科学院、测绘遥感信息工程国家重点实验室；同年成立的磷资源综合开发与利用产业联盟，成员有湖北宜化集团公司、宜昌兴发化工集团公司、武汉理工大学、湖北磷化工市场管理委员会办公室等；同年成立的湖北省优势中药材规范化种植（GAP）及新产品开发产业技术创新战略联盟，成员有湖北中医药大学、武汉健民药业集团公司、湖北省中医院中医药研究院等。同年成立的还有中国光谷激光医疗器械产业技术创新战略联盟，成员有光谷激光行业协会、武汉奇致激光技术有限责任公司、武汉凌云光电科技有限责任公司、武汉光福生物医学工程公司、华中科技大学同济医学院附属同济医院、广州军区武汉总医院、湖北医疗器械质量监督检验中心；湖北省激光产业技术创新战略联盟，成员有激光加工国家工程研究中心、湖北省暨武汉激光学会、光谷激光行业协会、武汉华工激光工程有限责任公司、武汉团结激光股份有限公司、武汉楚天激光股份有限公司、武汉钢铁、武船重工、东风汽车、富士康科技集团等；2010年成立的中国光谷物联网产业技术创新联盟，成员有武汉邮电科学研究院、华中科技大学等单位。

（二）拓宽了合作学科与专业领域

除原有的工学学科进行合作教育外，各高校还不断拓宽新的学科领域。如长江大学进行多学科合作教育实践，除工学、农学、医学外，还在新闻学、法学、教育学等人文学科进行合作。如文学院在新闻学专业开展合作教育，并确立了以下几个原则。一是合作教育的着眼点在学生。通过理论与实践相结合多方锻炼学生的能力，实践基地（合作教育单位）是另一所学校，而实践（工作）过程只是学校课堂教育的延续。二是合作教育各要素间有明晰的权利、义务关系，而维系这种关系的是协议和责任心。三是报酬问题不应成为合作教育的重要议题。通过不断实践，形成了合作教育的"4×4模式"。湖北经济学院在旅游与酒店管理专业开展产学研合作教育取得显著成效，通过旅游产学研联盟，设计适用于旅游产业发展的教学方案，使旅游专业人才培养直接面对市场，具有针对性。旅游产学研联盟提供了师生接触实务和实际问题的机会，有利于人才培养与交流合作，提高学生的就业竞争力。武汉工程大学与宜化集团、兴发集团、黄麦岭集团、祥云集团等合作，拓展化学工程与工艺专业合作教育实践，形成了实验教学与工程实践相结合的"宜化模式"。这种模式的特点在于使毕业设计或论文题目来源于企业，实行真题真做，每年有600余名本科生进入这些基地进行学习、生产和毕业实习。实习完成后要求学生提供实习报告，进行相应车间的工艺设计，作为毕业设计的内容。采用"双导师制"进行指导，即企业一名具有工程师职称以上的技术人员和学校一名具有副教授职称以上的教师进行联合指导，这样既提高了学生的实际工程能力，又为学生就业提供了机会。学生既能得到锻炼，又能为企业解决实际问题，受到了企业的好评。

（三）凸显了行业特色与要求

高校充分利用行业特色，坚持走产学研合作道路，已经形成了学校的办学特色。武汉科技大学发挥冶金行业优势，积极开展合作。一是瞄准科技前沿，积极融入国家科技创新体系建设。针对我国钢铁工业面临的资源短缺以及冶金渣、尘等废弃物的资源再利用方面存在的问题，学校与武钢、攀钢、宝钢等开展合作，组织科技队伍开展联合攻关，积极融入国家科技创新体系建设。二是发挥学科特色，为行业发展和区域创新做贡献。学校以钢铁冶金为特色，为了把传统学科做大做强，相继与武钢、邯钢、广钢、韶钢、湘钢、涟钢、柳钢、水钢和山西海鑫钢铁公司等国内大中型钢铁企业签订了全面合作协议；同时，学校积极拓展科研外延，融入区域创新体系建设。在武汉市，相继与新洲区、青山区和硚口区加强合作；在湖北省，相继与黄石、孝感、十堰、荆州、老河口等地建立了合作关系，积极服务于地方经济建设和社会发展。学校被湖北省委、省政府授予"科技服务湖北先进单位"。三是加强成果管理，促进学校科技成果的产出和转化。2005—2007年，学校累计获科技（社科）成果奖励47项，其中国家科技奖励1项，省部级科技奖励37项，省部级社科奖励3项，获学会、协会和地区等奖6项。2008年学校联合武钢申报的"武钢取向硅钢制造技术自主创新与产业化"项目获国家科技进步一等奖，学校作为第一单位申报的"钢铁冶金储运与精炼设备炉衬材料长寿高效技术"项目获国家科技进步二等奖。学校累计申请专利236项，其中发明专利127项、实用新型专利46项、外观设计专利63项；共获授权专利117项，其中发明专利40项、实用新型专利59项、外观设计专利18项。据教育部科技发展中心大学排行榜/成果专利报告，2005年度，学校申请和授权专利数在全国高校中排名分别为第84位和第59位。获2008年国家科学技术进步二等奖的"钢铁冶金储运与精炼设备炉衬材料长寿高效技术"项目，通过攻克系列关键技术，研制开发了钢铁冶金储运与精炼设备炉衬材料，提高了设备寿命、安全性和效率，降低了炉衬材料对钢水质量的影响，并减少了炉衬材料消耗，降低了废弃炉衬材料排放对冶金企业环境压力，提高了企业综合效益。项目研究成果的集成保证了炉衬材料的高效长寿，为钢铁生产的连续性和安全性及产品质量提高提供了保障，为冶金工业技术进步做出了贡献。

（四）推进了人才培养模式多样化

一些地方高校的人才培养合作模式日益多样化。湖北交通职业技术学院提出"双挂牌、双基地"模式，学生充分利用学校教育教学场所和校外建立的实习实践基地，在双导师的指导下，开展工学结合，使教育教学的质量不断得到提升。所谓"双挂牌"，指学院在企业挂牌建立"实习实训基地"，企业在学院挂牌建立"员工培训基地"；所谓"双基地"，指学院在企业建立的"实习实训基地"，既是"专业技能实习实训基地"，又是"课程实践教学基地"。几年来，学院建立校外实习实训基地120多家，"双挂牌、双基地"单位25家，使校企合作关系更加密切，工学结合更加紧密，有力地推动了教育教学改革，显示了学院在探索人才培养和社会服务新模式方面的"先发优势"。

（五）丰富了实训实践基地

校企共建校内生产性实训基地是校企合作的物质基础和基本保障，是提高教育教学质量，提升学生实践和就业能力的有效途径，是学校教育内涵建设的重要内容。只有立足校企双赢，制定和完善校企合作制度，健全包括运行机制、利益机制、激励机制、约束机制等在内的校内生产性实训基地的制度与长效机制，才能使校内生产性实训基地成功建设并良性运转，使之成为校企深层合作的桥头堡，成为推进工学结合人才培养模式改革的校内教学基地。武汉职业技术学院依托"湖北省现代制造业集团"、"电子信息集团"、"旅游职教集团"等三个职业教育集团组织，"光谷企业家协会"、"旅游行业协会"、"汽车行业协会"等协会组织，与富士康、华为、海尔、上海通用、东风汽车、南方航空、华中数控等企业开展校企合作，共建富士康SMT生产实训基地、卡卡智能生产实训基地、瑞奇龙激光加工实训基地等16家校内生产实训基地，342个校外生产实践基地，企业使用学校房屋面积共计20000平方米，企业投入设备的总价值达到3800万元，有14个院系参与，年培养学生人数近10000人次，实训基地的建设实践取得了显著的成效，校方、企业、学生实现了共赢。

三、质量不断提高

经过近20年产学研合作的研究与实践，我国产学研合作发展质量不断提高。表现在以下几个方面。

（一）产学研合作体系不断完善

我国逐步形成以企业为主体，以学研为依托，以市场为导向，以推动科技成果转化为突破口，以创新合作机制为主线，以提高经济效益为目标的产学研结合新体系。企业与高校、科研机构的合作开始由突击式的合作走向经常性的合作，由碰撞式的合作走向网络式的合作，由国内合作走向国际合作。产学研结合范畴已从单一技术开发为主逐步向人才培养、成果产业化应用、集成技术发展；合作渠道从以高校为主逐步向科研院所、行业协会、国家基金、同行及产业链企业等拓展；合作范围从以国内为主逐步向国外拓展。可见，通过各种合作模式的推动，我国产学研合作已进入快速发展期，而且层次也越来越高。

（二）产学研合作模式不断创新

随着"科教兴国"、"自主创新"等战略目标的提出，中央政府及各级地方政府对产学研合作日益重视，高校与企业的合作不断深入，合作模式不断创新。如建立区域战略联盟，1+1+1联合创新平台、建立大学科技园等。多种模式有机结合，不断提升企业的技术创新能力，提升区域的科技能力水平。产学研合作逐渐由各地自发性的探求摸索发展上升至具有较强理性的战略高度。从实践层面讲，我国产学研合作不断向纵深发展，合作各方都能充分发挥自身的优势和潜力，进行实质性生产要素的内在联合。由原来"要我结合"转向"我要合作"，从"你出题我研制"转向"资本结合"，"从项目合作"转向"共建利益共同体"。产学研合作成果既体现了学术价值，又创造了经济效益，有力地推动了社会经济的发展。

（三）创新型人才的培养日益突出

从合作机制看，企业、高校和科研机构三方已趋向采用"优势互补、利益共享"的合作方式，开始关注市场在产学研合作中的自发调节作用。在市场观念的引导下，一切服务于市场，积极探索产学研合作人才培养的多种方式，不再拘泥于学校与企业的人才培养条框限制，从而有助于推进我国产学研合作的成熟化和规范化。在人才培养方面，许多高校与企业建立起了长期的合作关系。高校利用教学和科研优势条件，为企业定向培养技术人才和经营管理人才。产学结合已成为高校为企业解决人才匮乏和培养综合性人才的重要途径；同时，企业利用先进的生产设备和资金资源为高校提供实习基地和试验基地，保障高层次人才培养的实施。高校为企业输送的高层次人才已成为企业技术开发和技术创新的生力军。

（四）产学研合作的机构不断完善

我国大部分省、市政府都十分重视对产学研合作组织的建立和协调领导，通过各种信息网络的建立，促进企业、高校与科研院所的联系与合作。如山东、福建、广东等省份均成立了由省长或副省长为组长，由各有关部门参加的产学研联合领导小组，下设办公室，为长期有效地开展产学研合作提供了组织保证。目前，山东省产学研办公室已与全国200多所高校和科研机构建立了信息网络，与省内各行业部门、信息情报部门和1000多家企业建立了密切的联系，成为科技成果重要的集散中心。广东、江苏等省也在多个所属城市成立了产学研联合领导小组或办公室，负责制订本地区产学研合作开发的发展战略、政策和计划等，机构和制度不断完善，有利于保障产学研合作的顺利开展。

（五）产学研合作不断深入

近几年来，由于各级政府重视和支持，我国产学研合作出现了繁荣景象。政府搭台企业唱戏的现象开始不断出现，各级政府积极为产学研合作各方提供良好、有效和发展的机会，受到企业、高校和科研机构的普遍欢迎。各省市在产学研合作实践中，举办或参加信息交流会、成果交易会、项目洽谈会等活动，尤其是深圳的"高交会"、上海的"工博会"和北京的"科博会"等交易会，层次较高，影响较大，内容丰富，并取得良好的效果。上海市产学研办公室组织建立了16个产学研合作工作示范点，并及时总结经验推广，多次召开全市产学研联合工作大会。上海市还注重推动区政府与所在区的高校、科研机构进行全面合作，形成点面联合发展的局面。例如，徐汇区政府与上海交通大学全面合作；虹口区政府与同济大学签订了建立紧密科技战略伙伴关系协议，并拟建"宝石产学研联合体"。

第四章

发达国家产学研
合作的模式与借鉴

随着高等教育与经济、科技的进一步融合，产学研合作对人才培养、科技创新和经济发展的作用也日益显现，越来越多的国家将产学研合作作为提高人才培养质量的重要举措，并将其上升为国家发展的战略选择。由于各国工业化进程以及人文、社会环境各不相同，推行产学研合作所采用的方式也不尽相同。研究发达国家产学研合作成功模式，分析其对人才培养质量的影响，有利于探索出新时期我国产学研合作的发展之路，为提升我国高等教育的质量与水平提供借鉴。

第一节　产学研合作的主要模式与分类

一、常见模式分类

在知识经济时代，产学研合作已成为增强国家核心竞争力的主要途径，因此，产学研合作的相关研究备受关注。自产学研合作诞生之日起，已有百余年的历史，与一百多年前相比，世界的政治、经济、文化、科技发生了翻天覆地的变化，大学的功能及人才培养要求也发生了巨变，产学研合作方式也日趋多样化。据Steward & Gibson（1990）总结，产学研合作类型有72种之多，姜照华（1994）总结的产学研合作模式有15种。总结已搜集的文献资料，国内外对产学研合作模式主要有以下几种分类。

（一）基于合作的内容

OECD（经济合作与发展组织）基于合作方式及目的将各国产学研合作的方式分为下列7种类型。

1.一般性研究支持（general research support）。其具体形式为：企业界通过捐款、成立基金、捐赠设备与其他研究设施等协助大学进行各项研究，获取相关研究成果。

2.非正式的合作研究（informal research collaboration）。表现为：大学

研究人员以个人身份与企业进行合作，解决企业相关难题。

3.契约型研究（contract research）。表现为：企业以契约方式将部分研发活动委托大学进行，以减轻研发经费，获取科研成果。

4.知识转移与训练计划（knowledge transfer and training schemes）。表现为：通过大学教授担任企业的顾问、企业参与大学的课程设计、大学为企业定向培养人才、培训在职人员等方式，形成大学与企业界间的知识与人员交流。

5.参与政府资助的共同研究计划。表现为：政府提供资金，资助企业和大学共同进行研发。

6.研发联盟（research consortia）。表现为：各国政府针对特殊领域的大型研发计划提供资金补助，由企业、大学或研究机构组成规模较大的研发联盟，共同申请赞助进行合作研究。

7.共同研究中心（cooperative research center）。表现为：在大学中设立共同研究中心，大学与企业共同参与合作研究。[①]

（二）基于合作的紧密程度

依据产学研合作的紧密程度，可将产学研合作大致划分为三种模式。一是地方大学与地方经济相互作用的共生模式；二是以大学为主的"硅谷模式"；三是以威斯康辛思想为理论基础的大学服务模式。

（三）基于合作的目的

依据合作目的，可将产学研合作模式分为以人才培养为主的合作教育模式和以科技创新、新产品开发为主的产学研合作创新模式。石火学将产学研合作教育模式总结为六种；Atlan（1987）将产学研合作创新分为一般性资助研究、合作研发、研发中心、产学研发同盟、工业协调组织、企业孵化器和科学园区六大类；朱桂龙（2003）将产学研合作创新划分为技术协作、契约型、一体化等三种模式。

（四）基于三重螺旋理论的模式划分

自Henry & Loet将三重螺旋理论应用于产学研合作研究中以来，在分析大学、企业、政府三方互动方面取得了突破性进展。依据合作各主体的参与程度及参与合作的一方对其余各方的带动作用，可以将产学研合作划

---

① 朱建设.海峡两岸产学研合作的方式比较 [J]. 中国科技成果, 2003 (19): 27.

分为政府引导、企业主体、高校推进等三种模式。

另外，国外也有依据合作时间长短将产学研合作分为长期合作和短期合作；依据合作是否签订正式协议，将产学研合作分为正式合作和非正式合作。

综合现有文献，可以发现国内外对产学研合作模式及其分类进行了广泛的研究，但是，现有的研究集中于技能型和应用型人才培养的产学研合作教育模式以及产学研合作的科技创新和新产品开发模式上，基于人才培养视角的产学研合作模式研究则不够深入，特别是产学研合作培养创业创新人才方面的研究基本处于空白。

二、基于人才培养的模式分类

现代意义的大学起源于中世纪的欧洲，中世纪大学唯一的职能就是教学，主要培养专门人才。中世纪大学的保守使其广受批评，法国大学在大革命后甚至一度关闭。直到19世纪初，刚统一的德国创立了一种全新的大学模式，即教学与科研相统一，自此，科学研究成为大学职能的一部分。作为该模式下创建的第一所大学——柏林大学成为各国效仿的对象，并最终推动了研究型大学的形成。研究型大学致力于学院型科学研究，强调理解和认识世界，形成了研究组织的雏形，但此时的大学科学研究重学轻术，与社会相隔绝。

同时期的美国还只是一个农村化的共和国，为满足大众对农业技术的需求，美国制定颁布了《莫雷尔法案》，创办赠地学院。法案规定，赠地学院必须从事农业技术教育及农业科学技术研究，并推广实用农业技术。威斯康星大学在范海斯校长的领导下，把整个州作为大学校园，倡导脚上沾满牛粪的教授是最好的教授，在不断完善其为本州服务职能的同时，也促进了学科发展和人才培养。现在，威斯康星大学仍是美国最优秀的10所大学之一，它的畜牧科学、生物科学和细菌科学等服务本州农业经济的学科在全美处于领先地位。其在教学、科研与生产相结合的实践基础上提出的"威斯康星思想"，使高等教育的第三职能得以确立，让高等学府走出象牙塔，逐步成为现代社会的核心。

20世纪上半叶，美国取代德、英、法等老牌资本主义国家，成为世界上最发达的资本主义工业化国家。为确保其世界霸主的地位，美国在教育领域内进行了大规模的改革，以提高大学自身实力，提升大学科技创新能力，培养创业创新人才，进而保持国家核心竞争力。在政策的鼓励下，美国的研究型大学纷纷走向市场，主动创业，其中，硅谷的成功更是引发了全世界的效仿。创业离不开创业创新人才培养，因此，培养创业创新人才日渐成为大学人才培养的追求。

随着社会经济的发展以及大学职能的不断延伸，对大学人才的培养质量也提出了更多要求，仅靠大学自身已经无法满足人才培养所需的各种资源，这就要求大学积极寻求社会资源，产学研合作共同培养人才正好适应了这一要求。

基于大学人才培养目标不同，可将产学研合作划分为三种类型：培养技能型人才的产学研合作模式、培养应用型人才的产学研合作模式、培养创新型人才的产学研合作模式，并依据三重螺旋理论进而将其划分为九种类型（见表4-1）。

表4-1　产学研合作主要模式分类表

	政府引导	企业主体	高校推进
技能型人才培养模式	"TAFE"模式、"ACE"模式	"双元制"模式	"三明治"模式
应用型人才培养模式	美国海军训学研合作教育	企业大学模式、继续工程教育模式、平行模式、契约模式	辛辛那提大学模式、安提奥克模式、co-op模式
创新型人才培养模式	工程研究中心、工业大学合作研究中心、教学公司模式、北卡三角研究园、筑波科技城	弗朗霍夫联合体模式、委托研究和委托研究员模式	硅谷模式、剑桥工业园、沃里克大学模式

表4-1虽然将现有的产学研合作模式划分为九种类型，但类型之间存在交叉，因此，部分模式的划分可能存在争议。另外，高等教育层次类型的多样性决定了人才培养目标的多元性，不能说一种模式优于另一种模式，依据高校实际选择适合于自身定位的模式可以说是最有效的模式。

三、典型模式分析

（一）培养技能型人才的主要模式

技能型人才培养要求学生在校期间除了学习理论知识外，还要充分掌握实践技能，这一要求是传统教育无法满足的。1903年，英国桑德兰技术学院（Sandland Technical College）在工程和船舶建筑系率先实施了"三明治"教育，有效解决了这一问题。发展至今，产学研合作培养技能型人才已成为发达国家保持制造业优势的战略选择，其中，最具特色的有英国的"三明治"模式、德国的"双元制"模式、澳大利亚的"TAFE"模式等。

1."三明治"模式

"三明治"合作教育模式是英国高等职业教育普遍实行的一种模式，可将其视为中世纪学徒制与现代教育的一种结合，可以有效解决以课堂教育为主带来的学生动手能力差的问题。参与的学生在读期间必须到企业工作实践一年，实习岗位由企业招聘及学校推荐共同完成，学生也可以通过网站寻找适合自己的招聘岗位。学生在工作期间的年薪一般是每年1万英镑到1.5万英镑。[①]

2."双元制"模式

"双元制"又称为部分学校制职业教育形式，是德国高等职业教育普遍采用的一种合作教育模式，接受"双元制"培训的学生具有双重身份，既是职业学校学生，同时也是企业学徒工。学生在学校课程学习的时间只占整个学业时间的30%左右，其余时间则作为学徒工在企业工作。受训者的培训费用大部分由企业承担，课程学习的费用则由财政负担。

3."TAFE"模式

澳大利亚TAFE学院的模式是新学徒制（包括学徒制和受训者制），学生的理论课程由TAFE学院完成，企业可选派员工到TAFE学院学习。为保证培养质量，澳大利亚国家培训局建立了全国统一的TAFE标准——国家职业资格框架（NTF），将不同行业的教育培训产品进行标准化形成培训包，从1997年到2003年澳大利亚政府共认定101个"培训包"。[②]公办和私立TAFE学院都参与了TAFE培训，但只有办学质量高、成本低的院校才能优先获得政府拨款。这迫使TAFE学院必须努力提高办学质量，同时降低经营成本，才能获得政府和企业的投资。

（二）培养应用型人才的主要模式

随着知识经济的发展，单纯的技能型人才已不能满足社会的需要，社会对人才培养质量提出了更高的要求，更加凸显人才综合素质以及关键能

---

① 周会青. 德澳英三国高职产学结合办学模式的特点 [J]. 广州市经济管理干部学院学报，2008，10（1）：81-85.

② 周会清. 德澳英三国高职产学结合办学模式的特点 [J]. 广州市经济管理干部学院学报，2008，10（1）：81-85.

力的培养。近年来，发达国家合作教育愈来愈重视教育指导思想的转变，开始由单纯培养学生重复性强且枯燥的技能转为学生综合素质的培养，其中以美国合作教育最具代表性。

美国最早实施合作教育的是辛辛那提大学，其参与合作教育的学生交替学习和工作，延迟一年毕业。这种工学交替模式在今天仍被奉为产学研合作教育的经典模式。"专职指导者"和"项目协调人"的设立，确保学校与企业的沟通，保证合作的顺利开展。1921年位于俄亥俄州Yellow Springs的安提奥克学院创办了历史上第一个完全是文科的产学研合作教育计划，该校校长约根倡导"全人教育"（Whole Person Education），要求每个学生必须按照"学习—工作—学习"的方式完成学业。这一举措具有划时代的意义，产学研合作教育第一次由单纯培养工科学生扩展到工科之外。

目前，美国产学研合作培养应用型人才的主要模式有：

1. 工学交替模式

这是合作教育计划最早的一种模式，也是目前应用最为广泛的一种模式。辛辛那提的合作教育计划就是这一模式的典型代表。

辛辛那提大学合作教育主要适用于工程类专业，在本科教育中又称为职业实践计划（Professional Practice Program），目前有44个学位领域设有该计划[①]。该计划通常是职业实践三个月，理论教学三个月交替进行，参与计划的学生一般分为两组，分别安排在教学和实践交替进行的学期中。参加合作教育计划的学生可以获得报酬，企业在满足人员需求的同时，还可以储备潜在的人才。因此，企业和学生参与合作教育计划的积极性较高。为适应全球化趋势，开阔学生视野，辛辛那提大学还开展了国际合作教育计划，该计划最初在工程学院开展，现已拓宽到多个学院。

2. 平行模式

出现于60年代末的平行模式弥补了工学交替模式时间长、全职工作不易寻找的不足，其特点是：学生上午理论学习，业余时间（下午或晚上）实践，每周工作15—25小时。这种模式优点在于，学生理论与实践结合得更加紧密，并且在不完全脱离学校的情况下获得较高的收入。

3. 契约模式

契约模式出现于80年代末，其特点是：企业、学校、学生、家庭、社

---

① 顾秉林. 中国高等工程教育改革与发展[EB/OL]. [2008-05-15]. http: //news. Tsinghua. edu. cn.

区团体等共同参与，为学生假期提供一份工作。"波士顿契约"、"底特律契约"等是该模式的典范。

（三）培养创新型人才的主要模式

随着信息化时代的到来，国家间的竞争已由传统的制造业竞争转变为信息、创新能力的竞争。通过产学研合作不断提高国家技术创新能力，培养高层次创新型人才，是当今主要发达国家优化科技资源配置、提高国家核心竞争力的主要战略选择。随着科学技术的不断进步，各国产学研合作的层次不断提升，水平也不断提高，取得了巨大的成功。作为全球科研实力最强的美国，同时也是产学研合作培养创新人才的先行者，产学研合作培养创新人才形式多样，成效最为显著，其他国家产学研合作培养创新型人才模式大多学习美国模式，但也依据各国实际有所创新。

在"二战"期间，美国高等院校积极参与军事研究，由此，美国大学在传播高深理论知识、开展科学研究和服务社会的基础上，又增加了技术创新，而技术创新实质上是科研与服务社会职能的拓展。这在一定程度上拓展了产学研结合的方式，成为创新型人才培养的一条有效途径。自此，美国通过不断制定政策支持大学从事科研，并积极鼓励科研成果的转化，从而创造了以斯坦福大学为代表的产学研合作的伟大成就。

1. 科技工业园区模式

第二次世界大战结束后，大量战争技术转为民用，同时，战时科技研究充分利用了大学的研究力量，因此，研究性大学拥有大批高新技术研究与开发的实验室，进而在一些研究型大学周边形成了高新技术密集区，这就是美国"科技工业园区"的雏形。现在，美国的科技工业园区已超过 150 个，从其兴建方式看，大致可分为三种类型。一是由大学推动。如"硅谷"就是在特曼教授倡议下，由斯坦福大学于1951年兴建的"斯坦福研究园"发展演变而来。二是由企业推动。如"波士顿128号公路高技术园区"是由美国大型企业在麻省理工学院（MIT）周边设立研发中心逐步演变而成。三是由州政府推动。如"北卡三角研究园"是由北卡罗来纳州选择位于该州的北卡罗来纳州立大学、北卡罗来纳大学和杜克大学于20世纪60年代共同组建了"三角研究园"。"三角研究园区"发展和成功的背后是"大学—企业—政府"之间相互关联、互动互补的三边关系。美国的成功，也带动各国纷纷仿效，建立各自的科技园区，其中比较著名的有日本筑波、德国柏林工业园等。

美国科技园区除了在高科技转化方面取得卓越成效外，在创新型人才培养方面更是硕果累累。首先，培养学生的创新精神，要培养学生的创新精神，除了必要的知识基础外，更为重要的是要有对创新氛围及创新过程的亲身感受。科技园区中大批成功公司及教授甚至学生创业经历，正是激励在读学子成为创业创新型人才最好的催化剂。其次，科技园区中众多高科技公司成功或失败的案例让立志创业的学子们明白，失败并不可怕，只要成功一次，就可以拥有辉煌，巨大的财富效应，培养了学生的创业意识。再次，注重培养研究、创业、管理的复合型人才，发生在学生身边的无数事例让他们认识到，只埋头科研很难成功，只有拥有极强的创业意识，具备科研、管理综合素质的人才能获得成功。

2. 企业孵化器模式

随着IT产业的迅猛发展，大批高新企业应运而生，但是，这些初生的小企业大多由发明家创办，但这些发明家大多并不擅长企业管理，企业破产率极高。为破解这一难题，伦塞勒综合工学院推出了"培育箱计划"，致力于培养和扶持新建的高新企业，通过提供整套服务设施设备和管理咨询服务，使一批新办高新技术公司顺利成长。在此基础上，学院创建了"工业创新中心"。此后这种模式便被各地效仿，事实证明，该模式能有效促进科研成果的转化，增强高新企业的成活率，振兴经济。如在美国，在未采用该模式之前的20年中，年均新增9000家企业，之后的5年中，年均新增7.4万家企业。①

这一模式为醉心于科研的科技人员提供了一个培养管理能力的平台，促使一大批不具备管理实践经验的创新型人才蜕变为科研管理复合型人才。

3. 研究中心模式

"工程研究中心"（ERC）计划及工业大学合作研究中心（IUCRC）计划都由美国国家科学基金会（National Science Foundation，简称NFS）提出，并由其代表政府提供启动基金。研究中心除承担重大项目的研究及成果转化的使命外，提高高等工程教育的教育质量，培养高层次应用型工程研究人员也是其最为主要的使命。研究中心实行会员制，只有交纳了会员费的公司才能分享研究中心的科研成果，最终研究中心依靠会员费自主运行，实现良性循环。在组织上，设立专门分管工程教育的助理主任一职，反映了研究中心对教育职能的重视。

目前，美国已有13个中心做到了盈亏平衡。如马萨诸塞州大学的聚合物

---

① 邵祖林. 新经济开发区与科技企业孵化器 [M]. 北京: 科学出版社, 1991 (4): 111.

科学和工程系在世界享有盛誉，该系与若干实力雄厚的公司组成ERC，有的公司甚至将数百名科研人员放在该ERC从事研究，从而使该系的ERC项目成为美国最成功的ERC项目之一。^①ERC通过NFS设立的大学生研究计划，选择优秀大学生参与研究过程，有的研究中心还为学生设立了专门的研究生学位。在研究中心，博士生、硕士研究生、大学生及工业界研究人员共同完成各项研究任务，同时根据研究需要，适时调整研究、教育计划，促进了科学研究，提高了人才培养质量，探索出了产学研合作的新途径。

第二节　国外高校产学研合作典型案例分析

一、坚持co-op办学的滑铁卢大学

1957年以前，加拿大安大略省的滑铁卢市只有一所教会文科学院，当地工商界迫切希望在本地创建一所工科院校。1957年苏联人造卫星的发射成功，促使西方国家重新检讨其高等教育政策，加拿大政府一方面改革高等教育，另一方面新建了一批高校，滑铁卢大学就是在这一背景下建立起来的。

（一）发展历程

1957年，格里·哈格博士和艾拉·湾·尼德尔斯共同创立了滑铁卢学院。1959年3月，安大略省立法机构承认滑铁卢学院为独立的滑铁卢大学，并给予该校授予学位的权力。1967年，滑铁卢大学创立了数学学院，成为北美地区第一个经认可建立数学系的大学，这也是北美唯一一所数学学院，现已发展为全世界最大的数学和计算机的教育及研究中心。1969年，滑铁卢大学创立了加拿大第一所环境研究学院。21世纪，滑铁卢大学创立

---

① 刘力. 美国产学研合作模式及成功经验 [J]. 教育发展研究, 2006 (4).

了一所科技研究院。2004年，滑铁卢大学建立了量子计算研究所，还投资100亿美元建设主校区的大学研究所和开发新的纳米技术工程项目。目前，滑铁卢大学设有六个学院，分别为医疗科学院、文学院、数学学院、工程学院、理学院、环境学学院，另有研究生院、药剂学、眼科视光学和社会工作等研究中心。学校有100多个本科学位专业，28种硕士及博士学位专业，现有在校生2万多人，专职教师1000千余人。

滑铁卢大学在其短短的50余年的办学历程中，取得了骄人的成就，被认为是加拿大总体声誉第一、最富创新性的大学。在加拿大最权威的教育杂志Maclean的排名榜上，滑铁卢大学有13次排名第一位，全国知名度排名连续7年第一，研究质量排名连续4年排名第一，在2000、2001、2002和2005年时ACM（美国电脑协会）将该校列为北美地区最优大学之一。滑铁卢大学的学生表现也非常优异，获得相当多的国家级奖项，近十多年来滑铁卢的计算机本科毕业生极为抢手，各大公司排队聘请。多年来在微软工作的滑铁卢毕业生比其他任何北美大学都多。在微软公司优先录取毕业生的八所美国大学和五所加拿大大学中，滑铁卢大学名列榜首。

滑铁卢大学的成功之道在于，从建校之初就坚持产学研合作办学，并最终形成自身的特色，即"具有加拿大最大的和最早的合作教育项目；科技成果转化工作突出；学生具有创业精神和领导才能"。

（二）发展模式

滑铁卢大学在创办初期，所采用的产学研合作模式主要是"三明治"或是"工学交替"模式，随着合作办学经验的增加，逐步形成和完善了co-op模式。co-op模式的推行促使学校与企业界加深了联系，同时，培养了学生的自主创新创业精神。为顺应这一变化，滑铁卢大学通过建立科技园区及学生创业孵化中心进一步加强产学研合作。目前，滑铁卢大学开展产学研合作主要有以下模式。

1. co-op模式

滑铁卢大学在全校范围内开展了co-op项目。学校规定，工程类专业学生必须参与co-op项目，这些专业的学生占全校学生总人数的45%左右，其他专业学生可自愿申请参与。目前，滑铁卢大学每年有超过50%的学生参与co-op项目。

（1）学生参与co-op项目流程

学生参与co-op项目的基本流程主要是：学校发布聘用信息；学生提交申请；雇主面试（大多数集中在校园内面试）；确定职位；落选者二次

应聘；学校审批；学校定期调查学生工作情况；企业对学生工作进行评估；指导教授评分。

因为每年都有超过3500家企业发布招聘信息，近万名学生应聘，因此，仅这项工作就需要大量的时间和精力来安排；另外，如果出现特殊情况，如学生需调整学习和工作时间顺序、申请辞职等也要及时处理。为此，滑铁卢大学成立了一个专门为产学研合作的机构——产学合作服务系统（CECS），该机构有雇员100余人，其中外勤、内勤人员各占一半。外勤人员的职责主要有：与企业进行互动交流，在宣传学校、介绍专业及学生情况的同时，搜集企业招聘信息，为学生联系工作岗位。内勤人员的职责主要是：公布企业招聘信息；组织学生填写简历；培训面试技巧；组织企业招聘会；接待企业招聘人员；安排面试。学校的产学合作教育专门机构为实施合作教育提供了有力的组织保证。由于管理费用巨大，所以参与co-op项目的学生的学费要高出普通学生学费的20%。

（2）时间安排

参与co-op项目的学生学制为5年，每年分为秋、冬、春3个学期，每个学期4个月。学生可每年选择1—2学期作为工作学期，但学习时间必须超过40%。参与co-op项目的学生在工作和学习的时间安排上一般都很紧凑，没有寒暑假。因为工作和学习都有学分要求，所以学生的压力比较大。

（3）考核要求

参与co-op项目的学生学习和工作的压力大，不仅要在学习科目上取得学分，而且每个工作学期结束后，用人单位会向学校反馈一份学生工作情况的评估报告（Student Performance Evaluation），内容包括工作表现、工作的积极主动性、组织领导能力、创新能力、沟通交流能力、行为举止及自律等方面，最后学校还要询问企业是否愿意继续雇用及学生是否愿意继续工作等问题。一位co-op毕业生说："每个学期都要找工作、找房子搬家，这样的锻炼在读期间最多可以经历六次，要在最短时间内理解工作的内容与环境，眼界开阔了，思维能力提升了，增加了生活和工作经验，增加了自信心，同时还可以赚钱补贴学费。"①

2. 科技园区模式

随着co-op项目的成功实施，大学对企业的需求及其认识也逐渐深入，双方间的互动增加，学校应地方企业的要求扩展人才库，在技术能力

---

① 佚名. 毕业之际谈我的大学: 滑铁卢大学 (1) [EB/OL]. (2007-08-20).http: //www. 51immi. com/html/document/ 51immi_2005052512080530631. html.

的关键领域为企业增加教学和科研活动。企业认识到滑铁卢大学能为企业提供高质量的人才，同时，也可以为企业解决生产实践中的技术问题，因此大批企业在滑铁卢大学周边落户，现在，在滑铁卢大学周边地区已经形成了一个科技园，在经济上实现了几十亿加元的产值，产生了整体聚集效应。

3. 自主创业模式

为鼓励科技创新，滑铁卢大学鼓励学生从事科研、创办产业，不仅鼓励研究生对外承接项目，还实施科研实习计划为本科生提供科研训练，并提供启动资金鼓励学生自办企业。同时设立"商务创业与技术中心"以及"技术转化和执照科"，为全校师生的创业活动及知识产权的谈判、保护和特许提供服务。目前，滑铁卢地区31%的企业家毕业于滑铁卢大学，他们的成功进而鼓励教师与学生将其想法商业化，进一步促进了学校的创业创新氛围。

（三）成功经验

滑铁卢大学的成功，首先在于从建校之初就一直坚持产学研合作办学理念，明确人才培养定位，充分认识产学研合作对毕业生就业和教学质量提高的价值和意义，制定合作制度，建立长效机制，融合校内外优质资源，积极落实学校的产学研合作计划。其次是专职机构的建立。大学开展产学研合作，必须有相应的专门设施，充足的物力和经费保障，以保证合作项目高质量的运行。更为重要的是还要培养和组建一支专业的产学研合作服务队伍，以保证合作项目的充分互动和交流。再次是学校与企业的密切交流。拥有一个愿意接受学生工作的企业网络是合作成败的关键，大学必须建立与合作单位互动双赢的合作机制，使合作单位充分认识到与大学合作不仅可以获得企业发展亟需的高素质人才，更可以解决企业生产中的实际难题，从而充分调动企业合作的积极性。最后是良好的外部环境。加拿大制定了专门鼓励企业接受实习学生的政策法规，并予以税收优惠，如安大略省，大中型公司在合作教育上的开支可扣除25%的税，小企业更可以扣除30%的税；政府通过税收政策吸引企业积极参与合作的同时，还提供项目支持，如对雇用合作教育学生的企业项目提供贷款、直接资助和提供岗位工资等。比较有名的项目有：中小企业实习项目、加拿大国家研究理事会工业援助项目、先进制造业投资计划、可持续研究和试验发展项目、大学生研究援助计划、沃克清洁水中心项目等。加拿大政府公共服务部门也为合作教育学生提供了大量的岗位。这些政策的实施为产学研合作的顺利开展提供了良好的外部环境。

二、以经营理念办学的沃里克大学

20世纪60年代，英国建立了绿地大学"七姐妹"，英国政府的初衷是希望建设一批类似于美国社区大学的教学型大学，满足高等教育大众化的需要。作为"七姐妹"之一的沃里克大学，经过近50年的发展，现已成为"绿地大学"中规模最大（拥有学生22000人及近5000名教职人员），学术排名最前，自创收入最高的学校。2008年，英国高等教育基金理事会对全英大学组织的"研究成果评估检查（Research Assessment Exercise）"中，沃里克大学排名第七，排名英国中部地区第一，其部分院系被评为"世界领先"或者"国际杰出"（获得评分为4*或者3*）。2011年，校内报纸The Boar《野猪报》更因The Guardian《卫报》于当年发布的大学排名而创造了Woxbridge一字，意指Warwick University（沃里克大学）、Oxford University（牛津大学）、Cambridge University（剑桥大学）等三所大学已成三强鼎立之势。

（一）发展历程

沃里克大学建立的初衷是满足不断增长的高等教育需要，建设以本科生教学为主的大学。因此，沃里克建校面临的首要抉择就是能否突破原有的办学目标，选择自己的办学理念。沃里克大学首任副校长巴特沃思结合大学的本质追求和沃里克的地域优势、发展需求等因素综合考虑，最终确定了具有沃里克特色的办学理念：创办一所既满足时代需求，又以学术为中心的大学。沃里克大学所在的考文垂地区位于英国中部，工业与商业较为发达，故而，巴特沃思的"适应时代需要"主要满足当地工商业需要，获取资金回报。"以学科为中心"与"适应时代需要"实质便是"学术与创业兼顾"，走规模不断拓展的研究性大学发展之路。从此，追求卓越，成为沃里克大学的基本价值观。

为了实现这一宏伟目标，首先要吸引人才。沃里克大学对人才的要求是唯才是举。学者的专业发展以及学术组织的构建都由学者自主决策，因此，沃里克大学虽没有什么特殊的优厚待遇和条件，但还是吸引了一批富有新思想的学者，为创办研究型大学打下了坚实的基础。

但是，打造"适应时代需要"的大学虽然得到了当地企业家们的赞同，但在大学内部却受到教师和学生的强烈反对。1969 年，因反对学校与工商界联姻，沃里克大学爆发了英国高校史上最严重的一次学生骚乱，沃里克大学遭到了舆论界的猛烈抨击。骚乱平息后，沃里克继续坚持亲工商界的办学理念，通过转变校园中的敌视工商界的态度，发展与当地社区的关系，打造企业家精神，具体落实"适应时代需要"的办学理念。

20世纪80年代，英国政府提出了削减高等教育拨款计划，拨款的减少对一所还在为生存而努力的新办大学来说，是一个巨大的挑战。为应对财政困难，沃里克大学实施开源节流政策，即节约一半，另赚一半。从此，沃里克大学走上了学术创新与创收并举的道路。

沃里克提出挣得收入的政策，各系在财政上自负盈亏。通过实施这项带有明显企业成本管理的政策，学校管理发生了深刻变化。学校资金按年度核算，并为新机构的建立提供风险投资，系级单位要依靠自己的创收取得收支平衡。这项政策的实施引导大学与社会和企业合作更加紧密，依靠大学科研优势，服务社会和企业，由此赚得的收入投入到学科建设中，研究出更多高水平科研成果为学校吸引更多的工商业客户，最终实现良性循环。

（二）学术与创收主要模式

通过与社会和企业紧密合作，构建学术与创收于一体的组织机构是沃里克解决财政危机的主要手段，典型模式有：

1. 制造业集团

作为工程系下属单位沃里克制造集团（Warwick Manufacturing Group），于 1980 年筹建，其目标一是革新生产过程，开发技术；二是培养相关人才。集团有着很强的学术生长性与创收能力，为企业提出了大量生产技术解决方案，并获得大量的技术发明。吸引300多家公司与集团签订量体裁衣式的研发项目以及人员培训业务。集团业务不仅在英国，而且通过设立海外"卫星营业"扩展至中国香港、曼谷、吉隆坡等地。更为重要的是，集团不仅在解决工程问题上蜚声世界，学术研究上也独树一帜，现已发展为享有世界声誉的研发中心，从而吸引了大批留学生。集团现有教师科研人员200人以上，在读博士生100人以上，每年培训公司工作人员3000人以上，通过收取留学生学费及培训收入为大学收入做出贡献。制造业集团提供产品技术服务，提供培训服务，学术研究与创新兼顾，是两者有机结合的一个成功范例。

2. 商学院

成立于1967年的沃里克商学院，最初只是一个专门的学术单位，为保证收支平衡，确立了为中小企业发展服务的方向。通过吸引中小企业的研发项目和咨询合同，锻炼了一批中青年教师，改革了原有的研究生培养模式，在英国率先实施课程硕士。师资水平的提高及课程研究生培养模式的引进为商学院吸引了大量优秀的研究生，其中绝大多数学生来自海外，收取的留学生学费保证了学院的收支平衡并有盈余。商学院已发展为拥有130名以上教学科研人员，在读研究生、本科生及培训班学员3000人以上。商学院将学术研究与创收经营融为一体，既获得了大量的办学资金，又在创收过程中发展了学术，是"学术研究与创收经营"完美结合的样板。

3. 沃里克科学园

沃里克科学园成立于1984年，科学园的创建不仅吸引了大量的公司，促进了大学科研成果的转化。沃里克科学园除了直接可以收取租金、合作项目资金等外，还能为大学的其他创收项目提供机遇。科学园带来的直接经济利益和间接的创收机遇，开启了沃里克大学经营之道的新篇章。

（三）沃里克崛起的成功经验

由从零起步发展为世界一流大学，沃里克大学创造了一个奇迹。总结其成功之道，最为重要的是用经营性的理念去办大学，用企业的精神办大学。追求效益与价值的最大化是企业的根本目标，沃里克大学将这些源自于企业的精神熔铸到了自身的办学实践之中。

1. 敢为人先

沃里克大学从建校伊始，就定位为研究型大学，向剑桥、牛津等一流大学看齐，大力发展研究生教育，如果沃里克大学也遵循传统陈旧的大学发展路径，它就不可能问鼎世界一流的大学。

2. 恪守大学本质

大学本质就是学术，离开学术，大学发展就无从谈起。沃里克大学强调经营性，但在其办学过程中，从未偏离大学的学术本质。沃里克大学经营的基础在于其各类研究中心，但这些研究机构离不开大学的学科支撑，同时，学校将经营收入不断投入到基础理论研究中，保持其高水平的学术地位，从而吸引更多的企业。

在人才培养上，沃里克大学成功地走出了一条确保人才培养与适应社会相结合的道路，通过与社会紧密连接的研究机构，及时了解社会需求，调整专业、课程设置。在突出学生动手能力培养的同时，沃里克大学也重视学生的基本知识与综合素质教育，在条件近乎苛刻的英国高等教育质量评估得分中，获得了21.8分的好成绩。

3.灵活的学术结构

沃里克大学从建校之初，就为人才提供了良好的组织环境，强调学者的自主决策，不搞论资排辈。在行政组织上，也没有采取跨学科发展思路指导下建立实体化的院级机构的思路，而是鼓励建立一些带有跨学科性质的研究中心，这些中心建在系级单位下，因研究任务而成立，若其发展良好，可逐步扩大，甚至发展为系。中心的建立不仅可以避免系级学术单位所固有的问题，而且可以将企业界的需求及时反映到大学。前文所述的沃里克制造集团就是成功中心的典范。

4.企业家精神

企业家精神应用于学校的管理中，最重要的在于创新。沃里克大学管理实践中具有极强的创新意识，如在英国最先建立研究生院；为缓解财政困难，提出"赚钱战略"。这些政策看似解决当前问题，却影响到大学的发展方向。如系要获取收入，就必须有高质量研究成果，要持续性获取收入，就必须不断寻求新的科研增长点，要与其他商业团体竞争，就必须发挥自己的学术优势，要与其他大学竞争，就要充分发挥与企业紧密联系的优势。这样，学校就把高质量的学术与教学要求实际落实在了具体的活动之中。

三、创造硅谷辉煌的斯坦福大学

硅谷位于美国加利福尼亚州旧金山以南，包括圣塔克拉拉郡以及其与圣·蒙特尔、阿拉米达、圣塔克鲁兹等郡邻近的部分，总面积约3880平方千米，人口243万（2005年）。硅谷这个词最早是由Don Hoefler在1971年创造的。之所以名字当中有一个"硅"字，是因为当地的企业多是与由高纯度硅制造的半导体及电脑相关的。而"谷"则是从圣塔克拉拉谷中得到的。硅谷作为美国最为成功的高技术开发区，已成为信息社会"最完美的范例"、"世界微电子之乡"，更是世界其他国家和地区进行高技术开发及创新人才培养所效仿的对象。

（一）硅谷发展历程

特尔曼教授被称为"硅谷之父"，他在麻省理工攻读博士学位期间就曾参与GE、AT&T等公司主导的产学研合作教育计划，认识到研究型大学与公司互动的重要性。30年代末，特尔曼教授说服并资助他的学生创办公司，这其中就有维廉·休利特和戴维·帕卡德所创办的惠普公司，由此，开始了硅谷的传奇。太平洋战争的爆发为这些小公司带来了第一桶金，但是，大的电子订单都被麻省理工等大学夺得，特尔曼也被抽调到哈佛大学从事军事电子研究。

"二战"结束后，特尔曼重返斯坦福大学并担任工程系的系主任。哈佛大学的研究经历使他接触到当时电子产业的前沿领域，也看到了斯坦福大学及其所在地区的不足——旧金山半岛上没什么有竞争力的工业，斯坦福大学不过是一所二流大学。

为了赶上东部沿海的竞争者，特尔曼不仅将自己科研团队的大部分人员带回斯坦福，利用自己在美国情报机构的关系获得资源，得以继续从事电子产业方面的前沿研究；并在斯坦福创办了一个由联邦和地区产业界投资的，能够吸引优秀学生培养高级工程技术人员的"研究和教育计划"，这就是硅谷能集聚大量科研人才的幕后因素。

为提高斯坦福大学的学术水平，特尔曼建议成立斯坦福工业园（the Stanford Industry Park），通过土地租金，延聘一些一流专家和教授来提高斯坦福大学的学术声望。工业园建成后，特尔曼花费大量的精力来发展与各类公司间的紧密联系，不仅鼓励大学与企业间的人员交流——教师为企业提供咨询服务，企业技术员到课堂讲授专业课程，而且为鼓励公司员工攻读研究生课程，制订了荣誉合作计划——通过电视授课网络在公司的教室播放斯坦福的课程，向当地的公司开放课堂。这一系列措施不仅在公司与大学间形成了双向互动，使当地的公司能及时了解技术前沿信息，更在大学和企业间建起了信息和人员上的联系。

在随后的50年里，硅谷的高技术公司不断发展，每天都有公司诞生，也有公司倒闭，更多的是充满活力的小公司发展为大公司，进而发展为全球知名企业，如惠普、Intel等，最终在财富、人才以及充满活力的富有创新的公司群体共同作用下引发一系列的连锁反应，进而发展成产业聚集群落，斯坦福——硅谷模式也成为全球效仿的对象。

同时，斯坦福大学一举跃升到美国一流研究型大学的前列。斯坦福通过产学研合作获得的收入，聘请了更多的学术名流，充实了科研和教学队伍，提升了学术地位。

斯坦福所在地也由一个以第一产业为主的地区转变为高新科技经济为主的地区，地区经济紧跟市场潮流，充满活力的创业型公司不断引领高新技术的发展。斯坦福大学研究园区已成为创业人才的摇篮，由斯坦福师生及校友所创办的公司的产值已超过硅谷的总产值的一半。

（二）斯坦福大学产学研合作模式

纵观硅谷的发展历程，最初由斯坦福大学孕育，但随着硅谷的不断发展，硅谷与斯坦福大学之间形成了相互交织的复杂关系，硅谷也促进了斯坦福大学的发展，二者之间相互影响，共同促进。

1. 办学资金支持

斯坦福在捐赠斯坦福大学土地协议中明确要求，捐赠土地不能出售。最初斯坦福大学出租闲置的土地给公司是为了获得租金收益，以吸引人才，提高学校知名度。随着大批斯坦福师生创业，大量高技术公司汇集到斯坦福工业园区，园区现在的土地供不应求，租赁价格急剧上升，每年为斯坦福大学带来大量的办学资金。

在硅谷创业的斯坦福校友大多接受过学校及教授的支持，富裕后的斯坦福校友们很多回馈母校，这已成为斯坦福大学的一种传统。例如，惠普公司的两位创办者为建造特曼工程中心捐赠母校920万美元，同时，惠普公司也是斯坦福最为现代化的集成电路系统中心的主要赞助者之一。2001年斯坦福又得到惠普公司4亿美元的捐赠，这是高等教育史上最大的单笔捐赠。斯坦福大学百年校庆时募捐额达到123亿美元的天文数字，创造了又一个高等教育史捐赠纪录。

2. 专利转让

斯坦福大学高度重视新技术、新工艺的研究开发，并与企业形成了密切合作。美国历史上第一个技术授权办公室——斯坦福大学技术授权办公室（简称 OTL）成立于1970年，其职责是管理学校所有的知识产权，学校各项科研成果的专利申请，学校专利的授权等。

斯坦福师生在取得发明后，交由OTL对发明的商业潜力进行评估，并通过市场转让专利或由学校提供基金创办创业公司，实现成果的转化。为保障技术转让各方在专利转让过程中的权益，OTL制定了技术转让每个环节的规范。同时，为了科研成果最大程度的转化，OTL会举办多次技术转让会。OTL 的成立不仅加快了科技成果的转化，更为斯坦福大学带来了巨大的收益。据OTL 2009~2010会计年度报告显示，该年度 OTL 版权收入达到 6550 万美元之多。

OTL 的成立，不仅为大量科技成果找到用武之地，更是催生了一大批高科技公司。如斯坦福学生拉里佩奇和谢尔盖布林发明的互联网搜索技术最初并不被企业接受，但这项技术的商业价值却被OTL发现，在OTL的帮助下，这两名学生创办的Google公司现已如日中天。

3. 人才支持

斯坦福大学与硅谷紧密合作，使得教学与科研相互促进，这种合作关系极大地推动了高级人才的培养。斯坦福大学为硅谷提供了企业急需的高素质人才、技术支持以及信息资源，保证了硅谷高技术企业得以持续创新，创新企业不断涌现。这些聚集的资源也促使硅谷不断前进和发展，同时也为学校师生创新创业提供了最佳场所。大学师生通过在企业的实践认识到自身的不足，补充实践缺失，为塑造高素质人才奠定了基础。学校也因此有针对性地开展学科建设，进一步提高了教学质量和教学水平。

（1）企业员工培训

斯坦福工业园成立初期，斯坦福大学就推出了"荣誉合作计划"，为园区高科技企业员工提供继续教育和培训。创业初期的惠普公司就对其员工许诺，如果在惠普工作，就有机会带薪去上斯坦福大学的研究生。早期的惠普公司通过这一合作项目培养了400多名硕士或博士，这成为惠普公司早期得以快速发展的一个重要因素。发展至今，该计划一再扩大，现已成为高技术创业型中小公司吸引高级人才的主要措施，现在，斯坦福大学构建了覆盖全世界的远程教育网络，在硅谷可以通过有线电视实时接受大学几乎所有的课程，使企业在职员工也能够进行学习。这一项目的实施促进了院系、教师及当地公司之间的合作研究，也提升了斯坦福大学在全世界及硅谷地区的社会声誉。

（2）高层次人才培养

斯坦福大学在教学和科研活动中不仅注重基础性科学的研究，更注重应用技术的发展，尤其是其电子学科已发展为世界一流水平的优势学科群，这同学校与硅谷开展产学研合作不无关系。硅谷企业的大部分活动都有斯坦福大学的教授参与，其毕业生遍布硅谷各个公司，这为在读学生实习和就业提供了便利，硅谷园区由此为学校的人才培养提供了重要支撑。

硅谷的快速发展也为斯坦福大学科研平台建设提供了坚强的支撑。除惠普公司赞助的特曼工程中心外，1981年，美国政府、斯坦福大学及硅谷20家公司共同出资建立了一个集成电路系统中心，以校企研发人员共同合作为基础，以高科技项目为纽带，加上国际一流的研究设备以及充足的科研经费，中心每年承担大量的高科技前沿课题，研发大量具有世界先进水平的高新技术成果，且其中绝大多数的研究成果可用于工业制造和生产，为合作各方带来了丰厚的经济效益，中心每年还可培养100名硕士和30名博士。为保证中心的良性运转，合作企业每年需向中心支付一定数量的会员费，作为中心的研究资金，出资的合作公司不仅享有中心研究生的优先雇用权，更可将公司的研究人员派到中心参与研究工作，并享有对中心科研设备的使用权，极大地提高了公司科研水平，减少了合作企业的科研投入。

工程中心合作模式促进了斯坦福与企业间的联系。从企业来说，其研发人员通过在中心参与前沿研究提高了研究能力；并通过合作研究享有一定的研究成果的收益及使用权，提高了企业核心竞争力。从学校来说，在与企业的合作中，学校的科学研究更具有实用性，科研成果的转化更为迅捷，师生自身的学术水平也得以提高。中心的建立既促进了硅谷电子产业的发展，也使得斯坦福电子学科的地位更加稳固，更成为大学与企业开展产学研合作的一种全新模式。

斯坦福大学之所以被称为硅谷的摇篮，更源于斯坦福大学鼓励其师生发挥聪明才智，为探索创新提供政策保障。如学校允许教授有1—2年的时间脱离岗位，专门从事研究工作、去硅谷创办公司或到公司兼职，学校将保留其职位，并允许他们每周可以有一天的时间去公司兼职，从事相关的研究开发或经营活动。这些政策的实施提高了师生的积极性，在学校内部形成了一股勇于创业的风气，为硅谷输送了大批创新创业人才。

4. 创业教育

斯坦福大学的一项最新研究显示，近4万家活跃的营利性企业能在斯坦福大学找到源头，年度营运收入总额达2.7万亿美元。如果这些企业组建一个独立国家，那么将成为全球第十大经济体，这项调查说明斯坦福创业教育的成功。

在"二战"之后，斯坦福大学率先开设了有关小企业和创业的课程，课程安排上加大通识教育课程，适当减少专业课程，增设跨学科综合性课程；同时，开设创业指导课，开展各种非课程教育，鼓励学生参与校内科研项目以及校外合作项目，满足学生创新创业学习的需求。

硅谷的成功使校园内弥漫着创业的气息，学生自主创业活动十分活跃。学生自主成立了多个创业俱乐部和创业网络。硅谷公司的校友们也为学生积累了丰富的人脉资源，成为他们以后创业的重要资本。学校也给师生提供了宽松的创业环境，允许创业失败的学生继续学业，教师可以脱岗创业，同时还设立了各种基金，为创业者提供资金支持，为他们在硅谷创业提供了巨大的前进动力。

（三）成功经验

什么是硅谷与斯坦福大学的成功经验呢？

第一，虽然硅谷的发展与斯坦福大学密不可分，但是斯坦福大学却并没有创办自己的公司，学校只是专注于高质量人才的培养及科研成果的转移。斯坦福大学牢牢把握住了大学的本质，即在培养高质量人才的同时，坚持追求学术进步和发挥为社会服务的职能。

第二，斯坦福大学"自由之风永远吹（The Wind of Freedom Blows）"的校训，从精神本质上奠定了斯坦福大学追求开放的学术氛围。斯坦福大学每年从政府获得的研究经费占整个学校经费的比例并不多，为了更好地生存和发展，只有从工业界获取研究经费。通过产学研合作不仅增加了办学经费，更提高了师生解决实际问题的能力，培养出了大量的创新人才。

第三，美国政府从国家法律和政策层面，保障和引导产学研合作能够朝着正确方向健康发展。如通过 Bayh Dole 法案，允许美国高校把研究成果的专利权以独家许可或非独家许可的形式授予企业。另外，美国还出台了相应的政策措施规范校企合作中的各个环节，高校和企业的合法权益都得到充分保障，合作双方有规范的协调机制，减少了合作纠纷，保护了双方合作的积极性。

第四，斯坦福大学制定了行之有效的产学研合作管理政策。斯坦福充分考虑企业的立场和需求，出台了极为便利的合作流程。学校的相关网站定期发布该校最新的专利成果、学术会议和项目合作意向等信息，相关企业能在第一时间获得可利用的信息，从而催生合作的愿望。同时，斯坦福在技术转让和知识产权保护方面已形成一整套成熟的运作流程，在最大限度保护学校科研人员合法权益的同时，又兼顾企业的利益。

第五，斯坦福大学的校友对发展斯坦福与硅谷的亲密合作起到了重要作用。大批斯坦福毕业生在硅谷从事技术、管理甚至是创办公司的工作，对产学研合作发挥着不可估量的作用，这也是斯坦福软实力的体现。基于对斯坦福的深刻了解和浓厚的母校情感，斯坦福的毕业生在企业面临研发难题时，第一时间想到的是通过与母校的联系寻求解决方案。他们知道哪些教师在该领域具有权威，如何取得联系，如何更好地进行合作，这些都在很大程度上促成了校企双方的合作。

第三节　发达国家产学研合作的基本经验

国外产学研合作培养人才的实践探索已形成了相对稳定的体系，许多有益的经验值得我们学习，总结国外产学研合作培养人才的经验，有助于我们深刻认识产学研合作是如何提升人才培养质量，这对于构建适合我国国情的产学研合作模式具有重要的参考价值。

一、树立合作共赢的理念

思想是行动的先导，只有各合作主体充分认识到了产学研合作的价值，树立合作共赢的理念，形成良好的合作文化、合作理念与合作氛围，产学研合作才能持久深入并卓有成效地开展。

前文讨论的滑铁卢大学、沃里克大学以及斯坦福大学之所以能够在较短的时间内跃升为世界一流的研究型大学，其根本原因就在于明确地提出了构建创业型大学的发展目标，并通过深入开展产学研合作落实这一办学理念，在与合作企业建立紧密互动关系的同时，坚守大学本质，专注于培养高素质人才及开展学术研究，这些都是合作企业发展的助推器，并通过产学研合作获取的资金和技术进一步提升大学的学术及人才培养水平。企业在与大学的合作中不仅获取了发展急需的高层次人才，更能通过合作解决生产中的技术难题。学生则通过产学研合作提高了科研及社会适应力。正是这种合作"三赢"确保了产学研合作的顺利开展。

二、营造合作外部环境

通过产学研合作提升人才培养质量已成为发达国家的共识，因此，一些国家还通过立法，为产学研合作办学创建良好的外部环境。从技能型人才培养方面看，在德国，职业教育被视为德国制造的基石，是企业参与国际竞争的手段，是个人生存最重要的基础，是德国经济发展的柱石；在澳洲，TAFE培训证书全国通用，相关岗位必须持证上岗，即使是大学本科以上的毕业生，也必须先取得TAFE培训相应证书，才能在生产一线就业；在英国，制定了普通国家职业资格制度，承认职业教育与同一级别的学术教育具有平等的地位，如职业资格证书NVQ4级等同于学士学位，NVQ5级等同于硕士学位。[①] 德国的职业资格全国统一考试、澳大利亚的"培训包"及英国的"国家职业资格"（NVQ）制度，从国家考试制度层面保障职业教育质量，提高职业教育资格证书的含金量，并且促使其他国家承认本国的职业教育资格证书，使其有国际化的趋势。

同时，各国通过制定法律，明确产学研结合在国家创新体系中的地位，确保产学研结合的主要政策得到落实。如美国的《史蒂文森—威德勒技术创新法》、《国家合作研究法》，日本的《日本研究交流促进法》，韩国的《合作研究开发促进法》等。有些国家的政府还为促进产学研结合的进一步发展出台了多项激励计划，如美国的先进技术计划、合作研究机构计划，德国的主题研发计划，英国的"联系计划"，法国的研究与创新网络计划等。这些计划的实施促使大学与企业进一步紧密合作，缩短了科技成果转化时间，增强了各国的科研实力和产品的科技含量。

此外，各国还制定了与产学研合作相关的配套法规，在利益分配、专利权益、技术转移、税收、风险投资等方面予以规范，极大地调动了合作各方的积极性，为产学研各方的深度合作与发展提供了良好的外部环境。

三、创建产学研合作平台

国外产学研合作的成功经验表明，必须构建一个产学研合作中介机构，为合作各方沟通牵线搭桥，提供咨询服务并协调彼此利益关系，以鼓励产学研各方的人才流动和资源共享。如滑铁卢大学通过设立CECS，全面负责管理合作教育项目，为参与产学研合作的企业和学生服务。斯坦福大学创建集成电路系统中心，为大学与合作企业搭建合作科研攻关及培养高层次工程研究人员的平台。在产学研合作平台的搭建上，政府除了出台法律法规给予支持外，还直接引导建立专门的产学研合作组织机构和

---

① 张继明. "三明治"与"双元制"：德、英高等职业教育模式的比较 [J]. 职业技术教育，2006 (12): 54-57.

平台，如英国政府组建了全国性的教学公司，推动了产学研合作的顺利进行，培养了大批为社会服务的高端人才，促进了英国的经济发展。

产学研合作平台所构筑的开放办学环境适应了人的社会实践属性的本质要求，通过在"做中学"以及开展广泛的产业界和学术界交流与合作，给受教育者思想上的启迪，让心理、生理等多方面具有差异的学生都能学有所获，同时给受教育者提供了宽松的学习与研究环境。产学研联盟通过组织各种会议、展览、培训和合作科研，聘请资深专家作为"技术翻译者"（Technology Translator）讲解企业的需求和科研动态，让参与产学研合作的学生亲身感受科研环境及过程，如伦敦技术网络通过设立创新传播中心（IRC），与欧洲大陆的31个国家的IRC连接在一起，使得科技交流范围更加广泛，从而产生创新思维的火花，激发参与者的智慧。

四、提供充足的物质基础

通过产学研结合，合作各方的资源及人才得以充分共享，科研能力得到很大提高。大量高科技企业的诞生扩大了就业，丰富了社会商品，为社会积累了更多的财富。例如，1988—1996年，硅谷产值的一半由斯坦福师生创业企业所创造；MIT毕业生和在校教师在全球创建了4000多家企业，就业人数110万，年销售额高达2320亿美元（波士顿银行1997年报告）；牛津大学创业园拥有师生创业企业35家，企业总价值20亿英镑，创造4000个就业岗位；通过产学研合作，加强了大学教师与产业的联系，促进了中小企业产生。仅以2000年为例，全美大学的12.6亿许可收入相当于600亿美元产品销售收入和40万个就业岗位。在当年大学新获得的4362项新专利许可中，有12%的被许可方是新成立的公司。此外，那些从专利许可中获益的企业和校友对学校的捐赠，更是许多老牌大学致富的原因所在。如哈佛大学，其校友基金甚至达到300亿美元。[1]产学研合作带来的充足经费，也为创新型人才培养奠定了坚实的物质基础。一方面，鼓励了大学教师继续投身于科学研究，并将研究成果带到课堂中来，使学生能够接触到当前的科技前沿；另一方面，充足的教育经费也赋予大学更宽广的发展空间，大学可以更加从容地实施一些教育改革，来提高学校的教学质量与办学水平，从而有利于创新型人才的培养。

---

① 陈昭锋. 国外高校官产学研合作创新的社会化模式分析 [J]. 中国科技论坛, 2008 (2).

五、形成浓厚的创业创新氛围

创新能力主要表现为创新人才的自我认知能力、分析解决问题的能力、科研能力、组织管理与社交能力以及创业能力等。通过开展产学研合作，学生在技术的转化和知识的应用过程中必须创造性地应用课堂所学的理论知识，促使学生明确学习目标，发现自己的长处和短处，从而形成自己未来的学业发展和职业发展选择。较早地接触实际工作环境，有助于理解工作场所的文化、管理、人际交往以及掌握一些实际使用知识等。通过知识与实践的结合，强化了学生的创新能力。

更为可贵的是产学研合作所创造出的巨大的财富效应，让创新、创业精神不仅成为校园文化的一部分，更成为一种社会的公众价值观，从而形成有效的创新氛围，在这种文化氛围下成长的学生，创新、创业精神得到充分激发。如学生一进入滑铁卢大学，就可以感受到弥漫在校园内的合作研究、教师学生开办公司、技术转让等浪潮，在这种环境中学习不断熏陶，这种气氛就会内化为个人的创新本能。正如多伦多大学学者采访滑铁卢大学师生时受访者所说："身在滑铁卢大学校园，总让人痴心于创办自己的事业，总让人想做一些前人未做过的事。"最终，创新的价值观已经成为全校的共识，创新成为师生共同的追求。斯坦福大学强调，大学教育的最终目的是使高校师生去用掌握的知识服务社会，而不是为学习而学习；科学研究不仅要注重创新，更重要的是要面向市场需求及社会需求，以使社会受益、经济发展并提高人们的生活水平。同时，由于"硅谷"的成功，在斯坦福校园内外"创新、创业、创富"已成为一种社会的公众价值观。"It's OK to fail"（失败是可以的）的理念已成为一种普遍追求，毕业生坚信"不仅冒险是光荣的，失败也被社会所接受"、"白手起家时，没有任何年龄、地位或社会阶层的限制，就算经营失败，也不必感到尴尬和惭愧"。这使得斯坦福校园乃至整个旧金山湾区弥漫着科技创新精神与创业文化氛围，"创新、创业、创富"已成为斯坦福师生乃至硅谷人的一种普遍追求，正是这种植根于校园并得到社会广泛认同的创新氛围造就、孵化和培育了硅谷的神话。

六、促进人的全面发展

产学研合作通过高校课堂的理论知识和企业生产中的实践知识之间的融合，有效地促进了受教育者认知能力的养成，知识体系的构建，以及获取知识、选择知识、应用知识及知识迁移能力的提高，更受用人单位的欢迎。如Scott William Kramer对阿拉巴马州立大学建筑学院的研究证明，合作教育对五门核心课程成绩和毕业时的年平均成绩产生了显著的影响。此外，一些建筑专业学生的学术成绩的提高与参与合作教育获得实践经验显著相关。美国密西西比州立大学研究机构对参加产学研合作和未参加者进行了对比研究，研究表明，两者GPA上相差0.2，起薪相差2593美元，该结果从教学和市场两方面反映了学生综合能力的差距。

同时，产学研合作给学生创造了一个实践体验的学习机会，学生在实践活动中积累了大量的情感体验，有利于丰富学生的情感世界，增强其承受情感挫折的能力，培养其情感灵活性，提高其情感层次性，增进其情感效能性，塑造了学生的良好品格。如Cheryl L. Gates 对辛辛那提大学新的合作教育课程学习模块（包括组织文化、技术、职业道德、理论和实践的结合以及社会责任等）进行了深入研究，结果表明学生学习合作教育课程模块有利于提高他们的社会适应能力和工作能力，有利于提高教育教学质量。本·奥比雷罗博士采用学习评价标准测试了辛辛那提合作教育计划对学生能力的影响，50名管理系学生参与了测试。测试结果表明，各个分项能力提高程度为10%—22%，学生对拟就业岗位充满自信，而这种自信将极大促进其事业成功。Scott Lee对佛罗里达州中央大学罗斯酒店管理学院681名参与合作教育的学生在课堂内外的学习进行了研究，通过对比分析认为，学生在经验体验学习中（课堂外学习）能够了解组织功能的实现、理性看待职业期望值、拥有更为专业的网络联系能力、提高学生的创造力、适应能力、领导能力并增强学生的商业管理技巧的自信心。研究者认为，通过学生亲身体验、观察所获得的实践知识与技巧，更有助于将其内化，运用自如。

上述学者们的调查研究，充分证明了产学研合作对学生发展的重大价值，能有效提高个人综合素质，促进人的全面发展，满足个人发展需求与社会对人才的要求。

第五章

产学研合作人才培养质量评价研究

目前，国内外一些教育科研人员对基于人才培养的产学研合作理论和实践进行了大量研究，但较少涉及产学研合作人才培养质量的评价问题。产学研合作培养的人才是否能适应社会的需要，是否达到了人才培养目标和规格的要求，是否比非产学研合作培养的学生具有更强的综合能力，都没有明确的指标与评价体系进行检验。因此需要制定出检验产学研合作人才培养的标准，这个标准一方面要反映学校和教育部门对产学研合作人才培养的重视程度，另一方面要反映社会对学校进行产学研合作培养人才的态度，更重要的是要反映学生的综合素质和综合能力。在产学研合作迅速发展的今天，建立相对完整而科学的质量评价指标体系，已成为衡量产学研合作人才培养质量和效益的迫切需要，也是产学研合作健康、持续发展的重要保障。

第一节　质量评价指标体系的构建

从系统的观点看，产学研合作人才培养是一个复杂的系统，任何单一的评价方法都很难对其进行准确的测定，因此需要对产学研合作人才培养的诸要素（或方面）进行综合的评价，要素的高质量、高水平是确保人才培养质量的前提。为使评价结果客观、准确，首先在指标的选择上应具有代表性，其内涵应准确、全面；其次是指标权重的确定应科学、合理；再次是评价标准应完整，且符合现实状况；最后，评价结果还与评价指标体系的设计也有密切的关系。也就是说，评价指标的选取是否合适，指标权重的确立是否科学，评价标准的确定是否合理，以及评价指标体系的设计是否符合逻辑，均直接影响评价的结论。因此，按照什么原则来选取评价指标、确定指标权重以及设置评价标准，是我们在设计产学研合作人才培养质量评价体系时需要解决的重要问题。

一、评价指标体系的内涵

评价指标（indicator of evaluation）就是根据一定目标确定的、能反映评价对象某方面本质特征的具体评价条目。指标是具体的、可测量的，是目标的观测点，通过指标测定，可以获得对客体的实际观察的明确结论。指标具有三个特征：一是在某一方面反映目标的本质属性，二是目标行为化，具有具体性和可操作性，三是通过实际观察和测定，可以得到明确的结论。[1]

评价指标的权重就是衡量某一指标在评价指标体系中的作用和地位，是指各指标在完成、实现整体目标中的贡献程度，又称为权数。[2] 各指标的权重既表示它们在指标体系中的地位，又表示它们与其他指标之间的关系。权重直接影响评价结果，某一指标的权重大，则它的评价价值的变化对评价结果的影响也较大，反之，则影响小。

评价标准是评价某一指标实际达到指标程度的具体要求。标准的定义有两种：一是测量的尺度，即标准物；二是事物的临界点在量上的规定。[3] 因此，评价标准也是对所要评价的属性或方面在量上的具体要求。

评价指标体系是由不同级别的评价指标按照评价对象本身逻辑结构形成的有机整体，是衡量评价对象发展水平或状态的量标系统，在评价方案中处于核心位置。评价指标体系是系统化、具有紧密联系的、反映评价对象整体的指标的集合。[4]

评价指标、指标权重和评价标准都只能反映评价对象和评价目标的一个方面或几个方面，评价指标体系则能反映评价对象和评价目标的全部。只有把指标转化为目标本质属性为核心、相互紧密联系、权重分配合理、系统化的指标群，才能比较全面地反映目标的整体，这个指标群就是指标系统或者指标体系。评价指标、指标权重和评价标准构成了完整的评价指标体系。

二、构建评价指标体系的原则

（一）选取评价指标的原则

评价指标是反映评价对象某方面本质特征的具体评价条目，它可以

① 彭秋发, 孙占学. 一般本科院校人才培养目标与培养模式研究 [J]. 东华理工学院学报：社会科学版, 2005 (6): 159-162.
② 王孝玲. 教育评价的理论与技术 [M]. 上海：上海教育出版社, 2001: 63-64.
③ 黄建华. 网络课程评价及其评价方法的研究 [D]. 河北：河北大学, 2005: 27-28.
④ 章祥荪, 等. 管理信息系统的系统理论与规划方法 [M]. 北京：科学出版社, 2001 (2): 106-107.

91

反映目标的一个局部、一个侧面，但是不能反映目标的整体。评价指标是对评价对象的本质分析，体现了评价对象的基本特征、主要形成要素以及对评价对象的影响因素，因此，如何选取指标、选取什么样的指标意义重大。本研究从学校、社会、学生这三大主要形成要素和影响因素入手，分析了对产学研合作教育产生影响的各个方面，遵循以下基本原则，来确定产学研合作人才培养质量评价指标。

1. 全面性原则：评价指标的构建要充分体现出评价对象各方面的性质和特征，能够衡量评价对象的整体水平。即使单项指标，也必须准确地描述评价对象在某一方面的重要特征。

2. 可比性原则：评价的本质是比较和分析，评价指标反映评价对象的不同属性，就要具备相应的可比性，以便提供准确的比较信息，有助于进行深入分析，并且可以有效地发挥评价指标体系的功能和作用。

3. 相对独立性原则：建立评价指标体系时，应选择彼此间相对独立的指标。指标之间不应存在包含、交叉及大同小异的现象，应该互不重叠、互不取代，以尽量避免信息的重复。

4. 直观性原则：所选择的指标应易于直观理解，不必进行深度的抽象思维，以减少因对指标理解的冗余而造成的判断误差。

5. 可操作性原则：评价指标体系中的各个指标所包括的内涵应该能够进行定量描述，可以直接观察、计量。选取来自客观现实、计算简便、参数易得、便于理解的指标，以增强评价的可操作性。

6. 导向性原则：评价指标要符合评价对象的发展要求，能够在一定程度上体现评价对象的内涵与特征，能为评价对象的发展提供导向作用，对评价对象的改进起到积极的指导和检测作用。

7. 预测性原则：评价指标不仅要能够说明目前评价对象的状况和程度，还要能预测其潜在的发展，符合评价对象的发展趋势，并为其进步提供主要依据，从而揭示评价对象的拓展空间和发展方向。

8. 可调整性原则：评价指标体系既要保持整体的稳定性，又要具备一定的可调整性。因此，具体评价指标的设置需要根据评价目的或评价环境发生变化而进行调整。

（二）确定指标权重的原则

指标体系的权重是各个指标在整个评价指标体系中相对重要性的数量表示，表明指标在评价指标体系中的重要程度。通常来说，产生指标间权重差异的原因有评价者的主观差异、评价指标之间的客观差异以及各指标的可靠程度差异。因此，在确定评价体系指标权重时，应遵循以下三个原则。

1. 系统优化原则：在评价指标体系中，每个指标对整个评价体系都有一定的作用和贡献。所以，在确定权重时，应以整体最优化为出发点和追求的目标，对各项评价指标进行分析对比，权衡它们各自对整体的作用和效果，判断其相对重要性，赋予相应的权重值。

2. 评价者主观意图和客观情况相结合的原则：评价指标权重设置，反映了评价者和组织者的意愿和价值观念。当他们觉得某项指标很重要，需要突出它的作用时，就必然给予该指标较大的权重。但是，主观意愿与现实情况往往存在差异，某项指标的重要性并不会以人的主观意愿为转移，因此，单纯依靠主观意愿确立指标权重，会存在较大的误差，这就需要把主观意图与现实情况结合起来，相对客观地确立评价指标的权重。

3. 民主与集中相结合的原则：权重是人们对评价指标重要性的认识，是对定性判断的量化，往往受个人主观因素的影响。不同的人对同一件事情的看法不同，其中自然有合理的成分，也有受个人价值观、知识结构、经历、能力和态度的影响造成的偏见。这就需要实行群体决策的原则，集中相关人员的意见相互补充整合，形成统一的方案。

（三）确立评价标准的原则

评价标准是人们在评价活动中应用于对象的价值尺度和界限，是评价活动进行的逻辑前提，如果缺乏评价标准，评价活动就无法进行；若评价标准不明确，价值判断就会变得含糊；评价标准不当，评价结果就会产生错误。评价标准是评价体系中的重要组成部分，没有评价标准的指标体系是不完整的。因此，在实践中，确立评价标准时应该遵循以下基本原则。

1. 符合性原则：评价标准的确定应符合国家与社会发展的需要，符合国家教育方针、政策，符合教育规律，符合现行的法规和技术规范，符合评价对象的实际情况和对其的客观认识及判断，符合评价主体的需要。

2. 完整性原则：在确定评价标准时，应抓住关键、条件明确、简易可行、留有余地、便于扩充。评价标准的高低要适中，内容要相互补充，共同构成一个完整的整体，否则，就会使评价标准的作用受到限制。

3. 协调性原则：评价指标都有明确的内涵和针对性，评价标准在相关性质的规定方面要相互衔接、互相一致、协调发展，使各指标间形成既相关又互不包容或重叠、更不矛盾的有机整体。

4. 差异性原则：要针对实际，对评价对象的状态和效果做出客观地描述和判断，突出评价对象的特色和优势，从而在评价对象发展的动态过程中，指导其保持优势、找出问题、研究对策，以此促进评价对象的进步。

5. 有效性原则：现代教育评估在方法论上一个重要变革就是追求评估的有效性。美国著名教育评估专家认为，评估者在评估中应该"牺牲某些测量上的准确性，来换取评估中的有用性"[①]。而评估的有效性在很大程度上取决于评价标准的有效性，这是评估赖以进行的基本条件。

6. 可接受性原则：评价标准要切合实际，数值比例的确定要经过调研，不能盲目主观；标准不能太高也不能太低，太高难以达到，太低则失去了评价的意义；对评价标准的描述要符合评价对象的总体状况。

（四）建立评价指标体系的原则

进行一项科学的评价，一方面，要考虑各因素对评价对象产生的影响；另一方面，要考虑评价对象最核心的内容，考虑进行评价的关键所在，以达到"以评促改、以评促建，以评促发展"的目的。因此，在建立评价指标体系的过程中，应该遵循以下的基本原则。

1. 科学性原则：从系统工程的角度出发，科学地、合理地设计实用的指标体系，统一综合评分的衡量基准，借助于数量化方法这一统计分析工具，确定出一个相对合理的、符合社会发展需要的统一评分标准，并定期"更新"，使其具有实时性、开放性、动态性。

2. 准确性原则：设计出来的指标体系必须是一个完整协调的系统，能够全面地反映评价目标，能够适应不同场合、不同层次测评的需要，既可自评、互评，又可由学校的指导教师、班主任、辅导员、用人单位及教育专家等进行测评。

3. 层次性原则：在设计指标体系的过程中，应根据评价对象的系统结构和不同侧面的特征，将指标体系划分为若干个层次，并逐层进行分解，确定出具体指标，形成具有一定层次结构的指标体系，实现对评价对象层次化的描述。

4. 全面性原则：首先，全面性是指评价指标体系设计的全面性；其次，是指要面向评价对象所涵盖的所有范围及其整体发展水平，不能以偏

---

① 刘志军. 课堂教学质量评估标准的探讨 [J]. 中国教育学刊, 2000 (4): 55–58.

概全，必须比较全面地显示出评价对象的总体面貌和基本水平；再次，是指要注意评价指标体系中各要素的整体功能综合效应，重视影响到评价对象的各因素之间的关系和结构，以发挥其整体优化的功能；最后，要重视评价效率，不仅要看评价所取得的成果，而且要看所投入的时间和精力。质量和效率同等重要，都应成为我们追求的目标。

5. 导向性原则：评价结果影响今后工作的导向。指标体系的设计不仅要能够充分反映出评价对象的优势和特点，引导其继续往好的方面发展；而且要能够反映出评价对象的薄弱环节和不足之处，从而引起重视，得到完善。指标体系的建立要能够正确引导学生、教师、管理人员等参与者充分发挥评价对象的特点和作用。

6. 教育性原则：评价指标体系的设计要体现评价的正面导向作用，发挥评价的改进和激励的教育性功能。评价指标体系在产生之初，主要是通过评价证明评价对象是否达到了预定的目标，如今发展为通过评价创造适合于评价对象发展的环境，因此，在评价指标体系中应充分体现尊重和信任。

7. 现实评价与预期评价相结合的原则：现实评价就是对评价对象已实现指标的评价，预期评价就是对评价对象发展空间的评价。现实评价对应于实际竞争力和短期竞争力，评价的是对象现在或短期内的状况；预期评价对应于潜在竞争力和长期竞争力，评价的是对象的潜力和长期的状况。

8. 定量评价与定性评价相结合的原则：评价对象的影响因素有些是可以进行量化分析的，有些则无法进行量化分析，只能用定性的方法来评价。一般来说，资源因素的大多数内容，环境因素和能力因素的部分内容，是可以用量化指标来表征的；而知识因素的绝大部分内容，以及其他因素中无法进行量化分析的内容，都只能用定性指标来表征。因此，应进行综合评估，以提高评估的公正性、合理性与客观性。

9. 总体评价与特色评价相结合的原则：总体评价与评价对象的内涵和基础框架相结合，可以为特色评价打下良好的基础。由于它所体现的是评价对象的一般特性，所以很难使评价对象与其同类区分开来。特色评价则可以针对各种不同的评价对象进行深入研究，充分揭示不同类型评价对象之间的差异性。然而仅仅靠特色评价，又很难全面反映存在于所有评价对象之中的本质规律，只有将这两类评价有机结合起来，才能真正解决好评价中的同一性与差异性问题。

设计评价指标体系的基本原则就是对指标体系的基本要求，是评价可靠性和有效性的根本保证。评价是一个复杂的、影响因素较多的动态过程，体系指标、权重系数和评价标准都对评价结果起着决定性的作用，在设计评价指标体系的过程中，应该充分考虑三者的特点：体系指标是基础，选取的指标项目应全面、直观，才能使评价结果科学、公正；权重是关键，确定权重系数时应重点突出、主次分明，才能使评价结果合理、公平；评价标准是保障，标准描述应完整协调、符合实际，才能使评价结果令人信服。设计评价指标体系时，应满足其科学、准确、全面、有层次的要求，才能形成一个完整协调的评价指标体系，使设计的评价指标体系具有可操作性；评价过程中坚持现实评价与预期评价相结合、定量分析与定性分析相结合、总体评价与特色评价相结合，才能得到客观准确、科学合理的评价结果，使评价指标体系真正发挥作用；尊重其导向作用、教育作用，才能充分地体现评价指标体系的价值。

当然，我们不能独立地、单一地看待设计指标体系的基本原则，而应该把选取指标、确立权重、确定标准和设计体系看成一个系统的、辩证的过程，相互影响，相互补充。选取指标时要考虑是否有利于方便、简捷地确定权重和标准，确立权重时要考虑指标的选取是否合理、标准的描述是否准确，确定标准时要考虑指标之间的联系和权重所产生的影响，而设计指标体系时更要全面考虑三者的关系及其对整个指标体系的影响。每一项原则不仅仅是针对单一的个体，也是针对整个指标体系及其中的每一个组成元素。

第二节　质量评价指标体系的内容

综合评价指标体系内部各元素之间存在质和量两方面的联系。从产学研合作人才培养质量的影响因素出发，主要有学校、社会和学生对产学研合作的质量产生作用，我们可以从这三个方面具体分析；在确定了指标体系质方面的联系后，由于并不是所有的因素对产学研合作教育都同样重要，我们引入权重的概念。设计评价指标体系应该科学合理地分配权重，以尽可能精确地揭示各指标之间存在的不平衡性与价值差异；评价标准是评价某一指标达到指标程度的具体要求，是对所要评价对象的属性或方面在量上的具体要求，是评价体系一个重要的组成部分。本书建立的产学研合作教育质量评价指标体系包含有一级指标、二级指标、三级指标、权重系数及评价标准。

一、评价指标的选取

建立一个完整、科学的指标体系，是进行产学研合作人才培养质量评价的基础，而合理、客观地选取评价指标，是建立评价指标体系的基础。产学研合作人才培养质量评价的影响因素很多，主要可以归纳为学校、社会以及学生自身。我们不能简单地从某一方面进行评价，而应该综合地、客观地、全面地运用各种评价方法、评价标准，从多方位、多角度去评价，才能得出客观准确的结论。

首先，从人才培养的机制看，产学研合作人才培养提倡从"应试教育"向"素质教育"转变，培养创新型、应用型、复合型专门人才，这就要求学校充分重视产学研合作，制订适应的人才培养计划，进行适当的教学改革，注重培养"双师"型的指导教师，加强对产学研合作人才培养过程的监督与管理。

其次，从人才培养的形式看，产学研合作人才培养需要社会提供资源与环境，需要校外指导人员的配合与重视，需要社会信息的及时反馈，需要学校与企业建立良好的沟通渠道，定期交流，互通有无。所以，社会参与也是评价指标体系的一个方面。

最后，从人才培养的目的看，产学研合作人才培养是以教育为核心，以学生为主体，其最终目标是提高学生的培养质量。因此，产学研合作人才培养质量评价的关键在于评价学生质量。在当今社会，高等学校培养的人才不仅要担负改造自然、创造物质文明的任务，而且还负有改造和影响社会的使命，这就要求高校培养的人才，要具有优良的思想品德、扎实的科技与文化知识、开拓的创新精神、较高的实际综合能力、较强的适应能力、健全的心理素质、良好的身体素质以及激烈竞争下的就业能力等。因此，学生能力的培养和素质的养成是产学研合作人才培养质量评价指标体系中最重要的组成部分。

因此，衡量产学研合作人才培养效果与效益，应从学校教育、社会参与和学生质量三个方面进行综合评价，并以这三个方面作为评价指标体系的一级指标。由于这三个一级指标所包含的信息量过大，所以对每个一级指标分解为可操作的若干个二级与三级指标，形成三级指标的评价体系：

第一层一级指标3项（A1—A3），评价影响产学研合作人才培养质量的三个方面；第二层二级指标11项（B1—B11），评价影响产学研合作人才培养质量的11个项目；第三层三级指标51项（C1—C51），评价影响产学研合作人才培养质量的51个因素。

二、评价指标的主要内容

（一）学校教育

作为产学研合作人才培养的主体之一，学校是学生成长的重要场所，学生大部分的理论学习在学校完成，学校制定的各级各项制度措施主导着学校教育发展的方向，组织保障和经费投入是教育教学工作顺利开展的保证，教学环境与师资队伍的建设有利于学生各方面素质的提高，灵活适用的激励机制有利于提高全校师生教学的积极性。学校的参与和投入是能否高质量的开展产学研合作教育，能否培养出应用型、复合型高级专门人才的重要因素之一。

1. "改革力度"：指学校实施产学研合作教育改革的目标、方法、措施以及学校管理部门对产学研合作教育的重视程度，能否在办学目标、课程建设、办学条件等方面给予大力的支持。它包括历史背景、培养目标、培养模式、课程建设及体系的改革、资源优化配置的力度、激励机制六个观测点。

（1）历史背景：指学校的办学历史，研究并实施产学研合作教育的原因、目的、办法及进程等。充分了解学校进行产学研合作教育的历史背景，对制定合理适用的规范制度，选择合适的教育模式，确定人才培养目标和人才培养方案具有指导性作用。

（2）培养目标：合理的人才培养目标为产学研合作教育提供了前进的方向，只有积极地实施人才培养目标，才能使产学研合作人才培养的质量得到保证。

（3）培养模式：产学研合作人才培养的模式多种多样，选择符合学校实际、满足社会要求、适合学生全面发展的培养模式是制订人才培养计划的主要内容之一。培养模式选择合理、利于实施，会大大提高产学研合作人才培养的质量；反之，则会影响甚至限制产学研合作教育的发展，使其不能达到人才培养的目标。

（4）课程建设及体系改革：产学研合作教育具有一般教育的特点，又具有特殊性，这就要求对普通教育体制下的课程建设及体系进行改革，使之适用于产学研合作教育的特点，使产学研合作教育发挥出最大的优势。

（5）资源优化配置的力度：资源配置是决定产学研合作人才培养能否顺利进行的基础，结合产学研合作人才培养自身的特点，对资源进行优化配置是产学研合作教育质量的根本保证。合理优化资源配置，有利于教师的传道、授业、解惑，有利于学生接受消化知识，形成完善的知识结构体系，为学生实践能力的培养提供帮助，促进产学研合作人才培养质量的提高。

（6）激励机制：学校的激励主要包括教师激励和学生激励。教师激励以奖励政策为主，荣誉为辅，提高教师参与的积极性、主动性，加大他们的教学投入，促进他们的教育教学与时俱进，不断发展；学生激励以荣誉为主，奖励政策为辅，并通过一定的认证使接受产学研合作教育的学生得到承认，在提高他们积极性和主动性的同时增强学生的成就感。

2. "监督管理"：指学校对产学研合作人才培养组织、制度的管理和监督。产学研合作是一种新兴的教育模式，与传统的教育共同存在于高等院校中，需要学校成立专门的机构或部门对其进行管理和监督，需要组织保证机制确保其管理机构或部门的正常运作，需要完善规范的制度确保产学研合作教育稳定进行。管理监督还涉及一个很重要的项目，即社会市场网络的建立及管理，只有这个网络顺畅，才能为产学研合作人才培养提供优良健康的校外环境和资源，为提高学生的实践能力和实际技能奠定坚实的基础。

（1）组织保证机制：产学研合作教育是一种特殊的教育方式，实行这种教育方式需要专门的机构或部门进行管理、监督和协调。这个机构或部门是否具有这样的权限与资质，是否可以正常运作，需要完善的组织机制加以保证。

（2）制度建设规范程度：与其他的教育一样，产学研合作人才培养也需要完善的制度和规范对其进行指导和约束。是否有完整的制度体系建设，制度体系建设的规范程度，都会影响产学研合作人才培养的实施与质量。

（3）建立社会市场网络：实习环境的建设和校外资源的利用是影响产学研合作教育的一个重要因素。产学研合作教育应建立起畅通的社会市场网络，及时准确地了解社会需求信息，保证学生实习基地的数量和质量，保障产学研合作教育的质量。

3. "指导师资"：主要指对学生进行理论教学和指导的教师。学生只有具备了扎实的知识基础，宽广的知识面，才能谈及实践动手能力的培养，而这个基础主要依靠校内的学习，校内指导教师在这方面起着举足轻重的作用。指导教师的素质高、能力强、实际工程能力突出，才能培养出符合产学研合作教育人才培养目标的学生；反之，如果教师专业知识匮乏，对生产力技术和实际工程缺乏了解，指导能力不足，就不能提高产学研合作教育的质量。所以，指导师资将对教师的参与、授课教师职称结构、"双师"型教师的比例、教育教学方法的改革、教师的科研学术水平五个方面进行评价。

（1）教师的参与：这里的教师主要指的是校内的指导教师。教师对学生的影响是潜移默化的，教师参与产学研合作教育，不仅体现了学校对产学研合作人才培养的重视，对整个教学体系的调整起着重要的作用，而且影响学生参与产学研合作的积极性和主动性。教师的充分参与可以保证产学研合作人才培养工作顺利开展。

（2）授课教师职称结构：授课教师的职称结构是否合理，高级职称和中级职称教师各自所占的比例，任课教师是否具有完整的知识结构体系及理论联系实际的能力，是否具有资深专家对产学研合作教育的实施进行指导，均会影响产学研合作人才培养的质量。

（3）"双师"型教师的比例：产学研合作教育要培养应用型、复合型高级专门人才，就要求教师不仅要具有深厚的理论知识可以传授给学生，还要具有丰富的实际工程的经验指导学生的实践；要求他们不仅是教师，还要是工程师。

（4）教育教学方法的改革：实现教育目的最直接的方法就是教育教学。产学研合作教育在我国还是一种新兴的、正在逐渐成熟的教育方式，需要不断地进行完善和改进，与之相应的就是教育教学方法的改革。只有适应产学研合作教育特点的教学方法，才能最大限度地发挥产学研合作教育的优势，完成产学研合作教育人才培养的目标。

（5）教师的科研学术水平：这里的科学研究不仅是指对实际工程进行科学研究，还包括对产学研合作教育的科学研究。对实际工程的科学研究可以提高任课教师的理论水平，提高他们理论与实践相结合的能力，有助于学生理论知识的扩充和实践能力培养；对产学研合作教育的科学研究则可以更深入的探讨产学研合作教育，根据各种变化不断对其理论进行补充和完善，使整个产学研合作教育研究体系逐渐成熟。

（二）社会参与

产学研合作人才培养的目标主要是为地方和行业培养各类应用型、复合型高级专门人才，社会的需求和企业对人才的要求就是产学研合作最终要达到的目的。因此，在产学研合作人才培养的实施过程中，不仅强调学校的参与和学生自身的培养，也要重视社会参与。只有社会重视，才能有产学研合作人才培养的健康持续发展；只有企业参与，才能为学生提供良好的、符合学生专业特点的环境与资源，才能有利于学生的实践工作能力和实际操作能力的培养。"社会参与"主要涉及重视程度和人员配备两个项目。

1. "重视程度"：指社会或企业对产学研合作人才培养的看法以及参与的程度。只有态度端正、充分重视，才能真正地合作。首先，企业根据自身的需求，对学校表达愿望，希望合作培养人才以满足质与量的双重要求；其次，企业以何种方式参与到产学研合作教育中，也是对其重视程度的客观反映，是单纯提出要求、提供实习环境，还是与学校定期交流、互通有无，并安排工作人员进行跟踪指导，从某个层次上来说企业的重视程度决定了人才培养的质量。

（1）合作培养人才的愿望：体现了用人单位的主导性和主动性，是对产学研合作教育重视程度的具体反映。用人单位具有强烈的合作培养人才的愿望和需要，会促进学校积极地实施产学研合作教育，促使教师和学生积极参与到产学研合作教育中，从而影响产学研合作人才培养的质量。

（2）参与合作教育的方式：参与合作教育的方式有很多，如"订单式"培养、"2+1"式培养、"工学交替"式培养、"跟踪"式培养等，采用哪一种方式进行产学研合作教育，参与方式是否合适，参与的程度如何，都是影响产学研合作人才培养质量的因素。

（3）及时反馈信息：用人单位将需求信息及学生校外实习的情况及时反馈给学校，可以为确定产学研合作人才培养目标提供依据，为教学大纲和人才培养方案的制订提供参考。学校可以通过反馈信息了解社会需求，及时调整人才培养方案，致力于培养社会需要、用人单位欢迎的应用型、复合型高级专门人才。

2. "人员配备"：指校外指导学生实践的企业工作人员的配备情况。校外实习时指导教师的态度、能力和素质对学生的学习起着决定性的作用。对于态度热情、能力素质高的指导人员，学生都乐意与他们接近，学到的东西自然就会多一些，实际动手实践的机会也会相对丰富；而态度不好，能力和素质都一般的指导人员则会引发学生的反感，对学生产生消极影响。"人员配备"主要包括指导人员的认真程度、指导人员的知识层次和指导人员的作用三个方面。

（1）指导人员的认真程度：指导人员的态度认真，接受其指导的学生才能调整状态、进入角色；指导人员的要求严格，接受其指导的学生才能提高对自己的要求，高质量地完成校外实习；指导人员对工作认真负责、周到细致，接受其指导的学生才能感受到实际工程中应该具有的工作态度，才能对实际工程进行全面细致的了解。

（2）指导人员的知识层次：主要指参与指导的校外人员的学历、职称及工作经历。校外指导人员的学历越高，其具有的理论基础就越扎实，理论联系实际的能力就越强；职称越高，工作经历越丰富，他们处理实际工程的能力就越完善，面对问题时提出的解决方案就越具有可行性和可操作性。这样的指导人员会把实际工程中真正有用、有效的方法传授给学生，对学生的指导也就会更加直接明确而富有成效。

（3）指导人员的作用：校外指导人员对产学研合作人才培养体制下学生的作用从一定程度上决定了产学研合作教育的质量。指导人员起到积极的、正面的作用，学生的实践能力就会在校外实习期间得到较大的提高，各方面的能力都会在指导人员正面的引导下得到锻炼；反之，指导人员起到消极的、负面的作用，会影响学生今后的工作、学习和生活，不仅不利于学生的实践能力、综合素质的培养，更不利于学生性格和品格的养成。

（三）学生质量

产学研合作以教育为中心，以学生为主体，其最终目的就是提高人才培养质量，产学研合作人才培养质量评价的关键就是对产学研合作下的人才培养质量进行测评，即对学生质量的评价。因此，学生培养就成为产学研合作人才培养质量评价的重中之重。由于产学研合作教育的人才培养目标高于同层次非产学研合作教育，即在同等的学术目标要求下，提高了学生培养的技术目标及其相关的能力训练要求。因此，对学生思想道德、心理素质、身体状况、业务知识、工作经历、综合技能等方面的要求也会随之提高，特别是对表现综合素质的工作经历和综合技能方面的要求会更加严格。作为产学研合作人才培养质量评价最重要的一个方面，"学生培养"这一评价方面包含的评价项目和评价因素也就最多，评价项目主要有思想品质、体能素质、心理素质、业务知识、工作经历和综合技能。

1. "思想品质"：是一个人的基本素质，我们谈到一个人时首先是评价他的思想品质。思想品质是一个人其他方面发展的基础，只有具有良好的思想品质的人，才能为社会、为他人所接受，才会在其他方面有进一步的发展与创新；如果一个人的思想品质存在问题，那么无论其技术能力和综合素质如何出色，都不能算得上是一个优秀的人才。这里的"思想品质"主要概括了人格品质、法制观念和组织纪律。

（1）人格品质：这是人才培养要解决的首要问题。要成为一名合格的人才，首先就是要具备良好的人格品质，具有正确的世界观、人生观和价值观，具备良好的道德品格和上进心。只有具备了良好的人格品质，才会在其他方面健康均衡地发展。

（2）法制观念：对基本法律、法规的了解，是对一个社会公民的基本要求；对相关专业法规、规范的熟悉及灵活运用是对一名工程人员的基本要求。

（3）组织纪律：作为社会或者一个团队的一分子，具有组织纪律性才能保证社会的稳定和团队事业的成功。

2. "体能素质"包括健康状况、体锻达标情况和体育技能。身体是一切的基础，只有具有良好的身体素质，才能很好地学习、工作、生活，才能去实现自己的愿望，追求自己的理想。

（1）健康状况：健康的身体是一切的基础，只有健康状况良好的人才能考虑其他的发展。

（2）体锻达标情况：指学生基本体能锻炼达标情况，也是身体素质达标的一个标准。

（3）体育技能：在具有良好身体素质的基础上具有一定的体育技巧。

3. "心理素质"。当今社会人们所需面对的困难与磨难越来越多，遭遇挫折也越来越频繁，这就要求符合时代的人才具备比以往更加良好的心理素质。它主要涉及健康情绪与适度反应、心理承受能力、意识与意志三个方面。

（1）健康情绪与适度反应：指具有良好的情绪状态，这是情绪成熟的主要表现。要求情生有因，情绪强度适应、反应稳定，心情愉悦，并能够自我调节，对他人、其他事物或环境有适度的反应。健康情绪和适度反应为我们提供了一个平稳的心理环境和稳定的心理基础。

（2）心理承受能力：这是一个心理品质问题，反映一个人对待困难与挫折的理智程度，社会风险意识以及对自我思想、情绪、行为的控制能力。只有具有比较好的心理承受能力，面对困难与挫折时，才能客观地接受并战胜它们，而不是一味地回避，对它们置之不理。

（3）意识与意志：意识是机体对自身状态和周围环境的感知和对外界刺激做出恰当反应的能力，它包括意识清晰度和意识内容两个组成部分。意志则是人们自觉地确立目的，支配行动，并通过克服困难和挫折，实现预定目的的心理过程。具有良好的意识，有利于人们理解事物的含义、分析事物的本质；具有坚韧的意志，有利于人们以乐观、勇敢、坚强的态度去面对困难，战胜挫折。

4."业务知识"：主要指学生学习到的基础理论知识，以及在实际工程中需要用到的专业理论知识。业务知识是开展工作的基础，丰富的业务知识为工程实际提供了保障，全面的业务知识为工作的顺利完成提供了助力，扎实的业务知识为处理实际工程中的各种问题提供了理论依据。产学研合作教育下的学生应该具有完备的业务知识，才有深厚的基础进行实际工程能力的培养，才有可能成长为复合型的人才。它主要包括获取知识的能力、知识结构，主要公共基础课、学科基础课及专业课的成绩水平，毕业设计（论文）与实际的结合程度。

（1）获取知识的能力：指学生从外界（如课堂、文献、科学会议等）获取知识，并通过理解、消化、吸收变为自己所有的能力。

（2）知识结构：这里的知识结构指的是个体知识结构，是个体头脑中知识的构成状况，表现为各种门类、各种层次知识的比例及相互关系。既可以指个体所具有的社会科学知识、人文科学知识与自然科学知识所形成的知识体系，也可以指个体所具有的理论知识和实践知识、基础知识和专业知识所形成的知识体系及其各自的比重。

（3）主要公共基础课成绩水平：在校理论学习期间，主要公共基础课的平均成绩或成绩点。

（4）主要学科基础课成绩水平：在校理论学习期间，主要专业基础课的平均成绩或成绩点。

（5）主要专业课的成绩水平：在校理论学习期间，主要专业必修课的平均成绩或成绩点。

（6）毕业设计（论文）与实际的结合程度：指毕业设计（论文）是否结合实际，是否能够运用到实际工程中，是否对实际工程的某一课题进行研究和探讨，与实际工程联系紧密程度如何等。

5."工作经历"：指学生的实践教学或实习经历。工作经历是评价学生校外实习的主要依据，在工作经历这一项目上反映较好的学生，其适应性、主动性、独立性、创新性等各方面的能力应该比较突出，能够达到社会和企业的要求，是社会和企业需要的人才。工作经历也是评价学生培养质量的一个项目，其主要考查学生实际工程能力，主要依据实习工作日志中校外指导教师的考查、评价及学生的自述进行评价，包括工作态度、出勤率、顶岗工作情况、工作质量、独立工作能力和开拓创新能力。

（1）工作态度：在实践教学或实习工作中，对待工作是否积极主动，对待相关工作人员是否热情有礼。

（2）出勤率：每个工作日的出勤情况。

（3）顶岗工作情况：顶岗工作的具体情况，能否胜任工作。

（4）工作质量：完成工作的速度、效率及优劣程度，是否达到规范要求。

（5）独立工作能力：指从多种可行方案中选取最佳方案并将其付诸实施的能力。学生应该善于找出事物的因果关系，处理事情当机立断，敢于承担责任和风险。

（6）开拓创新能力：指一个人（或群体）在前人发现或发明的基础上，通过自身努力，创造性地做出新的发现、新的发明或新的改进革新方案的能力。

6.“综合技能”：指学生在大学期间所具备的各种技能的实际运用能力，是学生综合素质的体现。可以在工作中熟练地运用英语、计算机、信息处理等基本技能，是人才培养的目的之一；科学研究能力、表达能力、社交能力、实践能力等是对学生自身素质的要求，这些能力可以帮助学生更快更好地适应社会，更加迅速地融入用人单位，为发挥自己的能力、凸显自己的特色奠定基础；团队协作能力、组织管理能力、就业能力等是社会对应用型、复合型高级专门人才的基本要求。社会工作的性质和特点决定了实际工作中团队合作的重要性，只有充分发挥每一个成员的作用，才能更好地完成项目，而组织管理能力、就业能力是学生统筹协调、平衡鉴别能力的外在体现。

（1）外语应用水平：指学生利用外语作为一种语言工具，查阅文献资料，访问国外各种学术技术论坛，甚至用外语进行技术交流的能力。

（2）计算机应用能力：指学生对计算机的基本知识及各种应用软件的熟悉程度与实际操作能力。

（3）信息处理能力：指信息接收者通过各种渠道和方法获取信息并在众多信息中有效选择自己所需信息的能力。

（4）科学研究能力：作为应用型、复合型高级专门人才，不仅要具备发现问题的能力，更重要的是要具备运用已掌握的基础理论知识对未知问题进行分析、探索、研究，提高解决问题的能力。

（5）表达能力：包括口头表达能力和书面表达能力。它能帮助学生交流思想、沟通感情、传授知识、总结经验、传播信息，是阐述思想、表达感情的主要方式。

（6）社交能力：指在社会交往中，与他人沟通，建立良好的人际关系的能力。

（7）实践动手能力：指动手能力和实践能力。学生不仅要具有丰富的理论知识，还要具有良好的实践动手能力，这样才能通过必要的手段使好的想法转化为技术，从而解决更多的技术问题。

（8）团队协作能力：当今社会生产力的高速发展决定了实际工程不可能是一个人或几个人可以完成的，在实际工作中，每个工程的成功都需要一个或者更多的团队共同参与。只有做好与他人的分工合作，才能事半功倍，高效率、高质量地完成工作。

（9）组织管理能力：产学研合作教育的人才培养目标其中之一就是要培养懂技术、会设计、能管理的应用型、复合型高级专门人才，而在理论的学习与考核中是不容易表现学生的组织管理能力的。学生这方面的能力通过综合素质的测试表现出来是最合理，也是最真实的。

（10）就业能力：学生毕业后检验自身成就最直接的途径就是就业，是否可以就业，就业的情况如何，就业后在工作中是否有良好的表现等都是检验教育质量的标准。学生在双向选择的条件下就业能力的强弱是检验教育是否达到预期的目标，是否达到产学研合作教育要求的重要因素之一。

表5-1　产学研合作人才培养质量评价指标体系的初步框架

一级指标 （评价方面）	二级指标 （评价项目）	三级指标 （评价因素）
（A_1）学校教育	（B_1）改革力度	（C_1）历史背景
		（C_2）培养目标
		（C_3）培养模式
		（C_4）课程建设及体系改革
		（C_5）资源优化配置的力度
		（C_6）激励机制
	（B_2）监督管理	（C_7）组织保证机制
		（C_8）制度建设规范程度
		（C_9）建立社会市场网络
	（B_3）指导师资	（C_{10}）教师的参与
		（C_{11}）授课教师职称结构
		（C_{12}）双师型教师的比例
		（C_{13}）教育教学方法改革
		（C_{14}）教师的科研学术水平
（A_2）社会参与	（B_4）重视程度	（C_{15}）合作培养人才的愿望
		（C_{16}）参与合作教育的方式
		（C_{17}）及时反馈信息

一级指标 （评价方面）	二级指标 （评价项目）	三级指标 （评价因素）
（A_2）社会参与	（B_5）人员配备	（C_{18}）指导人员的认真度
		（C_{19}）指导人员的知识层次
		（C_{20}）指导人员的作用
（A_3）学生质量	（B_6）思想品质	（C_{21}）人格品质
		（C_{22}）法制观念
		（C_{23}）组织纪律
	（B_7）体能素质	（C_{24}）健康情况
		（C_{25}）体锻达标情况
		（C_{26}）体育技能
	（B_8）心理素质	（C_{27}）健康情绪及适度反应
		（C_{28}）心理承受能力
		（C_{29}）意识与意志
	（B_9）业务知识	（C_{30}）获取知识的能力
		（C_{31}）知识结构
		（C_{32}）主要公共基础课成绩水平
		（C_{33}）主要专业基础课成绩水平
		（C_{34}）主要专业课成绩水平
		（C_{35}）毕业设计（论文）与实际的结合
	（B_{10}）工作经历	（C_{36}）工作态度
		（C_{37}）出勤率
		（C_{38}）顶岗工作情况
		（C_{39}）工作质量
		（C_{40}）独立工作能力
		（C_{41}）开拓创新能力
	（B_{11}）综合技能	（C_{42}）外语应用水平
		（C_{43}）计算机应用能力
		（C_{44}）信息处理能力
		（C_{45}）科学研究能力
		（C_{46}）表达能力
		（C_{47}）社交能力
		（C_{48}）实践动手能力
		（C_{49}）团队协作能力
		（C_{50}）组织管理能力
		（C_{51}）双向选择的就业能力

三、指标权重的确定

在确定了具体的评价指标后，我们发现并不是所有的评价指标都对产学研合作教育质量同样重要，并不是所有的评价指标都发挥着同等作用，我们需要有一个区别评价指标重要性的参数对它们加以区分。因此，我们引入了权重这个概念来量化各个评价指标，以便揭示各个指标之间的不平衡性和差异性。我们根据实际情况，比较了几种常用的确定权重的方法，最终采用了专家咨询法，并通过两轮评议确定了评价指标的权重。

（一）确定指标权重的方法

通常采用确定权重的方法有：特尔斐法、熵值法、模糊聚类分析法、层次分析法（AHP）[①]。

1. 特尔斐法（Delphi technique）

特尔斐法是20世纪50年代初美国兰德公司的戈登（T. Gordon）和赫尔默（D. Helmer）提出的一种专家咨询方法，是依据若干专家的知识、智慧、经验、信息和价值观，对已拟出的评价指标进行分析、判断、权衡并赋予相应权值的一种调查法，一般需要经过多轮匿名调查。在专家意见比较一致的基础上，经组织者对专家意见进行数据处理，检验专家意见集中程度、离散程度和协调程度，达到要求之后，得到评价指标的初始权重向量W^*，再对W^*做归一化处理，获得各评价指标的权重向量：

$$W = \left\{ \frac{w_1^*}{\sum_{i=1}^{n} w_i^*}, \frac{w_2^*}{\sum_{i=1}^{n} w_i^*}, \cdots, \frac{w_1^*}{\sum_{i=1}^{n} w_i^*} \right\} = \{w_1, \ w_2, \ \cdots, \ w_n\} \qquad (5-1)$$

2. 熵值法

熵，是统计物理和热力学中的一个物理概念，标志热量转化为功的程度。在信息系统中，熵是指信息无序度的度量，熵越大，信息的无序度就越高，其信息的敏用值就越小，反之亦然。利用熵值法估算评价指标的权重，也就是利用该指标信息的价值系数来计算，其价值系数越高，对评价的重要性就越大。即，根据各指标所含信息有序度的差异性，也就是信息的效用价值来确定评价指标的权重。

3. 模糊聚类分析法

当若干评价指标具有模糊性时，可采用模糊聚类分析法，对指标做模

---

① 胡永宏，贺思群.综合评价方法[M].北京：科学出版社，2000.

糊分类，采用数量积法计算所有序偶的模糊相识系数，得到论阈上的一个模糊相识关系矩阵，对其做自乘运算得到具有自反性、对称性和传递性的模糊等价关系矩阵。对模糊等价关系矩阵分析可得到评价指标重要程度分类，并给出分类的权重和排序。

4. 层次分析法

AHP（Analytic Hierarchy Process）法又称为层次分析法，是20世纪70年代美国匹兹堡大学T. L. Saaty教授等人提出的，这是一种定性和定量相结合的、系统化的、层次化的分析方法，是一种用于处理复杂的社会、政治、经济技术等方面决策问题的分析方法，尤其是对于多目标、多方案的决策可以有效地处理。

（二）确定指标权重方法的比较

比较上述四种方法，特尔斐法和AHP法属于一类，都是基于专家群体的知识、经验和价值判断来确定指标的权重。只是AHP法对专家的主观判断做出了进一步的数学处理，相对来说指标权重的确定更科学，但是专家经验、知识的局限性并未消除。模糊聚类分析法是基于样本模糊数据的相似性，对评级指标做出相对重要程度的分类。熵值法是根据样本自身的信息特征做出的权重判断，该方法对样本所含的信息量要求较高。这几种方法的比较如下。

1. 特尔斐法、AHP法的优点是不需要具备样本数据，专家仅凭对评价指标内涵和外延的理解即可做出判断。因此，使用范围较广，特别是对一些定性的模糊指标，也可做出判断，且在判断过程中可以吸纳更多信息。

2. AHP法与特尔斐法的适用范围相同，但由于AHP法对各指标之间相对重要程度的分析更具逻辑性，刻画得更细，再加上一定的数学处理，其可信度高于特尔斐法。这两种方法的缺点是：如果专家选择不当，那么可信度就会大大降低。

3. 熵值法反映了信息熵值的效用价值，其给出的指标权重比特尔斐法和AHP法更有可信度，但它缺乏各评价指标之间的横向比较，又需要样本数据，在应用上受到限制。

4. 模糊聚类分析法适用于模糊指标的重要程度分类，特别适用于同一层次有多项指标时，该方法的缺点是只能给出分类指标的权重，不便确定单项指标的权重。

（三）确定指标权重——特尔斐法

特尔斐法又叫专家咨询法，是找一组专家（一般10—50人），由研究人员初拟调查提纲或调查表，轮番征求专家意见，经过几次反复调查、归纳、汇总得到专家的判定结果。采用这种方法确定权重的具体方法如下：

第1步，设计第一轮权重咨询调查表发给各位专家，一般形式如表5-2所示；

第2步，收回第一轮咨询表，进行统计处理，并设计发放第二轮咨询表。统计处理时要求出两个量数：

表5-2　第1轮专家咨询表

指标	重要程度等级			
	很重要（0.4）	重要（0.3）	一般（0.2）	不重要（0.1）
指标1				
指标2				
⋮				
备注	1. 表中所赋的值是权重系数的估计值。 2. 设计咨询表时必须列出各个指标的内涵及各种等级的明确定义。			

1. 求每一指标权重系数的平均估计值

$$\overline{W_i} = \frac{1}{n}\sum W_{ij}$$

式中：W_{ij} 为第 j 个专家对第 i 项指标权重系数的估计值（$i=1, 2, \cdots, m$；$j=1, 2, \cdots, n$）。

2. 求每一位专家的估计值 W_{ij} 与平均估计值 $\overline{W_i}$ 的偏差 Δ_{ij}，

$$\Delta_{ij} = W_{ij} - \overline{W_i}$$

第3步，将上述两个量数及有关说明填在表5-3中，请每一位专家参考第一轮的统计结果再进行一次估计。

表5-3　第2轮专家咨询表

指标	上一轮估计值		此次估计值
	平均估计值 $\overline{W_i}$	偏差 Δ_{ij}	
指标1			
指标2			
⋮			

如此循环，再将这一轮结果作为参考资料发给专家，让他们发表意见，再次回收，并进行数理统计，多次重复这一过程，直至意见趋于一致

来确定评价指标权重。该方法的优点是每位专家都能独立地发表自己的意见，既能保证逐渐形成深思熟虑的观点，又能保证提出独到的见解和评定。其缺点是费时费事，受应答者的主观性影响较大。

1.专家第1轮评议

在确立了产学研合作教育质量评价体系的初步框架（见表5-1）后，根据表5-2的要求设计了第1轮专家咨询表（见附录）。此次共邀请了15位专家填写了第一轮专家咨询表，包括从事产学研合作教育的研究人员、高级职称的指导教师及双师型教师。我们对收回的第1轮专家咨询表进行了统计，结果如表5-4、表5-5、表5-6所示。（单元格中的数据为人数）

从第1轮的数据统计结果可以看出，有些指标（如学生培养、指导师资、就业能力等）专家的意见比较一致，而有些指标（如人员配备、获取知识的能力等）专家的意见比较分散，对于这些意见比较分散的指标，我们在设计第二轮专家咨询表时做了说明，并请专家给出他们的理由。

表5-4 第1轮一级指标的数据统计结果

一级指标	很重要（0.4）	重要（0.3）	一般（0.2）	不重要（0.1）	平均估计值
（A_1）学校教育	0	4	7	4	0.2
（A_2）社会参与	0	1	6	8	0.153
（A_3）学生质量	13	1	1	0	0.38

表5-5 第1轮二级指标的数据统计结果

二级指标	很重要（0.4）	重要（0.3）	一般（0.2）	不重要（0.1）	平均估计值
（B_1）改革力度	1	10	3	1	0.273
（B_2）监督管理	0	3	11	1	0.213
（B_3）指导师资	12	1	2	0	0.367
（B_4）重视程度	1	7	5	1	0.200
（B_5）人员配备	4	4	5	2	0.267
（B_6）思想品质	1	5	9	0	0.247
（B_7）体能素质	0	3	8	4	0.193
（B_8）心理素质	1	6	6	2	0.240
（B_9）业务知识	11	3	1	0	0.367
（B_{10}）工作经历	3	8	3	1	0.287
（B_{11}）综合技能	3	9	3	0	0.300

表5-6 第1轮三级指标的数据统计结果

三级指标	很重要（0.4）	重要（0.3）	一般（0.2）	不重要（0.1）	平均估计值
（C_1）历史背景	0	6	8	1	0.233
（C_2）培养目标	0	9	5	1	0.253
（C_3）培养模式	6	6	3	0	0.320
（C_4）课程建设及体系改革	5	8	1	1	0.313
（C_5）资源优化配置的力度	0	2	10	3	0.193
（C_6）激励机制	0	5	7	3	0.213
（C_7）组织保证机制	0	7	5	3	0.227
（C_8）制度建设规范程度	0	1	11	3	0.187
（C_9）建立社会市场网络	0	5	6	4	0.207
（C_{10}）教师的参与	1	10	3	1	0.273
（C_{11}）授课教师职称结构	2	8	4	1	0.273
（C_{12}）双师型教师的比例	4	8	2	1	0.300
（C_{13}）教育教学方法改革	0	9	6	0	0.260
（C_{14}）教师的科研学术水平	4	10	1	0	0.320
（C_{15}）合作培养人才的愿望	0	4	9	2	0.213
（C_{16}）参与合作教育的方式	0	6	7	2	0.240
（C_{17}）及时反馈信息	0	8	4	3	0.233
（C_{18}）指导人员的认真度	3	10	2	0	0.307
（C_{19}）指导人员的知识层次	1	10	3	1	0.293
（C_{20}）指导人员的作用	1	9	4	1	0.267
（C_{21}）人格品质	1	8	6	0	0.267
（C_{22}）法制观念	0	10	4	1	0.260
（C_{23}）组织纪律	2	8	3	2	0.267
（C_{24}）健康情况	1	6	6	2	0.253
（C_{25}）体锻达标情况	0	1	12	2	0.193
（C_{26}）体育技能	0	1	9	5	0.173
（C_{27}）健康情绪及适度反应	0	2	10	3	0.193
（C_{28}）心理承受能力	1	5	6	3	0.227
（C_{29}）意识与意志	0	3	10	2	0.207
（C_{30}）获取知识的能力	2	7	5	1	0.267
（C_{31}）知识结构	3	6	4	2	0.267

三级指标	很重要（0.4）	重要（0.3）	一般（0.2）	不重要（0.1）	平均估计值
（C_{32}）主要公共基础课成绩水平	3	10	2	0	0.307
（C_{33}）主要专业基础课成绩水平	4	9	2	0	0.313
（C_{34}）主要专业课成绩水平	5	10	0	0	0.333
（C_{35}）毕业设计（论文）与实际的结合	2	10	2	1	0.287
（C_{36}）工作态度	2	8	5	0	0.280
（C_{37}）出勤率	0	4	6	5	0.193
（C_{38}）顶岗工作情况	1	9	5	0	0.273
（C_{39}）工作质量	2	9	3	1	0.280
（C_{40}）独立工作能力	1	10	4	0	0.280
（C_{41}）开拓创新能力	3	7	4	1	0.280
（C_{42}）外语应用水平	3	10	2	0	0.307
（C_{43}）计算机应用能力	3	9	3	0	0.300
（C_{44}）信息处理能力	1	6	6	2	0.280
（C_{45}）科学研究能力	1	9	4	1	0.267
（C_{46}）表达能力	0	2	11	2	0.200
（C_{47}）社交能力	0	1	12	2	0.193
（C_{48}）实践动手能力	2	6	7	0	0.267
（C_{49}）团队协作能力	0	1	10	4	0.180
（C_{50}）组织管理能力	0	2	12	1	0.207
（C_{51}）双向选择的就业能力	2	11	2	0	0.300

根据第1轮的评议结果，针对每位专家的意见，我们设计了第2轮专家咨询表，请每一位专家参考第1轮的结果再进行一次估计。第2轮专家咨询表例表如表5-7所示。

表5-7　第2轮专家咨询表例表

二级指标	上一轮估计值			此次估计值（您的理由）	备注
	您上一轮估计值	平均估计值	偏差		
（B_1）改革力度	0.4	0.26	0.14		
⋮					

（2）第2轮专家评议

专家们参考第1轮的评议结果对各项指标再一次进行了估计，填写了《第2轮专家咨询表》。第2轮的评议结果显示，专家的意见虽然并未完全统一，但相对于第1轮来说，意见还是趋于集中的，数据统计结果如表5-8、表5-9、表5-10所示。

表5-8　第2轮一级指标的数据统计结果

一级指标	很重要（0.4）	重要（0.3）	一般（0.2）	不重要（0.1）	平均估计值
（A_1）学校参与	0	2	12	1	0.207
（A_2）社会参与	0	0	8	7	0.153
（A_3）学生培养	14	1	0	0	0.393

表5-9　第2轮二级指标的数据统计结果

二级指标	很重要（0.4）	重要（0.3）	一般（0.2）	不重要（0.1）	平均估计值
（B_1）改革力度	0	12	2	1	0.273
（B_2）监督管理	0	2	13	0	0.213
（B_3）指导师资	13	1	1	0	0.380
（B_4）重视程度	1	6	7	0	0.240
（B_5）人员配备	1	7	6	1	0.253
（B_6）思想品质	0	6	9	0	0.240
（B_7）体能素质	0	2	10	3	0.193
（B_8）心理素质	0	6	8	1	0.233
（B_9）业务知识	12	3	0	0	0.380
（B_{10}）工作经历	1	9	5	0	0.273
（B_{11}）综合技能	1	12	2	0	0.293

表5-10　第2轮三级指标的数据统计结果

三级指标	很重要（0.4）	重要（0.3）	一般（0.2）	不重要（0.1）	平均估计值
（C_1）历史背景	0	6	9	0	0.240
（C_2）培养目标	0	9	6	0	0.260
（C_3）培养模式	4	9	2	0	0.327
（C_4）课程建设及体系改革	3	11	1	0	0.313

续表5-10

三级指标	很重要（0.4）	重要（0.3）	一般（0.2）	不重要（0.1）	平均估计值
（C_5）资源优化配置的力度	0	2	11	2	0.200
（C_6）激励机制	0	2	12	1	0.207
（C_7）组织保证机制	0	6	8	1	0.233
（C_8）制度建设规范程度	0	1	12	2	0.193
（C_9）建立社会市场网络	0	4	9	2	0.213
（C_{10}）教师的参与	0	12	2	1	0.273
（C_{11}）授课教师职称结构	1	11	2	1	0.280
（C_{12}）双师型教师的比例	2	11	2	0	0.300
（C_{13}）教育教学方法改革	0	8	7	0	0.253
（C_{14}）教师的科研学术水平	2	12	1	0	0.307
（C_{15}）合作培养人才的愿望	0	3	11	1	0.213
（C_{16}）参与合作教育的方式	0	6	9	0	0.240
（C_{17}）及时反馈信息	0	8	6	1	0.247
（C_{18}）指导人员的认真度	2	11	2	0	0.300
（C_{19}）指导人员的知识层次	0	12	3	0	0.300
（C_{20}）指导人员的作用	0	11	4	0	0.273
（C_{21}）人格品质	0	9	6	0	0.260
（C_{22}）法制观念	0	10	5	0	0.267
（C_{23}）组织纪律	1	9	5	0	0.273
（C_{24}）健康情况	0	7	7	1	0.240
（C_{25}）体锻达标情况	0	0	13	2	0.186
（C_{26}）体育技能	0	0	11	4	0.153
（C_{27}）健康情绪及适度反应	0	2	12	1	0.207
（C_{28}）心理承受能力	0	4	9	2	0.213
（C_{29}）意识与意志	0	1	13	1	0.200
（C_{30}）获取知识的能力	1	11	3	0	0.287
（C_{31}）知识结构	1	9	5	0	0.273
（C_{32}）主要公共基础课成绩水平	3	11	1	0	0.313
（C_{33}）主要专业基础课成绩水平	4	9	2	0	0.313
（C_{34}）主要专业课成绩水平	3	12	0	0	0.320
（C_{35}）毕业设计（论文）与实际的结合	1	11	3	0	0.287
（C_{36}）工作态度	1	9	5	0	0.273

续表5-10

三级指标	很重要 （0.4）	重要 （0.3）	一般 （0.2）	不重要 （0.1）	平均 估计值
（C$_{37}$）出勤率	0	2	10	3	0.193
（C$_{38}$）顶岗工作情况	0	10	5	0	0.267
（C$_{39}$）工作质量	1	10	2	1	0.260
（C$_{40}$）独立工作能力	0	11	4	0	0.273
（C$_{41}$）开拓创新能力	1	10	4	0	0.280
（C$_{42}$）外语应用水平	1	12	2	0	0.293
（C$_{43}$）计算机应用能力	0	14	1	0	0.293
（C$_{44}$）信息处理能力	0	7	7	1	0.240
（C$_{45}$）科学研究能力	0	10	5	0	0.267
（C$_{46}$）表达能力	0	1	13	1	0.200
（C$_{47}$）社交能力	0	1	12	2	0.193
（C$_{48}$）实践动手能力	0	10	5	0	0.267
（C$_{49}$）团队协作能力	0	0	11	4	0.173
（C$_{50}$）组织管理能力	0	1	13	1	0.200
（C$_{51}$）双向选择的就业能力	1	13	1	0	0.293

由于各方面条件的限制，本研究只进行了两轮的专家评议，在第2轮专家评议的基础上，对统计数据进行了归一化处理，求出了各指标权重（见表5-11、表5-12、表5-13），同时对二、三级指标进行了组合，合成了各层次相对于总目标的权重（总目标的权重为1），如表5-14所示。但是，由于计算中采用了小数位，四舍五入引起了一些误差，因此，个别权重做了一些微小的调整，使所有权重的总和为1，与总目标的权重保持一致。当然，这些调整并不会使权重发生根本性的变化，不会影响整个评价指标体系。

表5-11　一级指标的权重

一级指标	平均估计值	权　重
（A$_1$）学校教育	0.207	0.276
（A$_2$）社会参与	0.153	0.203
（A$_3$）学生质量	0.393	0.521
合　计	0.753	1.000

表5-12 二级指标的权重

二级指标	平均估计值	权 重
（B_1）改革力度	0.273	0.315
（B_2）监督管理	0.213	0.246
（B_3）指导师资	0.380	0.439
合 计	0.866	1.000
（B_4）重视程度	0.240	0.487
（B_5）人员配备	0.253	0.513
合 计	0.493	1.000
（B_6）思想品质	0.240	0.149
（B_7）体能素质	0.193	0.120
（B_8）心理素质	0.233	0.144
（B_9）业务知识	0.380	0.236
（B_{10}）工作经历	0.273	0.169
（B_{11}）综合技能	0.293	0.182
合 计	1.612	1.000

表5-13 三级指标的权重

三级指标	平均估计值	权 重
（C_1）历史背景	0.240	0.155
（C_2）培养目标	0.260	0.168
（C_3）培养模式	0.327	0.211
（C_4）课程建设及体系改革	0.313	0.202
（C_5）资源优化配置的力度	0.200	0.130
（C_6）激励机制	0.207	0.134
合 计	1.547	1.000
（C_7）组织保证机制	0.233	0.365
（C_8）制度建设规范程度	0.193	0.302
（C_9）建立社会市场网络	0.213	0.333
合 计	0.639	1.000
（C_{10}）教师的参与	0.273	0.193
（C_{11}）授课教师职称结构	0.280	0.198

三级指标	平均估计值	权　重
（C₁₂）双师型教师的比例	0.300	0.212
（C₁₃）教育教学方法改革	0.253	0.179
（C₁₄）教师的科研学术水平	0.307	0.217
合　计	1.413	1.000
（C₁₅）合作培养人才的愿望	0.213	0.304
（C₁₆）参与合作教育的方式	0.240	0.343
（C₁₇）及时反馈信息	0.247	0.353
合　计	0.7	1.000
（C₁₈）指导人员的认真度	0.300	0.344
（C₁₉）指导人员的知识层次	0.300	0.344
（C₂₀）指导人员的作用	0.273	0.312
合　计	0.873	1.000
（C₂₁）人格品质	0.260	0.325
（C₂₂）法制观念	0.267	0.334
（C₂₃）组织纪律	0.273	0.341
合　计	0.800	1.000
（C₂₄）健康情况	0.240	0.415
（C₂₅）体锻达标情况	0.186	0.321
（C₂₆）体育技能	0.153	0.264
合　计	0.579	1.000
（C₂₇）健康情绪及适度反应	0.207	0.334
（C₂₈）心理承受能力	0.213	0.344
（C₂₉）意识与意志	0.200	0.322
合　计	0.620	1.000
（C₃₀）获取知识的能力	0.287	0.160
（C₃₁）知识结构	0.273	0.152
（C₃₂）主要公共基础课成绩水平	0.313	0.175
（C₃₃）主要专业基础课成绩水平	0.313	0.175
（C₃₄）主要专业课成绩水平	0.320	0.178
（C₃₅）毕业设计（论文）与实际的结合	0.287	0.160
合　计	1.793	1.000

续表5-13

三级指标	平均估计值	权　重
（C_{36}）工作态度	0.273	0.177
（C_{37}）出勤率	0.193	0.125
（C_{38}）顶岗工作情况	0.267	0.173
（C_{39}）工作质量	0.260	0.168
（C_{40}）独立工作能力	0.273	0.176
（C_{41}）开拓创新能力	0.280	0.181
合　计	1.546	1.000
（C_{42}）外语应用水平	0.293	0.121
（C_{43}）计算机应用能力	0.293	0.121
（C_{44}）信息处理能力	0.240	0.100
（C_{45}）科学研究能力	0.267	0.110
（C_{46}）表达能力	0.200	0.083
（C_{47}）社交能力	0.193	0.080
（C_{48}）实践动手能力	0.267	0.110
（C_{49}）团队协作能力	0.173	0.072
（C_{50}）组织管理能力	0.200	0.083
（C_{51}）双向选择的就业能力	0.293	0.121
合　计	2.419	1.000

表5-14　合成后的组合权重

一级指标评价方面	二级指标评价项目	二级指标组合权重	三级指标评价因素	三级指标权重	三级指标组合权重
（A_1）学校教育（0.276）	（B_1）改革力度（0.315）	0.087	（C_1）	0.155	0.013
			（C_2）	0.168	0.015
			（C_3）	0.211	0.018
			（C_4）	0.202	0.018
			（C_5）	0.130	0.011
			（C_6）	0.134	0.012
	（B_2）监督管理（0.246）	0.068	（C_7）	0.365	0.026
			（C_8）	0.302	0.020
			（C_9）	0.333	0.022

一级指标评价方面	二级指标评价项目	二级指标组合权重	三级指标评价因素	三级指标权重	三级指标组合权重
			(C_{10})	0.193	0.023
	(B_3)指导师资（0.439）	0.121	(C_{11})	0.198	0.024
			(C_{12})	0.212	0.025
			(C_{13})	0.179	0.022
			(C_{14})	0.217	0.027
(A_2)社会参与（0.203）	(B_4)重视程度（0.487）	0.099	(C_{15})	0.304	0.030
			(C_{16})	0.343	0.034
			(C_{17})	0.353	0.035
	(B_5)人员配备（0.513）	0.104	(C_{18})	0.344	0.036
			(C_{19})	0.344	0.036
			(C_{20})	0.312	0.032
(A_3)学生质量（0.521）	(B_6)思想品质（0.149）	0.078	(C_{21})	0.325	0.025
			(C_{22})	0.334	0.026
			(C_{23})	0.341	0.027
	(B_7)体能素质（0.120）	0.062	(C_{24})	0.415	0.026
			(C_{25})	0.321	0.019
			(C_{26})	0.264	0.017
	(B_8)心理素质（0.144）	0.075	(C_{27})	0.334	0.025
			(C_{28})	0.344	0.026
			(C_{29})	0.322	0.024
	(B_9)业务知识（0.236）	0.123	(C_{30})	0.160	0.020
			(C_{31})	0.152	0.018
			(C_{32})	0.175	0.022
			(C_{33})	0.175	0.022
			(C_{34})	0.178	0.022
			(C_{35})	0.160	0.019
	(B_{10})工作经历（0.169）	0.088	(C_{36})	0.177	0.016
			(C_{37})	0.125	0.011
			(C_{38})	0.173	0.015
			(C_{39})	0.168	0.014
			(C_{40})	0.176	0.016
			(C_{41})	0.181	0.016
	(B_{11})综合技能（0.182）	0.095	(C_{42})	0.121	0.011
			(C_{43})	0.121	0.011

一级指标 评价方面	二级指标 评价项目	二级指标 组合权重	三级指标 评价因素	三级指标 权重	三级指标组合 权重
（A_3） 学生质量 （0.521）	（B_{11}） 综合技能 （0.182）	0.095	（C_{44}）	0.100	0.010
			（C_{45}）	0.110	0.010
			（C_{46}）	0.083	0.008
			（C_{47}）	0.080	0.008
			（C_{48}）	0.110	0.010
			（C_{49}）	0.072	0.007
			（C_{50}）	0.083	0.008
			（C_{51}）	0.121	0.012

四、评价标准的确定

评价标准是指对评价对象做出价值判断的尺度，就某一指标而言，是指达到指标程度的具体要求。产学研合作人才培养质量评价就是在对产学研合作人才培养过程及其结果进行质的描述和量的记录的基础上，做出的价值判断。

教育评价标准常用的表达方式有：评语式标准、期望行为式标准、数量式标准、量尺式标准四种类型。产学研合作人才培养质量评价指标体系标准的建立综合使用了评语式标准、期望行为式标准和数量式标准。

行为指标采用评语式标准和期望行为式标准，等级的划分使用数量式标准中的隶属度划分法。评语式标准是将三级指标的内涵以评语式的语言叙述出来，期望行为式标准是将三级指标所需要达到的标准作为评价的标准。产学研合作人才培养质量评价中评语标准是在评价因素的分析基础上精简提炼而成的，而评价因素本身就是从众多标准中统计、优化而精选出来的，所以信度较高。划分评价等级运用了模糊数学中的隶属度函数，采用[0，1]区间赋值的办法来规定每个要素各等级的隶属度范围，这种方法最大的优点是能使那些难以用精确数量判定等级的要素得到较为客观合理的评价，从而提高评价的效度和信度。评价等级的划分应保持适中，避免过粗或过细。等级数量越多，量化精确度就越高，但是计算也就更多、更复杂；等级数量越少，计算越简便，但是量化的精确度却不够。本文采用四级分等，然后设定各等级的隶属度，隶属函数赋值先确定A的隶属函数值，其他等级都是A的等比根式。一般确定"A"为0.64，其他等级的值如

表5-15所示。

表5-15 评价等级隶属度

等级	非常A	很A	A	较A	较不A	很不A	非常不A
赋值	$(A)^{\frac{1}{4}}$	$(A)^{\frac{1}{2}}$	(A)	$(A)^{\frac{2}{3}}$	$(A)^2$	$(A)^{\frac{5}{2}}$	$(A)^3$
	0.9	0.8	0.64	0.51	0.41	0.33	0.26

本指标评价体系采用四级分等,将评价等级分为A、B、C、D四等,分别为A(1~0.9),表示全部或绝大部分符合了评价标准,处于优秀状态;B(0.89~0.64),表示大部分评价要素较好地符合了标准,处于良好状态;C(0.63~0.51),表示超过一半的评价要素符合标准,处于及格状态;D(0.50~),表示大部分不符合评价标准,处于不及格状态,统一计为0。具体的评价标准如表5-16所示。

表5-16 产学研合作人才培养质量评价标准

三级指标	评价标准
(C$_1$)历史背景	进行过产学研合作人才培养的研究,具有实施产学研合作教育的条件、历史背景及实施环境,进行产学研合作教育的原因合理,目的明确
(C$_2$)培养目标	人才培养目标明确,定位科学,符合社会和时代的发展和需要,符合学校的办学实际
(C$_3$)培养模式	培养模式合理,符合产学研合作的特色,符合培养目标的要求,体现知识、能力、素质协调发展的要求,满足学生各方面能力的培养,理论、实践环节安排合理,执行情况良好
(C$_4$)课程建设及体系改革	国家本科专业目录规定的专业主要课程开出率≥95%,理论课及实践教学环节教学大纲齐全、规范,系统性强,教学思想先进,教学内容新颖,课程体系符合产学研合作教育的特点,教学体系改革与时俱进
(C$_5$)资源优化配置的力度	教学、试验设备先进,有必要的专业教学场地,专业资料储备齐全;校内实践教学设施满足专业教学需求,建立满足人才培养要求的校外实习基地,并签订合作协议;教材先进、合理、适用
(C$_6$)激励机制	激励机制合理完善,具有可行性和可操作性,可以吸引参与者的注意力,发挥激励的作用
(C$_7$)组织保证机制	具有相关的组织保证制度与措施,并且措施得力,经费专款专用,使用合理、效益好
(C$_8$)制度建设规范程度	制度健全,操作规范,指导思想明确,各种文献资料齐备

三级指标	评价标准
（C₉）建立社会市场网络	社会市场体系完整，渠道畅通，资源丰富，质量可靠
（C₁₀）教师的参与	参与产学研合作教育的教师≥全部教师的50%，专业任课教师总数基本满足教学要求，本学科专业毕业的专业教师≥专业任课教师的60%，专业试验、实习指导教师80%以上具有大专以上学历或中级以上职称
（C₁₁）授课教师职称结构	中高级职称人数≥50%，35岁以下的青年教师具有硕士或以上学位的≥10%，专业课程任课教师由学士以上学位获得者、中级或以上职称教师担任
（C₁₂）双师型教师的比例	双师型教师的比例≥专业专任教师的30%
（C₁₃）教育教学方法改革	课程体系与教学内容的改革促进人才培养目标的完成，课程建设、教材建设满足产学研合作教育的要求，教学方法先进合理，具有时代气息，实践教学具有创新性且效果良好
（C₁₄）教师的科研学术水平	开展教学改革研究和实践情况，教学研究成果获得情况；承担科研课题情况，专著、译著、学术论文的出版、发表及获奖情况
（C₁₅）合作培养人才的愿望	对人才需求的频率、数量及质量，对产学合作培养的投入情况
（C₁₆）参与合作教育的方式	选择的培养模式适合学校的特点，与学校交流顺畅，配合默契，建立校外实习基地，并签订协议
（C₁₇）及时反馈信息	信息反馈及时，内容规范、真实，具有可比性
（C₁₈）指导人员的认真度	态度端正，鉴定准确，记录完整，内容真实详细，分析问题透彻
（C₁₉）指导人员的知识层次	具有硕士以上学历或高级职称指导人员≥总数的10%，具有大学本科学历或中级职称指导人员≥总数的40%，具有大专学历或初级职称指导人员≥总数的60%
（C₂₀）指导人员的作用	对学生有良好的影响，端正学生的态度，鼓励学生实践，培养学生各方面的能力，完善学生的知识结构体系，补充校内学习的不足，积极促进学生全面发展，保证产学研合作教育的实施及其质量
（C₂₁）人格品质	具有正确的人生观、价值观，道德品质优良，有上进心，具有各种美德
（C₂₂）法制观念	遵纪守法，了解基本的法律法规；熟悉专业相关的法律规范，并可以灵活应用
（C₂₃）组织纪律	具有较强的组织性、纪律性
（C₂₄）健康情况	健康状况良好
（C₂₅）体锻达标情况	体育锻炼基本达标
（C₂₆）体育技能	具备一项或几项体育技能

三级指标	评价标准
（C_{27}）健康情绪及适度反应	心理健康，情绪饱满正常，负面情绪较少；对外界的反应适度，没有过激或过于消沉的现象
（C_{28}）心理承受能力	具有较强的心理承受能力，面对困难与挫折能够从容应对，不慌张，不忙乱，不消极，不气馁，快速恢复正常状态
（C_{29}）意识与意志	愿望目标明确，行动积极，方法灵活，能力突出，并具有顽强的意志
（C_{30}）获取知识的能力	能够从外界（如课堂、网络、学术会议等）获得自己需要的知识并运用到工作学习中
（C_{31}）知识结构	不仅基础理论知识完善，而且专业基础知识扎实，专业知识广泛；不仅具有高层次的自然科学知识，而且还具有基本的人文知识和一定的社会知识
（C_{32}）主要公共基础课成绩水平	主要公共基础课成绩水平均达到合格标准
（C_{33}）主要专业基础课成绩水平	主要专业基础课成绩水平均达到中等标准
（C_{34}）主要专业课成绩水平	主要专业课成绩水平均达到中等标准
（C_{35}）毕业设计（论文）与实际的结合	选题结合实际，符合培养目标要求，过程规范，质量合格
（C_{36}）工作态度	态度端正，积极主动，待人热情有礼
（C_{37}）出勤率	全勤；缺勤8%或抽查缺勤1次；缺勤达15%，或抽查缺勤2次；缺勤达20%以上，或抽查缺勤4次及以上；缺勤达30%以上，或抽查缺勤6次及以上
（C_{38}）顶岗工作情况	迅速进入职业角色，胜任岗位工作，并比较圆满地完成相应的工作任务
（C_{39}）工作质量	完成工作具有一定的效率和质量，能够为以后工作的开展提供基础和便利，工作成绩得到现场人员的认可
（C_{40}）独立工作能力	从工作思路、工作方案的确定，到实际工作中问题的处理，直至最后工作的总结可以依靠自己的力量完成
（C_{41}）开拓创新能力	在工作中的突破与创新
（C_{42}）外语应用水平	英语四级合格率≥60%，或六级合格率≥30%
（C_{43}）计算机应用能力	国家计算机二级考试通过率≥80%
（C_{44}）信息处理能力	通过各种渠道和方法获取信息，并可以在众多信息中排除其他信息选择自己所需
（C_{45}）科学研究能力	可以独立地对一个项目或项目的一个部分进行科学分析研究，并取得一定的成果（专利、设计、制作、公开发表的论文等）

三级指标	评价标准
（C_{46}）表达能力	意思明确，条理清楚，主题突出，内容饱满，文字流畅，清晰易懂
（C_{47}）社交能力	与他人相处融洽，人际关系良好，没有与人交恶的情况发生
（C_{48}）实践动手能力	实验操作，工程模型的设计制作，第二课堂的参与情况
（C_{49}）团队协作能力	参与社会团体、学生组织，参与过大型的活动或项目
（C_{50}）组织管理能力	担任过社会职务，管理组织过某种活动或项目
（C_{51}）双向选择的就业能力	整体就业率≥85%

第三节　评价指标体系的应用

为验证产学研合作人才培养质量评价指标体系是否科学，我们选取了参与长江大学土木工程专业产学研合作教育项目的15位教师进行调研，给出了每一项评价指标的等级，运用模糊综合评价法和数学统计法两种方法对调研数据进行分析，对长江大学土木工程专业的产学研合作人才培养质量进行了评价。

一、模糊综合评价法检验

产学研合作人才培养质量从学校教育、社会参与、学生质量三个方面进行评价，因素集为$U=$｛学校教育（u_1），社会参与（u_2），学生质量（u_3）｝，评价标准评语集为$V=$｛优秀（v_1），良好（v_2），及格（v_3），不及格（v_4）｝，因此，先分别按三级指标次数矩阵F_i组合成二级指标的综合评价矩阵B_i，然后将二级指标评价矩阵B_i组合成一级指标综合评价矩阵A_i（即因素集U），最后取评价标准隶属度集，得出综合评价。

（一）学校教育

确定"改革力度"因素的综合评判矩阵具体过程如下。

统计等级次数后得到次数矩阵F：

$$F=\begin{bmatrix} 10 & 4 & 1 & 0 \\ 11 & 3 & 1 & 0 \\ 13 & 1 & 1 & 0 \\ 10 & 4 & 1 & 0 \\ 10 & 4 & 1 & 0 \\ 11 & 3 & 1 & 0 \end{bmatrix}$$

→ 历史背景
→ 培养目标
→ 培养模式
→ 课程建设及体系改革
→ 资源优化配置的力度
→ 激励机制

由次数矩阵求得单因素的评判矩阵R：

$$R=\begin{bmatrix} 0.67 & 0.27 & 0.07 & 0 \\ 0.73 & 0.2 & 0.07 & 0 \\ 0.87 & 0.07 & 0.07 & 0 \\ 0.67 & 0.27 & 0.07 & 0 \\ 0.67 & 0.27 & 0.07 & 0 \\ 0.73 & 0.2 & 0.07 & 0 \end{bmatrix}$$

由表5-11可知评价因素的权重为：

$Q=(0.013\ 0.015\ 0.018\ 0.018\ 0.011\ 0.012)$，计算改革力度综合评判矩阵：

$$B_1=(0.013\ 0.015\ 0.018\ 0.018\ 0.011\ 0.012)*\begin{bmatrix} 0.67 & 0.27 & 0.07 & 0 \\ 0.73 & 0.2 & 0.07 & 0 \\ 0.87 & 0.07 & 0.07 & 0 \\ 0.67 & 0.27 & 0.07 & 0 \\ 0.67 & 0.27 & 0.07 & 0 \\ 0.73 & 0.2 & 0.07 & 0 \end{bmatrix}$$

$=(0.064\ 0.018\ 0.006\ 0)$，

归一化处理后得到$B_1=(0.73\ 0.20\ 0.07\ 0)$。

同理，得到"监督管理"综合评判矩阵$B_2=(0.81\ 0.12\ 0.07\ 0)$，"指导师资"综合评判矩阵$B_3=(0.91\ 0.09\ 0\ 0)$。最后，将改革力度、监督管理、指导师资这三个因素集构成学校参与的综合评价矩阵：

$$A_1 = \begin{pmatrix} 0.315 & 0.246 & 0.439 \end{pmatrix} * \begin{bmatrix} 0.73 & 0.20 & 0.07 & 0 \\ 0.81 & 0.12 & 0.07 & 0 \\ 0.91 & 0.09 & 0 & 0 \end{bmatrix} = \begin{pmatrix} 0.83 & 0.13 & 0.04 & 0 \end{pmatrix}。$$

2. 社会参与

同理，"社会参与"综合评价矩阵$A_2 = (0.77\ 0.17\ 0.05\ 0.01)$。

3. 学生质量

同理，"学生培养"综合评价矩阵$A_3 = (0.80\ 0.16\ 0.04\ 0)$。

4. 综合评价

学校参与、社会参与、学生培养的评价矩阵分别为A_1、A_2、A_3，其权重系数为$Q = (0.276\ 0.203\ 0.521)$，那么产学研合作教育质量综合评价矩阵应该为

$$\begin{pmatrix} 0.276 & 0.203 & 0.521 \end{pmatrix} * \begin{bmatrix} 0.83 & 0.13 & 0.04 & 0 \\ 0.77 & 0.17 & 0.05 & 0.01 \\ 0.80 & 0.16 & 0.04 & 0 \end{bmatrix} = \begin{pmatrix} 0.802 & 0.153 & 0.042 & 0.002 \end{pmatrix}$$

取评价标准隶属度集为$(1\ 0.8\ 0.6\ 0.4)$，那么长江大学产学研合作教育综合评价为

$$\begin{pmatrix} 0.802 & 0.153 & 0.042 & 0.002 \end{pmatrix} * \begin{bmatrix} 1.0 \\ 0.8 \\ 0.6 \\ 0.4 \end{bmatrix} * 100 = 95.04。$$

于是可以得到长江大学产学研合作人才培养质量为"优秀"，实现了定性到定量，又到定性的转化。

二、数学统计法验证

由于评价调研是由参与产学研合作教育的教师完成，每个人的权重可以认为相同，所以数据的处理相对简单，每一项指标的隶属度得分为15位参评人员所给分数的算术平均值。

表5-17　一级、二级指标得分情况

一级指标 （评价方面）	得分	得分率	二级指标 （评价项目）	得分	得分率
（A₁）学校教育（27.6）	24.63	0.89	（B₁）改革力度（8.7）	7.6	0.87
			（B₂）监督管理（6.8）	6.03	0.89
			（B₃）指导师资（12.1）	11	0.91
（A₂）社会参与（20.3）	17.87	0.88	（B₄）重视程度（9.9）	8.7	0.88
			（B₅）人员配备（10.4）	9.17	0.88
（A₃）学生质量（52.1）	46.15	0.89	（B₆）思想品质（7.8）	7.15	0.92
			（B₇）体能素质（6.2）	5.49	0.89
			（B₈）心理素质（7.5）	6.74	0.90
			（B₉）业务知识（12.3）	108	0.88
			（B₁₀）工作经历（8.8）	7.55	0.86
			（B₁₁）综合技能（9.5）	8.42	0.89
合　计	88.65			88.65	

表5-18　三级指标得分情况

三级指标	权　重	隶属度 得分	得分 （权重得分* 隶属度）	得分率
（C₁）历史背景	1.3	0.86	1.12	0.86
（C₂）培养目标	1.5	0.87	1.30	0.87
（C₃）培养模式	1.8	0.90	1.61	0.90
（C₄）课程建设及体系改革	1.8	0.88	1.58	0.88
（C₅）资源优化配置的力度	1.1	0.88	0.96	0.88
（C₆）激励机制	1.2	0.86	1.03	0.86
合　计	8.7	5.24	7.60	0.87
（C₇）组织保证机制	2.6	0.89	2.30	0.89
（C₈）制度建设规范程度	2.0	0.89	1.77	0.89
（C₉）建立社会市场网络	2.2	0.89	1.95	0.89
合　计	6.8	2.66	6.03	0.89
（C₁₀）教师的参与	2.3	0.92	2.11	0.92
（C₁₁）授课教师职称结构	2.4	0.90	2.17	0.90

三级指标	权 重	隶属度得分	得分（权重得分*隶属度）	得分率
（C_{12}）双师型教师的比例	2.5	0.89	2.23	0.89
（C_{13}）教育教学方法改革	2.2	0.91	1.99	0.91
（C_{14}）教师的科研学术水平	2.7	0.93	2.50	0.93
合　计	12.1	4.55	11.00	0.91
（C_{15}）合作培养人才的愿望	3.0	0.86	2.59	0.86
（C_{16}）参与合作教育的方式	3.4	0.87	2.96	0.87
（C_{17}）及时反馈信息	3.5	0.90	3.14	0.90
合　计	9.9	2.63	8.70	0.88
（C_{18}）指导人员的认真度	3.6	0.87	3.13	0.87
（C_{19}）指导人员的知识层次	3.6	0.90	3.25	0.90
（C_{20}）指导人员的作用	3.2	0.87	2.79	0.87
合　计	10.4	2.65	9.17	0.88
（C_{21}）人格品质	2.5	0.92	2.29	0.92
（C_{22}）法制观念	2.6	0.91	2.36	0.91
（C_{23}）组织纪律	2.7	0.91	2.50	0.93
合　计	7.8	2.74	7.15	0.92
（C_{24}）健康情况	2.6	0.90	2.33	0.90
（C_{25}）体锻达标情况	1.9	0.89	1.69	0.89
（C_{26}）体育技能	1.7	0.86	1.47	0.86
合　计	6.2	2.65	5.49	0.89
（C_{27}）健康情绪及适度反应	2.5	0.91	2.28	0.91
（C_{28}）心理承受能力	2.6	0.90	2.34	0.90
（C_{29}）意识与意志	2.4	0.88	2.12	0.88
合　计	7.5	2.70	6.74	0.90
（C_{30}）获取知识的能力	2.0	0.87	1.75	0.87
（C_{31}）知识结构	1.8	0.87	1.57	0.87
（C_{32}）主要公共基础课成绩水平	2.2	0.86	1.89	0.86
（C_{33}）主要专业基础课成绩水平	2.2	0.89	1.95	0.89
（C_{34}）主要专业课成绩水平	2.2	0.89	1.96	0.89
（C_{35}）毕业设计（论文）与实际的结合	1.9	0.88	1.68	0.88
合　计	12.3	5.27	10.80	0.88

三级指标	权重	隶属度得分	得分（权重得分*隶属度）	得分率
（C_{36}）工作态度	1.6	0.85	1.36	0.85
（C_{37}）出勤率	1.1	0.92	1.01	0.92
（C_{38}）顶岗工作情况	1.5	0.90	1.35	0.90
（C_{39}）工作质量	1.4	0.84	1.18	0.84
（C_{40}）独立工作能力	1.6	0.83	1.33	0.83
（C_{41}）开拓创新能力	1.6	0.83	1.32	0.83
合　计	8.8	5.17	7.55	0.86
（C_{42}）外语应用水平	1.1	0.91	1.00	0.91
（C_{43}）计算机应用能力	1.1	0.92	1.02	0.92
（C_{44}）信息处理能力	1.0	0.87	0.87	0.87
（C_{45}）科学研究能力	1.0	0.87	0.87	0.87
（C_{46}）表达能力	0.8	0.86	0.69	0.86
（C_{47}）社交能力	0.8	0.87	0.69	0.87
（C_{48}）实践动手能力	1.0	0.85	0.85	0.85
（C_{49}）团队协作能力	0.7	0.89	0.62	0.89
（C_{50}）组织管理能力	0.8	0.86	0.69	0.86
（C_{51}）双向选择的就业能力	1.2	0.93	1.11	0.93
合　计	9.5	8.84	8.42	0.89

三、评价检验的结果

通过以上两种评价方法，得出长江大学土木工程专业产学研合作人才培养质量评价的最后分值，分别为95.04和88.65，两种方法评价的结果基本一致，均可以定义为"优秀"，说明长江大学土木工程专业的产学研合作人才培养质量是比较好的，与实际情况是相符合的。证明本研究所构建的产学研合作人才培养质量评价指标体系是基本可行的，具有一定的科学性、合理性与可操作性。但是由于属于个案分析，参评人员的类别单一，有的教师对教育评价的研究并不专业，而且是对自身的评价，所以得到的数据可能存在一定的主观性，因此，对所构建的评价指标体系还需要进一步的实证分析。

第六章

产学研合作提升人才
培养质量的价值

以价值问题为研究对象的哲学领域——价值论，已成为哲学基础理论中继本体论、认识论之后的一个重要分支。目前，有关产学研合作与人才培养的研究大都属于实证研究，较少从价值哲学的视角来系统思考产学研合作培养人才的价值。产学研合作提升人才培养质量的价值实质上就是指产学研合作的教育价值，主要指产学研合作实践对人才培养质量提升的促进作用，以及促进人才培养的内外部相关因素。从价值哲学中的主客体价值分类来看，具体表现为促进产学研合作培养人才的主体发展价值（即学生发展、学校发展与合作单位的发展）和产学研合作培养人才中所引发的客体发展价值（即知识发展、职业创新和技术创新），但根本价值在于促进学生的发展。可以说，我们把产学研合作培养人才视为一个系统，探究产学研合作提升人才培养质量的价值不仅仅关注那些直接促进人才培养的因素，也关注那些间接有利于人才培养质量提升的因素，如学校自身的发展与资源获取，用人单位需求的满足，职业与知识本身的进步等。只有系统价值的放大才会使产学研合作培养人才顺利有效地进行，才可能实现人才培养价值。

第一节　产学研合作的教育价值与分类

要准确把握产学研合作培养人才的价值内涵，就必须充分理解"价值"和"教育价值"。据此，我们对产学研合作培养人才的价值进行分类，这是全面了解产学研合作提升人才培养质量价值的基础与前提。

一、价值分析

（一）价值

价值具有重要的世界观和方法论意义，已成为主体世界和客体世界之外的第三世界。价值主要指能满足人生存与发展需求的效用，在不同语境下具有不同内涵。关于价值的概念有"实体说"、"观念说"、"属性说或效用说"、"意义说或需要说"、"关系说"与"实践说"六种。

"实体说"认为，价值相当于价值物本身，是一种实体性范畴，不以人的主观意志为转移，不以人为尺度和标准，这就容易导致价值观上的绝对主义。"观念说"认为，价值是一种精神现象，是人的情感、意向、态度和观念方面的感受状态。这种观点夸大了主观性，容易导致价值相对主义。"属性说"或"效用说"主要从功能层面出发，意在揭示客观事物的有用性，但这种观点忽视了事物主体性和媒介特性对价值的影响作用。"关系说"从关系角度出发，表明价值是主客体之间的相互联系，认为价值是以主体的尺度为标准，凸显主体性，但关系说并不能揭示价值的动态存在性。"意义说"或"需要说"认为，价值是客体满足主体需要的关系，持这种观点的人较多。如王坤庆认为价值是指作为主体人的需要与作为需要对象的客体属性之间的一种特定关系，对这种关系的不同认识和评价便构成了价值观，一旦成为实际行动便是价值取向或价值选择。[①]"实践说"认为价值表示客体主体化过程的性质和程度即客体的存在、属性及其变化同主体的尺度相一致、相符合或相接近的性质和程度，这是对主客体关系的一种主体性描述。[②]这一定义具有全面性，囊括"关系说"的主要内涵，并凸显主体性，鲜明地指出主体性是一切价值的特性，价值是按人自己的尺度衡量的，其客观基础是主客体关系。因此，本研究持"实践说"。

价值源于主客体的相互作用与影响，实践与认识是价值主客体相互作用的基本形式，作用的主要"内容"是指双方能量与信息的传递、交换与转化等，还包括造成这种运动与变化的动力、规则与原因等因素（这些因素可称之为"媒介"，即直接或间接地影响主客体之间相互作用的一切外在事物）。主客体相互作用是一个不断实现"客体主体化（主体对客体的作用即主体作用于客体的内容和效果，在客体身上显现自己的内在尺度）"与"主体客体化（客体对主体的作用即客体以内在规定性影响主体，在主体身上映现自己）"的双向作用过程，在外部空间形式上是实践活动，在人脑内部是认识活动。[③]基于上述认识，我们认为实践与认识活动是主客体相互作用的基本形式，价值的产生还需要有媒介促成，所以影响价值的要素有主体、客体与媒介，三者缺一不可，价值量的有无或大小

---

① 王坤庆. 教育哲学——一种哲学价值论视角的研究 [M]. 武汉: 华中师范大学出版社, 2006: 171.
② 李德顺. 价值论 [M]. 第二版. 北京: 中国人民大学出版社, 2007: 79.
③ 李德顺. 价值论 [M]. 第二版. 北京: 中国人民大学出版社, 2007: 57–67.

取决于三者的相互作用程度。总之，价值存在于主体与客体在一定媒介下进行相互作用的过程之中，把三者割裂开来就不会有价值。

（二）教育价值

我国学者对教育价值的界定根据教育特点和价值本质，主要有"需要—属性论"和"主—客关系论"两种方法，前者认为教育价值是教育的属性对人的需要的满足，后者认为教育价值是主客体间的一种特殊关系。如扈中平（1996）认为教育价值是指教育活动的功能、特点、属性、效果与教育活动主体之间的关系，表征着教育过程与结果对教育活动主体需要的适合或满意程度。[①] 桑新民（1993）认为"教育价值是主体教育需求通过教育客体得到满足，使主客体之间以教育为纽带的一种利益关系"[②]。目前，我国对教育价值概念的界定把"价值"看作主体需要和客体属性相结合的产物，主要从"人—物"关系角度探讨价值问题，从"人—人"关系角度探讨的较少，这样就容易丧失人的主体性地位，使教育实践中见物不见人，有悖教育的育人本质。

在探究价值概念的基础上，结合有关学者对教育价值的理解，教育价值可以界定为在教育实践与认识活动中，教育存在、属性和变化同教育主体的尺度相一致、相符合或相接近的性质和程度。教育主体是教育特定关系的行为者，包括教育者、受教育者及由人构成的实施教育的群体或机构，是教育实践与认识活动中的行为者本身，教育客体是教育的实践对象、认识对象或教育主体的行为对象，它既可以是物质的与精神的，如办学理念、办学条件和内容等，也可以是人自身。教育主体尺度就是人的内在尺度，包括需求、目的、利益等。教育价值就体现在对这种内在尺度的满足和一致性的程度上，体现在教育主客体的特定关系中，缺一不可。

（三）产学研合作的教育价值

在理解价值和教育价值的基础上，我们认为产学研合作提升人才培养质量的价值实质上就是指产学研合作的教育价值，它是指产学研合作主体在一定的合作环境与实践活动中，以合作媒介为保障，促使合作客体的属性、存在与变化同合作的主体尺度相符合或相接近的性质与程度，集中指向人才培养质量的提升程度。

[①] 扈中平. 教育规律与教育价值 [J]. 教育评论, 1996 (2): 13.
[②] 桑新民. 呼唤新世纪的教育哲学：人类自身生产探秘 [M]. 北京：教育科学出版社, 1993: 18.

由上述概念解析可以看出，产学研合作的教育价值是由合作主体、合作客体、合作媒介与合作环境四个要素的相互作用与互动生成的。合作主体指学校、学生与用人单位，他们是产学研合作人才培养的直接受益者和承担者，合作客体指主体作用的对象即产学研合作人才培养的内容，围绕着知识、职业、科技与产品的不同内容或类型而运作，因此，知识、职业岗位、科技与产品都可以视为是合作的客体。合作的媒介是一个广泛的概念，所有可直接或间接地影响主客体之间相互作用的事物都可称之为媒介（如合作模式、合作平台）。合作环境包括自然环境、社会环境（政治、经济、文化）。主客体的相互作用统一于主体间的合作实践与认识活动中，也受制于合作的媒介和环境。当然，合作主体间也进一步划分为主客体，如学校与学生、学生与用人单位、用人单位与学校，他们是主体间的合作，都可以视对方为主体或客体，具有交互主体性即主体间性。所以，主客体的划分是以产学研合作中的对象性活动为标志的，没有绝对的主体或客体，二者的划分具有相对性和灵活性。

二、产学研合作的教育价值分类

产学研合作的教育价值分类只有在准确把握教育价值与高等教育价值的分类基础上，才能准确划分产学研合作的教育价值类型及其提升人才培养质量的具体内容。

（一）教育价值的分类

关于教育价值的分类，大部分学者基于教育价值的具体指向，从教育对人与社会发展的关系角度出发，把教育价值划分为内在价值和外在价值（或目的性价值和工具性价值、个人价值和社会价值）；也有学者将教育价值划分为精神文化价值、社会经济价值和人的发展价值；日本学者将教育价值划分为教育内容的价值、教育中要实现的价值和教育者个人的价值观；还有学者从教育本身的特点出发将其分为教育中的价值和教育的价值，前者与教育目的联系，进一步划分为政治、经济、道德、美感等价值，而后者与教育内容、方法联系。[①] 除了上述最普遍的分类外，教育价

[①] 王坤庆. 教育哲学——一种哲学价值论视角的研究 [M]. 武汉: 华中师范大学出版社, 2006: 204.

值根据不同的视角可以有不同的分法，如科学价值与人文价值、公平价值与效益价值、长远价值与当前价值；生存价值与发展价值；现实价值与理想价值等。总之，在教育价值分类上，从教育目的的推演、从教育实践中总结或从教育对社会与人的作用上区分，使教育价值分类出现了标准不一、层次不同的现象，既造成了理论上的混乱，又造成了实践中的不知所从等缺陷。

教育价值的分类应根据不同的关系类型，从主客体的相互作用角度出发，体现价值和教育自身的特点。从发展的、积极的价值角度出发，根据它与人、社会所体现的某种相互作用的价值关系，可分为对教育的价值（表现为知识发展与教育自身的发展）和教育的价值（表现为个体发展和社会发展）两大类。对教育的价值是把教育作为主体，人与社会作为客体，人与社会的发展对教育的促进作用称为对教育的价值，反之，则是教育的价值。

（二）高等教育价值的分类

高等教育作为教育系统的子系统，其价值的概念和分类与教育价值类似，只是相对于普通教育而言具有特殊性，要体现它作为高深知识学问教与学的本质属性、基本职能与规律等，以便从整体上把握高等教育价值。国内学者对高等教育价值的分类，从高等教育对人与社会发展的功效出发，分为内在价值与外在价值、个体价值与社会价值、目的价值与手段价值等。何旭明（2002）认为高等教育价值是高等教育这一价值客体满足价值主体（个人和社会）需要的特定关系，高等教育的（理性与工具性）个人价值和高等教育的（理性与工具性）社会价值；[1] 胡建华（2006）等人对高等教育价值做了深入研究，应用系统观与历史观的方法，认为高等教育价值体系包括个人价值、社会价值和文化价值；[2] 有的学者将高等教育的社会价值细分为经济价值、科技价值、文化价值、教育价值与社会日常生活价值。但也有的专家学者认为高等教育要站在社会角度判明自己的客观属性是否满足社会需要以及在多大程度上满足了社会需要，把高等教育价值划分为物质实践价值、社会文化价值与社会民主价值。[3] 上述关于高等教育价值的界定和分类是值得肯定的，有利于对高等教育价值的深入研究，但高等教育的核心任务是传播、发现和创造知识以满足主体（人与社

① 何旭明. 高等教育价值体系探析 [J]. 河北农业大学学报 (农林教育版), 2002 (4): 17.
② 胡建华, 等. 高等教育学 [M]. 南京: 江苏教育出版社, 2006: 197.
③ 陈秋苹. 高等教育的价值新探 [J]. 中国高等教育, 2003 (3/4): 20—22.

会）精神生活的需求，所以精神价值是高等教育价值的基本属性，也是高等教育的本质体现。

（三）产学研合作的教育价值分类

产学研合作的教育价值分类相对于教育价值和高等教育价值而言具有特殊性，其根本原因在于产学研合作主体的多样性。上述关于教育的个人价值与社会价值，内在目的性价值与外在工具性价值的分类都有自身的优点，但容易陷入非此即彼的理论境地，造成混乱，关于"对教育的价值"与"教育的价值"划分虽有辩证思维性和科学性，但往往难以清晰地表达，难以准确理解和把握。

产学研合作是个复杂的系统，根据产学研合作的教育价值概念和构成要素，综合价值、教育价值和高等教育价值的界定与分类，我们认为产学研合作的教育价值可以根据主客体辩证的哲学思维，将产学研合作的教育价值整体上划分为产学研合作的教育主体发展价值和产学研合作的教育客体发展价值两种类型。主体发展价值就是指合作的客体对主体的积极作用或意义，满足主体的尺度、规定性要求等；合作客体发展价值就是指合作主体对客体的积极作用或意义，满足客体的尺度、规定性要求等。从发展的和肯定的角度将产学研合作的教育价值内容可以具体划分为：产学研合作的教育主体发展价值表现为学生发展、学校发展和用人单位发展；产学研合作的教育客体发展价值表现为知识发展、职业创新和产品与科技创新。在产学研合作的教育价值构成要素中，合作媒介与合作环境是产学研合作人才培养价值实现的内外部条件，表现在价值的保障与促进作用上，如良好的合作理念、合理的合作模式与运行机制、优质的合作环境制约着产学研合作人才培养价值的实现与大小。由上可知，产学研合作的教育价值是一个体系，它的建构涉及产学研合作人才培养价值构成诸要素，要从产学研合作的教育价值主体、客体、合作媒介与环境的角度来审视，既要展现其价值的表现形式，又要有保障其价值实现的条件。

第二节　产学研合作提升人才
培养质量的价值体现

产学研合作作为学校与用人单位联合育人的复杂系统，教育性是其本质属性，结合点在人才，提升人才培养质量是核心价值所在，这是由高校的首要职能和现代企业对高质量人才的需求决定的。但其价值不仅仅在于高质量人才的培养，因为合作各方基于某种驱动力才会促成合作行为的发生，各合作主体的利益需求都需要以对方利益需求的满足为基础，互利互惠，优势互补，否则不会有合作的可持续发展，亦不会有价值的发生。所以，研究产学研合作提升人才培养质量的价值，需要分析产学研合作对教育主客体发展需求或利益的满足，分析其对产学研合作的主客体发展带来哪些功用。结合上述对价值、教育价值与产学研合作的教育价值概念与分类的探讨，我们认为产学研合作提升人才培养质量的价值体现为合作主体发展价值和合作客体发展价值。

一、主体发展价值

产学研合作发展的动力源于它对各合作主体利益需求的满足，它通过学校与用人单位合作来培养人才，使学生在实践工作中不断提高综合素质，学生是合作教育的最大受益者，提高社会适应力和就业能力，有利于学生的未来发展，这正是其核心价值所在。但产学研合作教育（以下简称"合作教育"）不仅有利于学生，还有利于学校与用人单位（高校的合作单位）的发展，最终会为社会发展与进步带来巨大价值。

（一）学生发展价值

关注学生发展是产学研合作人才培养价值的应然要求，更是产学研合作人才培养价值的内在体现。产学研合作教育突破了传统的人才培养模式，给学生自我发展创造了机会，它有利于提高个人综合素质，促进学业发展与职业发展，能有效缓解学生就学的经济压力。本研究调查表明，产学研合作对不同类型高校人才培养质量均能产生积极的影响，尤其是有利于提高学生的实践动手能力和提高学生适应社会的能力。从企业等用人单位来看，普遍认为产学研合作提升了毕业生的"实践动手能力"、"团队合作精神"和"社会适应能力"。

1. 提高个人综合素质

学生综合素质的提高一般表现在知识、能力、技能、方法、情感、态度与道德等方面，这是衡量高级专门人才的基本要求，也是人才培养的着力点。

第一，有利于获取知识，培养能力与情感。波兰尼认为知识可以分为显性知识和缄默知识，显性知识可以运用语言、文字等来表达的知识，而缄默知识具有情境性和个体性，通常不能用语言、文字传递，只能透过个人的经验、印象、文化习惯等方式表现出来，并能影响我们的行为。缄默知识需通过身体的感官或理性的直觉获得，不同于通过明确的推理过程而获得的外显知识。因此，学生要获得缄默知识就要亲自参与有关实践，知识的获取与能力培养只靠课堂教学和书本知识是无法实现的。分析问题和解决问题的能力、进行规划和沟通的能力、与他人合作共事的能力，尤其是动手能力等只有在工作和生活实践中通过不断学习与训练才能获得。合作教育使学习者将课堂上的学习与工作中的学习结合起来，理论与实践相统一，提供了与现实生产场景交互作用的情境，让学生亲自进入生产现场感知、体验生产过程，直接体验面临的实际问题、社会问题等，接触实际并获得基本实践技能，增强对知识的理解。体验学习是指人在实践活动中内在的通过观察与实践等活动，在形体、情绪、知识上参与所得的可言说或不可言说知识，通过长时间的内化形成某些情感、态度与观念的过程。参加的实践活动越多、越强烈，所产生的情感体验就越多、越强烈，就越有利于丰富人的情感世界。合作教育为学生提供了较好的实践机会与外在环境，使学生有机会亲身体验产品制造过程、员工社交关系、企业文化、增强对社会变革的认知等，这些在学校中无法真实感受的内容容易激发学生的兴趣和求知欲望。诸如此类的实践场所不仅培养了学生的专业技能，也是培养学生社会责任感、诚信品质、职业道德、团队精神的实训基地。[①]

---

① 彭先桃. 关于产学研合作教育的理性思考 [J]. 长江大学学报 (社会科学版), 2007 (5): 127.

第二，有利于培养创新能力，增强自我效能感。社会的发展变化与空间舞台为创新提供了机遇。合作教育为学生提供了广泛的实践空间，使他们在不同的工作岗位上自主学习，有更多表达自己和表现自我的机会。学习内容贴近社会，有益于开阔视野，拓宽思路，有利于培养学生敏锐的观察力和独立思考能力，激发学生创新的欲望，培育创新精神，为创新能力与创新精神的培养提供了条件。学生在学习、研究与实践的过程中解决现实问题，然后把从实践中获得的知识与理论知识相碰撞，有益于想象力的发挥，而想象力是创新的潜力空间。Graeme Sheather的研究表明，合作教育可以加强女性在计算机科学方面自信心和自尊心，有利于提高其自身的学术地位。美国学者Young, Roy Henry应用现场访谈、参与者观察、开放式问题采访、文献研究与多案例研究等方法调查了美国安大略省和俄亥俄州各城市参与合作教育的教师、雇主与学生。调查者认为合作教育计划对学生十分有益，学生变得更加成熟，增强了自尊心与沟通技巧，发展了组织能力。Eleanor Rogers的调查研究证实，合作教育有助于个人发展，提高学生的独立性、自信与沟通技巧，工作经验对学生获得认知和自我改善是非常有益的，使大部分学生产生了提高教育水平的愿望。上述学者们的调查研究，充分证明了合作教育对学生发展的重大价值，能有效提高学生综合素质，促进学生发展，满足人与社会的双向发展需求。本研究调查表明，参加过产学研合作教育的毕业生认为自己在各方面都表现较好，选择"强"和"较强"的比例都在80%—90%，而选择"较弱"的比例在各个指标都不足1%，说明参加产学研合作教育的毕业生对自我的工作表现比较满意，显示出较强的自信心。

2. 促进学生学业发展

学生在实践中有了应用理论知识解决问题的机会，增强了学习的目的性、积极性、紧迫感和责任心，由"要我学"变为"我要学"，加深了对专业的理解，有利于促进学业发展。合作教育学生能获得相应的工作报酬，能给学生提供经济支持，帮助他们支付学费和其他杂费，尤其是能减轻贫困生的就学压力，获得教育资源，有效增强学习的动力，帮助他们完成学业，这对学生很有吸引力。美国专家们通过对比研究，发现合作教育学生的辍学率低，这与获得报酬不无关系，参加合作教育学生的成绩并没有下降甚至更好些，合作教育也许会延长毕业时间，但不会降低学业标准，这与克莱姆森大学的合作教育研究结果相同，合作教育与学术成绩呈正相关（毕业时的累计成绩），但不与特定学科的具体指标相联系。合作教育是一种独特的教育模式，融合了传统课堂学习和实验室准备与工作

经验优势，把基于学生学习的合作教育与课堂教学整合在一起。Emanuel
对美国6个最大工程的合作教育计划教师进行了调查，结合课堂教学活动
利用程度与学生在课堂上呈现的学习材料来评价合作教育学术价值，结果
表明合作教育对学生的学术价值和学生对课堂教学环境的贡献持积极的态
度。Scott William Kramer 对阿拉巴马州立大学建筑学院的460名学生（合
作教育学生与非合作教育学生）进行了跟踪调查（1996—2000），对比他
们的学术成绩（建筑专业核心课程成绩与非核心课程成绩各五门和毕业时
的年均成绩），结果发现合作教育学生的五门核心课程成绩较高，学术成
绩的提高与获得的实际经验呈正相关。上述调查研究表明，合作教育有利
于学生学业的进步与发展，通过学生的亲自实践体验和观察而所得的知识
或技能，有助于知识的内化和迁移，增强认知水平，理论与实践统一，相
互促进，学做合一，保障了学术成绩的进步，充分凸显了合作教育的育人
价值。

3. 促进学生职业发展

参与合作教育有利于学生获得工作经验，探索和确定自己的职业目
标，培养职业意识，获得自我效能感，提高职业决策力，进而提高就业竞
争力，促进职业发展，这正是合作教育价值的闪光点，也是学生参与合作
教育的动力所在。本研究调查显示，产学研合作人才培养模式对毕业生就
业渠道的拓宽在不同层次的大学均有影响，随着大学层次的提升，影响强
度逐步递减。高职高专、普通本科院校和重点大学（"211"和"985"工
程大学）的影响强度分值分别为3.75，3.54和2.87，各项强度总值均为5。
Sawyer，Darrell调查了美国南达科他州矿业技术学院1986—2006年参与合
作教育的276名毕业生对他们职业发展的看法，问题包括职业生涯实现、
专业发展、个人成长和整体满意度。受访者普遍分布在早期、中期和高级
职业发展阶段，毕业生们认为合作教育对他们的职业生涯发展产生积极影
响，与性别、种族、年龄或专业无关，强烈建议学生应在毕业前取得工作
经验；与男性与白种人相比，女性和非白种人毕业生认为合作教育增强了
他们对专业、道德与社会责任的理解。各种职业阶段的毕业生都对合作教
育持积极态度，但高级职业阶段高于早期，合作教育价值并没有随时间而
减少，实际上在中期、高级阶段价值更高。这一调查研究有力地证明了合
作教育能促进学生的职业发展的观点。

第一，有利于培养职业道德和职业精神。职业道德是职业素质之本，
它只有在一定的职业环境中才能有效地培养出来，职业道德既涉及每个从业
者如何对待职业与工作，同时也是一个从业人员的生活态度与价值观念的表

现。目前开展职业道德教育可行的途径是内在教化和外在约束。内在教化引导学生树立正确的人生观和价值观，从培养良好的行为习惯出发，通过劳动模范的榜样示范，激励学生爱岗敬业；外在约束以纪律教育为核心，根据职业道德规范培养学生自我教育和管理能力，树立自立自强意识，培养学生敬业、勤业、创业和立业的职业精神。合作教育可以集内在教化和外在约束于一体，同事之间的言传身教会使学生思想发生触动，价值观和人生观发生变化，现场的生产实践以及对企业制度规范的了解和认识，有利于树立纪律和劳动观念，增强团结协作精神，学会做人与做事。长期的实践学习有利于培养爱岗敬业、诚实守信、办事公道、服务群众、奉献社会为主要内容的职业道德，有利于培养良好职业理想、职业态度、职业责任、职业技能和职业纪律，并把这些优良的品质上升为一种道德习惯。

第二，有利于职业规划和决策。现代高等教育不但要培养心智健全的人，还要培养社会职业的合格从业者。合作教育有着明显的市场化特征和职业性导向，学生在真实的职业情境中，通过实际工作、科技与工程项目，较早进行职业训练，缩短了与社会职业的距离，加强了职业素质和职业情感，可以使职业成熟，有合作教育工作经验的学生在职业决策与自我效能感方面，高于没有合作教育工作经验的学生。世界合作教育协会首席执行官Peter Franks于2001年做了关于合作教育与大学生就业市场的调查报告。调查发现，合作教育毕业生的适应能力强、雇主满意度高、升迁机会大（升职次数是没参与合作教育的两倍）、起薪高、加薪幅度也大。[①] Lee，Scott研究了课堂学习环境与合作教育体验学习环境的不同作用，681名学生作为对照组，参与了佛罗里达大学的罗森酒店管理学院的测试，结果证明合作教育能提高学生的自信，提高社会交往技能，增加实际的知识和技能，增加就业机会，提高职业选择能力，会以主动行动适应社会变化，提高领导能力和更多的财政管理技能。[②]

第三，有助于树立职业观念和意识。合作教育的学生从事着真实的工作，接受用人单位的管理，要遵守相关的职业规范和制度约束，以"准员工"的身份参与到工作中去，逐渐树立起职业观念和职业意识。合作教育的工作经历使学生在就业市场更加具有就业竞争力，因为用人单位认为

[①] 陈解放. 合作教育的理论及其在中国的实践 [M]. 上海: 上海交通大学出版社, 2006: 128.

[②] Lee Scott, A comparison of student perceptions of learning in their co-op and internship experiences and the classroom environment: A study of hospitality management students[D]. University of Central Florida. Dissertation Abstracts International, Volume: 67-09, Section: A, page: 3324. Adviser: Le Vester Tubbs.

"任何相关的工作经历对雇用决定都是非常重要的"。Hyginus Echefu的调查表明，合作教育的学生对各行各业的员工该做什么有一个更广泛的理解，比没有参与合作教育的学生更了解自己的长处和不足，这些都可以有效缓解学生由学校到工作的过渡问题。①

（二）学校发展价值

不同大学的产学研合作内容与目的不同，其价值体现也不同。本书的问卷调查表明，产学研合作更有利于高职高专"提高人才培养质量"、"提高单位知名度"和"提高服务社会能力"；有利于重点大学"增强科技创新能力"、"促进科技成果转化"和"提高单位经济效益"。对于一般大学来说，则介于两者之间，产学研合作均能给高校发展带来一定的影响。除此之外，学校往往是合作教育的首倡者和组织者，合作教育有利于学校变革教育理念，促进教育创新，促进教师队伍建设与课程改革，优化资源配置，提高办学效益，提高社会声誉，获得优质生源等。

1. 创新教育理念，促进教育创新

市场经济与高等教育大众化背景下，高等学校要贯彻落实教育方针，必然要求教育理念和人才培养方式与市场经济相适应，转变传统教育与现代社会发展不相适应的思想或观念，以促进教育的创新与发展。因为教育理念影响着高校的定位、人才培养目标与规格的制定，进而影响人才培养模式的选择和人才培养的质量。合作教育是一种教育理念和人才培养模式的创新，打破了高校封闭式办学传统，突破了单一的课堂教学与实验实习的人才培养模式，通过整合校内外资源，在与社会的互动与合作中发挥学校与用人单位的资源与环境优势，使学生在与实践相结合的学习中实现高素质人才培养的目标。合作教育将学生置于社会、企业和科研院所的实践活动中，引导学生关心社会、了解社会，激发学生的求知欲望，满足了学生主体性需求，促使学生的个性化得到充分体现。

2. 促进教师成长，推动课程改革

教师专业发展是指不断促进教师个体专业成长，接受新知识，增强专业能力，成为成熟的专业人员的过程。合作教育给教师专业发展提供了现实机会，特别是围绕专业开展的合作机会，加强了与外界的联系和接触，有利于教师实践性知识和专业技能的获得。合作教育给教师提供了向世界

---

① Emenike, Hyginus Echefu, Ed. D. , Rutgers.Career concepts and self-awareness due to university cooperative education[D]. The State University of New Jersey - New Brunswick, 1994: 141; AAT 9429739.

学习的机会，在特定的学术领域保持与相关职业的并行发展，建立广泛的获取学科领域最新发展信息的渠道，帮助用人单位解决技术上的难题，开展科学研究并取得应用成果，验证理论价值，这不但有利于教师教学与科研的进步，也给教学内容的更新创造了机会。教师与用人单位的同行们交流合作，有利于获得专业上的前沿信息，进而影响教师的思想或观点，增长见识和才干，促进教师知识的更新，为专业成熟和个人成长提供了发展资源。通过合作教育，学校可以选派教师到用人单位工作或实习，培养教师实践技能，掌握研发、制造、管理中的前沿技术，有利于建立一支"双师型"教师队伍。

合作教育迫使教师关注实践工作对知识的需求，有利于将与专业有关的前沿信息和知识融入到课程体系中，充实教学内容，了解最新科研动态。学校与用人单位联合进行教材编写，打造精品课程，不断发现研究课题，将科研及成果产业化工作与课堂教学、实验教学和教材建设等各教学环节密切融合，有利于丰富教学内容，提高教学质量，推动课程建设与改革。我国现在还鲜有真正意义上专门的"合作教育课程"，美国开展合作教育较好的高校十分注重合作教育课程建设，专门介绍有关合作教育的内容、职业规范、注意事项、有效性学习等。

3. 提高社会声誉，获得教育资源

合作教育能有效提高人才培养质量，能赢得学生、家长与用人单位的欢迎，有利于学校赢得良好的社会声誉，树立良好的社会形象，有利于获得优质生源，使输入和输出良性循环，保持与外界持续的联系和互动。学校在与用人单位合作中，积极主动地寻求合作项目、合作模式与途径，帮助用人单位解决技术难题，攻克科研课题，展现学校的人力资源，赢得用人单位的好评，这将成为双方持续合作的利益纽带。在高等教育大众化背景下，较高的人才培养质量和良好的就业前景是一所学校发展的动力，合作教育的有效开展往往能满足上述目标，这正是合作教育对学校发展的价值体现之一。尤其是在市场经济条件下，大学与企业等用人单位的科技合作往往能给大学带来可观的经济利益，弥补办学经费的不足。据美国大学技术管理协会统计，1998年美国研究型大学专利转让收入达7.46亿美元，通过技术转让共培育企业364个。企业给大学的技术转让费从1998年的2.36亿美元增长到22亿美元。①

---

① 符华兴, 王建武. 世界主要国家高等教育发展研究 [M]. 长沙: 湖南人民出版社, 2010: 137.

（三）用人单位发展价值

人才与科技是用人单位尤其是企业发展的关键，也是用人单位参加合作教育的动因所在。有一项调查研究考察了合作教育对用人单位的价值，邮寄问卷给300个合作教育专业组织的成员，共收回93份问卷，回收率为31%。受访者认为参与合作教育的主要益处是：有利于录用到合适的新员工，筛选稳定就业的学生，并提供了一个与高校良性互动的平台，其次就是获得人力资源和科技支持。除此之外，笔者认为合作教育还可以促进用人单位组织文化的发展与创新。

1. 招聘优秀人才

市场经济与科学技术高度发达的今天，社会对人才规格的要求与过去大为不同。知识、技能、品德是从事职业的必备要素，而能力、情感、态度等越来越对人的发展产生巨大影响，而这些在传统封闭的高等教育中无法有效实现，需要走向广阔的社会实践中去培养和锻炼，合作教育为这些素质的获得与发展提供了现实途径。企业参与合作教育既为学生搭建了成长的舞台，也有利于企业自身招聘到优秀人才。本研究在全国范围内随机调查了42个用人单位（国有企业23个，私营企业10个，大学3所，科研院所3个，政府部门3个），发放问卷100份，收回51份，调查了用人单位对合作教育学生的评价，发现用人单位对合作教育学生的评价较高，大都持肯定积极的态度，认为合作教育学生实践动手能力强，具有团队合作精神和较强的社会适应力，分别占到78.3%、62.75%和58.82%。商业和工业界比以往任何时候都需要员工拥有更多技能和工作胜任力。从短期来看，用人单位通过吸纳学生可以降低劳动力成本，使人力资源配置更加灵活，减少了培训费；从长期来看，合作教育加强了用人单位与学校的互动，通过合作教育，用人单位对学员全面的个人素质了解透彻，容易找到优秀人才，减少招聘成本。

2. 获得科技与智力支持

用人单位参与产学研合作加强了与学校的联系，可以方便地获得学校学术人员的科研支持，共同攻克技术难关，解决生产、管理中的问题，为企业可持续发展找到科技和智力支持。若想实现合作价值，高校需凭借自身实力广泛参与社会竞争，使合作者获益，为对方提供人才与科技，使校企资源深度融合，相互依存与支持。促使合作方优势互补、互利互惠、共谋发展是合作教育价值实现的结合点和关键原则。加拿大高校派出大量的合作教育外勤人员以及各专业专家教授经常深入企业，与企业沟通，多方位的帮助企业，增强竞争力，重视与合作单位的密切联系，巩固传统友谊，这些做法都值得我们借鉴。

3. 促进组织文化发展

组织文化的发展与创新往往受到组织成员思想、观念和行为习惯的影响，受到领导管理理念和制度规范的影响。朝气蓬勃的大学生思维敏捷，思想活跃，到用人单位从事实践工作，为用人单位注入了新的活力，增加了新思想与新观念，往往能产生好的建议，有利于用人单位组织文化的发展与更新。同时，新的员工引入到组织中来，有益于带给组织发展变革所需要的价值观和思想，对变革的过程有很大的帮助。

4. 建设学习型企业

知识经济社会，面对不断发展变化的外部环境，各种组织必须灵活应对各种挑战，不断学习新知。对于高校重要合作者的企业来讲，应建立学习型企业，促使企业中的每个人积极参与所面对的各种问题，改善和提高能力，使学习贯穿于组织运行的全过程，善于学习成为其突出特点。这不但要求个体性学习，还要求全员与团队学习，在组织内部建立完善的"自我学习机制"。产学研合作密切了学术界与产业界的联系，有利于企业等用人单位建设学习型组织，不断获取新的知识、理念与技术，促进组织可持续发展。学生在工作中那些富有创新性的思想和观念往往给组织带来新的变化与影响。长久的合作使组织能与时代发展同步，不断自我超越，形成良好的学习氛围，建设学习型组织，增强企业等用人单位的竞争力。产学研合作的发展必将促进整个社会系统的发展，有利于合作理念和合作文化的形成，为整个社会的发展注入新的活力。

二、客体发展价值

产学研合作的人才培养价值产生于产学研合作主客体之间的互动与相互作用，各主体对利益的获取和各自需求的满足也会使合作客体得到相应的发展，主体或客体的发展都会作用于对方。知识是产学研合作各主体的共同追求，也是高等教育追求的一个基本目标，更是产学研合作培养人才的前提和基础。随着知识经济与社会的发展，产学研合作在促进主体生存与发展的同时，也催生了新的产业、职业、技术与产品的不断创新与发展。因此，产学研合作的教育客体发展价值就体现为知识发展、职业创新、产品与科技创新上。

（一）知识发展价值

知识是人类历史和文化发展中所一直追求的有价值的东西，是认识世界和改造世界的实践产物。实践出真知，实践是认识的动力。《现代汉语词典》对知识的解释为："知识是人们在改造世界的实践中所获得的认识和经验的总和。"《辞海》中把知识定义为："人们在实践中积累起来的经验，从本质说，知识属于认识的范畴。"知识不仅是经验的总结，而且知识能够用以指导人们进一步的探索与思考，从而实现知识创新和发展。可见，知识是人类通过实践对自然、社会和思维活动及其规律认识和描述的信息，来源于人类实践，并反作用于实践，对实践起指导性作用。

产学研合作教育实践有利于促进人们认识能力的提高，反过来促进知识本身的发展。产学研合作教育把学习与实践结合起来，提供了大量实践操作机会，学生在用人单位从事实践工作有利于积累实践知识，尤其是操作性、程序性知识。实践知识是通过实践经验随机获得的知识，是在获得明确传授的知识之前所必备的知识，对理论知识和实践能力发展有促进作用。因为，在学术问题中，理论知识是关键，但学术成绩和智力测验在很大程度上不能反映实际工作能力，所以合作教育的实践工作对于实践知识的积累和发展有促进作用，有利于缄默知识的习得与发展，满足人的认识与实践要求。高校师生参与产学研合作中的项目研究与合作开发研究，有利于重大知识的发现和科技成果的产生，既可以锻炼研究能力，培养人才，也可以促成新知识的发展。

（二）职业创新价值

合作教育最先在工程类专业中试行，显示了巨大的教育价值，以后又发展到其他专业，因为任何一个专业往往会有相应的职业领域。如美国安提奥克学院开创了第一个完全文科的合作教育计划，为合作教育向所有学科专业领域拓展开了先河，而加拿大滑铁卢大学将合作教育作为办学基础，规模巨大，办学实力与水平也处于前列。这种合作教育理念认为，合作教育为学生职业发展做准备，职业能力培养需要在实践中锻炼，靠课堂上的知识训练难以完成。实践知识的获得需要在实践经验中产生，实践知识的积累与发展为新的职业的产生和发展奠定了基础，在社会变迁的条件下有利于催生新的职业需求，产生新的职业岗位，既满足了人与社会需求，也为学生的创业发展提供了机会，具有重要的职业创新价值。知识经济时代，崭新的职业类型大多数出现在第三产业。新职业的知识含量、技术含量越来越高，要求有相当的教育背景和实践能力。我国的就业方式、职业地位获得途径、职业流动方式和职业成功标准的变化使职业创新的速度加快，需要人们把握最新社会发展动态，在原有的职业岗位中不断推陈出新，创设新的职业。合作教育使学生处于社会背景中，深谙社会需求，熟悉所从事的行业状况，为新职业的产生提供了实践准备，有利于职业创新。职业岗位的发展为理论知识的应用提供了舞台，使理论与实践相互促进发展，最终满足人与社会的发展需求，这正是合作教育所具有的职业创新价值。其次，科技园区和企业孵化器式的产学研合作实践，为创新型人才的培养提供了现实的平台，同时孕育了新的职业领域。综观世界发达国家的高科技企业和公司，它们的诞生大都缘于新技术和新知识的应用和创新，互联网和IT行业的诞生与产学研合作密切相关，创造了无数的职业岗位，新的职业的创新与发展为人才培养质量的提升提供了外在的压力和动力，这种良性循环加速了文明社会的发展与进步，这就是产学研合作的重要价值所在。

（三）产品与科技创新价值

产品创新包括对老产品的改造与创造全新的产品这两种基本形式。[1]科技创新是指生产过程中解决关键技术、难题上的创造，也叫科技革命。产品的创新通常包括技术上的创新，但是产品创新不限于技术创新，因为新材料、新工艺、现有技术的组合和新应用都可以实现产品创新。合作教育的推行，使学生有机会从事一线产品的生产与技术层面的操作，通过在校导师和企业导师的指导，不断地学习与工作实践往往能产生新的设想，根据消费者的需求设计出新的产品工艺流程和样式，有利于实现产品和科技的创新。同时，学校与企业科研人员合作，帮助企业解决技术难题，有利于促成新产品的问世和新技术的发明，为企业和社会带来新的经济价值。产品与科技的创新间接上为高校人才培养提供了的新的工具和手段，促进人才培养质量的提升。

总之，思想指引行动，产学研合作培养人才的理念必将成为今后教育发展的趋势，因为它符合教育规律和人的发展规律，既能促进人的发展，也能促进社会发展，是目的性价值和工具性价值的有机统一。产学研合作培养人才实践本身就是教育所需求的，既能促进知识的创新繁荣与发展，也能促进新职业的产生，同时有利于技术与产品的创新，在满足合作主体

---

① 佚名.产品创新[EB/OL].[2012-07-22].http://baike.baidu.com/view/1150775.htm?fr=ala0_1.

需求的同时，也促进了合作客体的发展，主客体的相互作用使产学研合作的育人价值得以显现。但是，无论是对产学研合作提升人才培养质量的理论解释还是对其价值的揭示，主要是理论上的、应然性的和理想性的，上述诸多价值能否实现则有赖于产学研合作培养人才的有效实施和系统思考。本研究调查数据显示，近60%的高校认为"缺少政府引导和政策支持"和"缺少资金投入"是制约产学研合作培养人才的主要因素。因此，只有培养合作的理念，建立和完善相应的政策法规与制度，建立起互惠互利的合作机制，才有可能促成产学研合作培养人才价值的实现。

第七章

产学研合作存在的问题与制约因素

第一节　产学研合作的现状调研

一、调查的目的与对象

为了解我国高校与企业的产学研合作培养人才的情况以及存在的问题，本课题组对全国部分高校、科研院所和企业进行了一次问卷调查。本次调查涉及高校和科研院所近500所，发放调查问卷1500份，回收有效问卷897份，回收率59.8%。其中"211"及以上重点大学50所，省（部）属一般本科大学260所，高职高专150所，科研院所30所。企业单位发放问卷100份，回收问卷51份，回收率51%。合作教育毕业生500人，回收问卷269份，回收率54%。

二、调查的内容与方法

本次调查问卷共设计三份，一份是高校与科研院所问卷，一份是企业问卷，还有一份是学生问卷。高校与科研院所问卷共设计了14个题目，主要内容包括：是否开展产学研合作、产学研合作的形式与内容、产学研合作人才培养模式、产学研合作提升人才培养质量成效、影响产学研合作的因素、未来发展方向等。企业和用人单位的问卷设计了15个题目，主要内容包括：开展产学研合作的动力因素、合作的主要形式与内容、影响产学研合作的因素、对产学研合作学生质量的评价等。对产学研合作毕业生的问卷设计了13个题目，主要内容包括参加产学研合作的收获及对就业的影响、社会适应力等。

本次问卷调查统计方法主要采用整体分析和分类对比分析的方法。

三、调查结果统计与分析

（一）高校开展产学研合作的状况

在本次问卷调查回收的897份有效问卷中，回答学校"开展产学研合作"的有870份，占问卷的96.99%。这显示，产学研合作已经成为各类高校的普遍行为。尤其在我国的高水平大学，产学研合作比例已达到100%。

（二）高校产学研合作的形式

1.高校产学研合作的形式与内容

在本次高校问卷调研中，有关产学研合作形式设计了六个方面内容，即："建立全面合作关系"、"开展科研合作"、"共建研发中心"、"建立高新技术园区"、"建立博士后流动站"、"共建实验室、实训基地"。问卷统计显示，选择这六种合作形式与内容的高校达到95%以上。可以看出，这六种模式基本涵盖了当前我国高校开展的产学研合作形式，选择其他形式的高校问卷仅占2.76%。（见表7-1）

表7-1　高校产学研合作的主要形式与内容的比较

产学研合作形式与内容	全部高校（%）	重点大学（%）	一般大学（%）	高职高专（%）
建立全面合作关系	40.57	64.71	35.80	44.74
开展科研合作	77.70	88.24	81.51	58.55
共建研发中心	38.05	70.59	36.81	25.66
建立高新技术园区	16.78	62.75	13.11	9.87
建立博士后流动站	10.23	54.90	7.73	1.32
共建实验室、实训基地	84.25	78.43	85.21	94.74
其他	2.76	1.96	2.02	6.58

表7-1可看出，"开展合作教育，共建实验室、实训基地"是采用最多的一种合作形式，占全部高校的84.25%，其次是"开展科研合作"，比例达到了77.70%，这两种形式一种是以人才培养为主，一种是以科学研究为主，反映了高校开展的产学研合作是紧密围绕高校的基本职能展开的。而

153

"建立高校技术园区"、"建立博士后流动站"需要合作双方较高科研技术水平和资历，一般大学和高职高专很难开展此类合作，所以这两种形式的比例最低。

不同层次大学的合作形式不尽相同，"开展科研合作"是重点大学采用最多的合作形式，一般大学和高职高专则主要选择"开展合作教育，共建实验室、实训基地"，并且"开展科研合作"的比例随着学校办学层次水平的下降而降低，而"开展合作教育，共建实验室、实训基地"则相反，随着学校办学层次水平的下降而上升。这两种趋势反映了我国高等教育的一个现实，即科学研究向高水平大学倾斜，一般高校和高职高专则主要承担人才培养的任务。

在"建立全面合作关系，有专门机构和人员"这一选项中，重点大学的比例最高，达到64.71%，说明重点大学与企业的产学研合作相对比较成熟，管理也比较规范；一般大学仅有35.80%，比高职高专要低，反映出高职高专出于生存的压力，比一般大学更加重视产学研合作的开展。

2. 高校产学研合作人才培养的主要模式

调查发现，高校产学研合作人才培养模式主要有："工学交替"、"委托培养、定向培养"、"校企合作办学"、"共建实验室、实训基地"、"在企业设立博士后工作站"等。统计显示，选择其他模式高校问卷仅占3.48%。（见表7-2）

表7-2　高校人才培养合作的主要模式

主要模式	全部高校（%）	重点大学（%）	一般大学（%）	高职高专（%）
工学交替	44.65	22.22	37.57	80.00
委托培养、定向培养	56.52	77.78	53.13	61.33
校企合作办学	57.81	75.56	50.28	76.00
共建实验室、实训基地	84.52	95.56	85.20	81.33
在企业设立博士后工作站	6.06	33.33	4.74	0.67
其他	3.48	2.22	3.80	3.33

表7-2可看出，"共建实验、实训基地"是大部分高校开展人才培养的主要模式，其比例占全部高校的84.52%，其他依次为"校企合作办学"、"委托培养、定向培养"、"工学交替"、"在企业设立博士后工作站"等。

不同类型高校，其选择模式有所不同。"工学交替"由于强调学生的实际操作能力，与高职高专这类高校的人才培养目标相吻合，因而受到这类高校的推崇；而博士后工作站则带有明显的重点大学的特点，只有高水平大学才能开展此类的合作教育。

（三）产学研合作对高校职能实现的影响程度

由于高等教育质量与水平的衡量是通过三大职能的实现程度来评定，所以评定产学研合作影响效果，主要以高校三大职能能否实现为标准。效果的测定采用等级评价尺度法，即将产学研合作的效果划分为若干个维度，每个维度用"强"、"较强"、"一般"、"较弱"和"弱"标识，调查对象可以在每个维度上选择相应强度，描述本单位产学研合作成效。

1. 产学研合作对高校职能实现的影响程度

表7-3　产学研合作对高校职能影响强度表（高校问卷数870为分母求比）

程度　　　　影响维度	强（%）	较强（%）	一般（%）	较弱（%）	弱（%）	未选择（%）
提高人才培养质量	39.43	24.71	17.47	6.90	4.37	7.13
增强科技创新能力	22.76	24.37	22.99	10.69	6.90	12.30
促进科技成果转化	18.28	25.86	20.80	12.18	8.97	13.91
提高服务社会能力	28.51	28.28	19.54	10.11	4.83	8.74
提高单位经济效益	12.18	19.54	19.08	14.60	17.36	17.24
提高单位知名度	24.83	22.07	20.46	9.66	10.46	12.53

表7-4　产学研合作对不同类型高校影响强度分值比较（四舍五入）

影响维度	全部高校	重点大学	一般大学	高职高专
提高人才培养质量	3.67	3.61	3.66	3.99
提高服务社会能力	3.39	3.41	3.36	3.66
增强科技创新能力	3.09	3.33	3.23	2.55
提高单位知名度	3.04	2.43	3.11	3.17
促进科技成果转化	2.91	3.31	3.07	2.14
提高单位经济效益	2.43	2.63	2.53	1.95

表7-3和表7-4的数据表明，产学研合作对高校职能实现具有较大的影响。其中，认为产学研合作对"提高人才培养质量"影响程度强和较强的占64.14%，对"提高社会服务能力"影响程度强和较强的占56.79%。"增强科技创新能力"、"促进科技成果转化"分值与学校办学层次呈正相关；重点大学最高，一般本科院校次之，高职高专院校最低。

2. 产学研合作与人才培养质量的关系

从回收的897份问卷中，有关"开展产学研合作对高校人才培养质量有直接影响"的问卷有775份。

表7-5 产学研合作对高等学校人才培养质量影响

影响维度＼程度	强（%）	较强（%）	一般（%）	较弱（%）	弱（%）	未选择（%）
提高专业水平	40.77	24.00	15.61	7.87	5.29	6.45
提高实践动手能力	46.97	29.81	9.81	6.58	4.39	2.45
提高适应社会的能力	30.32	36.65	18.19	7.10	4.52	3.23
提高组织管理能力	12.77	27.35	26.06	12.90	5.81	15.10
提高创新能力	23.35	22.19	23.61	14.06	5.68	11.10
提高团结协作精神	21.29	27.61	22.19	11.48	6.58	10.84
增强吃苦耐劳精神	24.77	26.19	20.13	10.97	6.58	11.35
拓展毕业生就业渠道	29.42	33.16	15.74	8.65	6.97	6.06

表7-6 产学研合作对高校人才培养质量影响分值比较

影响维度	全部高校	重点大学	一般大学	高职高专
提高实践动手能力	4.01	3.87	4.09	4.07
提高适应社会的能力	3.71	3.69	3.79	3.69
提高专业水平	3.68	3.64	3.76	3.65
拓展毕业生就业渠道	3.51	2.87	3.54	3.75
增强吃苦耐劳精神	3.18	2.96	3.27	3.08
提高团结协作精神	3.13	2.98	3.24	2.97
提高创新能力	3.1	3.36	3.3	2.39
提高组织管理能力	2.83	2.71	2.96	2.47

表7-5和表7-6的统计数据说明，产学研合作对高等学校人才培养质量提升有重要影响。其影响表现在"提高实践动手能力"、"提高社会适应能力"、"提高专业水平"、"增强吃苦耐劳精神"、"提高团队协作精神"、"提高创新能力"、"提高组织管理能力"的"强"和"较强"的分别占76.78%、66.97%、64.86%、50.96%、48.92%、45.54%、40.12%。认为能够"拓宽毕业生就业渠道"的占62.58%，其中高职高专院校把合作教育作为重要就业渠道；而重点大学则不然，更多关注学生的实践动手能力、社会适应能力和专业水平。但"提高组织管理能力"，一项分值比较低，说明我国当前的高校合作教育主要集中在生产实践操作环节，学生直接参与企业管理工作较少。

3.用人单位对产学研合作毕业生的评价

产学研合作对人才培养质量是否有影响，了解用人单位对合作教育毕业生的评价非常重要。通过企业（用人单位）的调查问卷统计分析，产学研合作对学生影响主要体现在7个方面。（见表7-7）

表7-7 合作教育毕业生的主要优势体现

合作教育毕业生优势	百分比（%）
实践动手能力	78.43
团队合作精神	62.75
社会适应能力	58.82
专业基础知识	37.25
吃苦耐劳精神	37.25
创新能力	25.49
组织管理能力	23.53
其他	1.96

表7-7显示，参加产学研合作的毕业生的优势主要体现在："实践动手能力"、"团队合作精神"、"社会适应能力"方面，所占比例分别为78.43%、62.75%、58.82%。

第二节　高校产学研合作呈现的特点

通过全国500所不同类型层次高校问卷调查，发现我国各级各类高校都开展了产学研合作，呈现诸多特点。

一、合作行为的普适性

在回收的897份有效问卷中，回答开展"产学研合作"的问卷有870份，占问卷的96.99%。这说明，产学研合作已成为高校普遍行为。无论什么类型和层次的高校都开展了产学研合作，但不同类型层次高校在产学研合作的形式和内容的选择上有所不同。重点大学开展产学研合作，更多是在科技合作领域；而高职院校选择"开展合作教育"，主要是从合作培养人才的角度；普通本科院校则两者兼顾。

二、合作途径的多样性

调查显示，无论是选择产学研合作还是产学研合作教育，其具体的合作途径和形式是多种多样的。既有"开展合作科研"、"共建研发中心"、"建立高新技术园区"、"建立博士后流动站"，也有"合作办学"、"共建实验、实训基地"等。其中，选择"共建实验、实训基地"的合作教育形式，占全部高校的84.25%，其次选择"合作科研"的比例也达到了77.70%。

三、合作目的的差异性

调查发现，尽管各级各类高校都开展产学研合作，但合作内容与目的有差异。重点大学尤其是研究型大学更多是科技领域合作，目的是科技攻关、技术创新、高端人才培养与成果转化；而高职高专和一般本科院校主要侧重人才培养合作，同时也注重科技服务。

四、合作行为的正向性

调查显示，产学研合作不仅有助于高校提高人才培养质量和社会服务能力，而且对增强学校的创新能力和促进科研成果的转化也有重要作用。如在回收的897份高校和科研院所问卷中，有关产学研合作与高校职能关系的问题中，选择"提高人才培养质量"影响程度"强"和"较强"的占64.14%，选择"提高社会服务能力"影响程度"强"和"较强"的占56.79%。"增强科技创新能力"、"促进科技成果转化"的影响分值与学校办学层次呈正相关；重点大学最高，普通本科院校次之，高职高专院校最低。

五、合作成果的正效性

尽管不同类型层次高校在产学研合作内容和形式上存在一定的差异，但大都认为产学研合作与人才培养质量具有正向关系。产学研合作对提高学生实践动手能力和适应社会能力、提高专业水平、拓展就业渠道和增强吃苦耐劳精神等方面均具有积极效用。如，在回收的897份高校和科研院所问卷中，在"提高实践动手能力"、"提高社会适应能力"、"提高专业水平"、"增强吃苦耐劳精神"等选项上选择"强"和"较强"的比例分别占76.78%、66.97%、64.86%、50.96%。选择能够"拓宽毕业生就业渠道"的比例占62.58%。但不同层次的高校在具体项目影响强度选择上有所差别。如，高职高专院校在产学研合作教育是"拓宽毕业生就业渠道"的重要途径的选项比例达到了62.58%，而重点大学则认为产学研合作有利于学生的实践动手能力、社会适应能力和专业水平的提高与提升。而68.63%的用人单位认为合作教育毕业生的主要优势体现在实践动手能力、团队合作精神与社会适应能力等方面。

在企业（用人单位）的调查问卷中，认为参加过合作教育的毕业生的优势主要体现在"实践动手能力"、"团队合作精神"、"社会适应能力"等方面，所占比例分别为78.43%、62.75%、58.82%。用人单位的调查结果也证实产学研合作是提升人才培养质量的重要途径。

第三节　产学研合作存在的问题与制约因素

一、存在的问题

问卷调查与访谈发现，尽管我国高校产学研合作开展广泛，但在现实运行中还存在一些问题。既有社会大环境的问题，也有合作各利益主体的态度问题，还有合作运行机制保障问题。

（一）企业参与合作热情不高

目前，我国企业参与合作的意识还不强，热情不高。这从高校问卷调查结果可以说明。在是否欢迎高校学生到企业实习实践这一选项上，高校认为企业不够热情，持这种观点的高校有 66.32%；尤其是高职高专院校，持这样的观点的比例达到了76%。来自企业的问卷调查显示，企业之所以参与产学研合作积极性不高，主要原因有"合作未取得预期效果"和"担心学生的安全问题"。

（二）高校服务市场意识不强

高校作为人才和技术的供给方，仍习惯于计划经济体制形成的封闭办学，高校追求的是自我完善，自成体系，对服务社会、服务市场、服务企业缺乏兴趣，办学的着力点放在争取硕士点、博士点、重点学科和国家级、省级重点课题上，过于重视科研成果的学术价值，忽视科研成果的经济价值和社会价值。广大教师追求的是学术水平，热衷于在自己熟悉的专业领域进行课题研究，发表学术论文，晋升职称，缺乏市场观念和成果转化的意识。与企业合作培养创新人才，合作进行技术创新与成果转化，在高校还未形成共识。

（三）产学研合作经费严重不足

产学研合作实施需要经费支持。从我国目前的情况来看，无论是政府、高校还是企业，对产学研合作投入资金都明显不足。由于合作经费不足，我国高校学生在企业顶岗实习得不到有效保障，教师科研成果得不到有效转化；企业因缺乏合作基金资助，中试实验无法进行，科技开发无法实施，尤其是中小企业，用于产学研合作的资金更少。缺少资金支持与多方位投资渠道成了产学研合作发展的重要障碍。

（四）产学研合作政策环境不力

与发达国家产学研合作的外部环境相比，我国产学研合作的政策环境还不够完善。一是法规制度不健全，缺少产学研合作的专门法律法规。尽管在我国科技立法中有些产学研合作的条款，但由于比较分散，针对性不强，使得产学研合作过程中发生利益与权益纠纷时，不能得到有效合理的解决，从而影响产学研合作行为持续进行。二是产学研合作的中介服务机构不够专业化和规范化，不能为高校和企业提供有效的合作信息和咨询服务。因服务的中介机构缺少和有效信息平台不健全，致使合作各方无法实现有效的沟通与信息对接。

二、制约因素

通过调查问题分析，发现影响我国产学研合作的因素既有主观因素，也有客观的因素，特别是社会生产力水平和产品的科技含量与发达国家相比还有较大差距。

（一）思想认识上有误区

1. 合作内涵认知不清

目前，产学研合作能提升人才培养质量已得到普遍的认同，但对产学研合作的内涵与重要意义，无论是企业、学校还是政府部门，其认识并不全面，存在一些偏差。

第一，是企业认识有偏差。一是在合作内容选择上存在片面性。重视科技合作、技术革新和成果转让等方面，忽略对高校人才的教育与培养，轻视实习学生岗位技能训练和社会适应能力培养。二是在合作的目标上缺乏长远性。关注时间短、见效快的科技成果应用，而不太关心也不太愿意将资金投向那些时间长、耗资大的人才培养与科技项目。三是对高校缺乏信任感。一些企业对高校，尤其对非重点的地方高校缺乏全面认识和了解，对地方高校尤其是一般地方高校的科技能力持怀疑态度，对高校是否能帮助企业提高技术能力，培养创新技术人才缺乏长远的考虑，也不愿意在人才培养上投入更多的精力与资金。由于认识上有偏差，导致合作实践出现错位。一是将合作教育等同于安排常规的生产实习；二是将合作人才培养仅局限于岗位技能培训。三是企业缺乏全面育人的合作理念，认为人才培养是高校的事情，只关注学生会做事，不重视学生的全面成长。

第二，高校认识比较片面。产学研合作的指导思想不开阔，要么将产学研合作定位在科技合作与成果转化上；要么将产学研合作等同于合作教育，不能将人才培养、科学研究和社会服务统筹考虑，特别是不重视通过产学研合作平台和协同创新体培养拔尖创新人才，即使是开展合作教育，也缺乏全面育人的思想，片面强调专业对口合作，重视某一具体岗位的实际操作技能和程序化设计过程的合作教育，没有将学生的社会适应能力培养和全面素质提高作为产学研合作教育的核心。

第三，政府的认识不深入。既未充分认识到产学研合作对提升人才培养质量的重要价值，也未认清自己在产学研合作的作用与责任。政府主管部门在职能转变中的认识还不完全到位，投入少，引导和带动作用尚不理想。①

2. 合作主体地位认识不明

从整体上看，我国高校、科研院所、企业和政府都愿意开展产学研合作。但在合作中以谁为主体仍存在不同看法。有的认为，产学研合作应以企业为主，因为企业是技术创新的主体；有的认为，在产学研合作中以企业为主体为时尚早，因为我国大多企业自主创新能力还不强；也有人认为，目前提出以企业为主体会影响到高校与科研院所的积极性。有人认为，强调企业为主体会使高校和研究院所本来可以为行业服务的职能缩窄到某个企业了。这些误解与担心主要是因为对我国企业缺乏信任。事实上，强调以企业为主体，并不是忽视高校与科研院所在基础理论研究和重大科研上创新作用。强调以企业为技术创新主体也并不意味着国家科技开发项目都要由企业牵头，只是强调高校和科研院所的科研要围绕企业的发展需要，并协同进行科技攻关，尤其是应用研究，至于谁牵头应视具体情况而定。②

① 林建成, 杨蔚, 郭翠霞. 产学研合作研究述评 [J]. 洛阳师范学报, 2009 (12): 26-29.
② 吴淑娟. 关于产学研合作深入开展的制约要素与对策研究 [J]. 石油教育, 2011 (5): 57-58.

3. 合作创新理念未形成

从整体上看，我国高校与企业、科研院所都认为产学研合作很重要。但如何通过产学研合作共同进行创新人才培养，进行技术创新，合作各方的理念存在差异，未形成共识。人才培养和技术开发是一项系统工程，不仅仅是高校的使命，而且也是企业、政府部门、科研院所的责任。如果人才培养或技术开发只是局限于高校范围，其培养的人才难以适应社会经济的需求，其技术创新会与社会经济发展需求脱节。调查显示，企业与高校在合作方面追求的目标各不相同。高校重视技术突破，研发的目的是推动学科发展，多出成果。由此，高校在技术研制过程中追求技术指标，不太重视社会和市场的需求，市场观念比较缺乏，不太重视成本价格；而企业追求的是市场效益，注重生产成本价值。在技术突破和产品的生产与开发过程中，如果成本高，无法大批量投产，企业也会放弃合作项目。因双方合作理念和追求价值的差异，在一定程度上影响了企业合作开发的信心，技术创新存在"纸上谈兵"的窘迫，无法形成合力。[①]

（二）政策上有缺失

目前，我国有关产学研合作政策与法规存在一定缺失。

1. 产学研合作经费的资助政策不力

通过调研，我们了解到高校和科研院所普遍感到合作经费比较紧张，尤其是地方高校和职业院校。由于国家缺少产学研合作专项经费资助，使得企业接纳学生进行实习和实践所产生的开支无途径列支。合作培养人才是需要成本的，项目研发也需要经费开支，高校是事业单位，不能多收合作教育学生的学费，高校办学经费本来就紧张，要想从有限的学校办学经费中提取过多的经费支持合作教育和合作研究，既不现实也不可取。企业也没有过多经费资助合作育人和技术研发。经费不足，严重地制约了我国产学研合作深入开展与合作试验成果的推广。

2. 产学研合作利益的保护政策不强

产学研合作是多方利益主体合作，因利益诉求不同，在合作过程中会出现利益冲突。在合作过程中，利益如何分成，合作所形成的共有知识产权应如何确定产权归属，产生的收益如何分配等问题，必须有相关的法规详细说明或规定。这些问题若不能明确地解决，将会影响合作主体的积极

---

① 吴淑娟. 关于产学研合作深入开展的制约要素与对策研究 [J]. 石油教育, 2011 (5): 57-58.

性。目前，我国知识产权保护法还未正式出台，利益分成的条例还不够具体，导致解决产学研合作中出现违规和利益冲突无法及时处理和解决。

3. 鼓励支持企业参与产学研合作政策不够优惠

相比较发达国家产学研合作，我国鼓励参加产学研合作的政策不够优惠。在美国，如果公司或企业委托大学和科研机构进行课题研究，在委托合同中明确规定，企业支付高校或科研院所的研究经费可以直接抵销企业的税收。即根据合同所支付的研究费用65%就可以直接从企业所得税中抵免，客观上促进了美国的许多大公司委托大学或科研机构进行一些基础研究。我国在促进科研成果转化方面虽然有一些税收优惠，但不够具体且优惠力度不够，无法调动企业参与合作的积极性。[1]

4. 鼓励高校与企业人员交流政策不明

国外十分注重通过校企之间人员交流活动。而我国校企之间尽管也有人员交流，但是比较少，大都是个人行为，比较零散，缺乏计划性和系统性。高校的科技开发政策没有明确规定教师科研必须深入企业，根据企业和社会发展进行选题，科研开发注重的是自办科技企业发展和成果转化，不重视与企业共同开发，在合作企业中转化。高校教师引进与聘用关注的是从高校和海外引进高学历、高职称、有课题研究成果的人员，而对于企业或科研一线具有实践经验的科技人员重视不够，致使高校的双师型教师严重不足。另外，高校科研评奖制度和教师职称晋升制度偏重于科研成果导向，对于承担企业课题（横向课题）的成果很少纳入到科研成果评价体系中去，客观上造成了高校和企业人员交流出现阻碍，难以合作。

（三）机制上有障碍

目前，我国产学研结合仍不够紧密，在体制和机制上还存在一些制约因素。

1. 合作的动力机制不足

从整体上看，我国社会的生产力水平不高，尽管产学研合作行为得到普遍认可，但产学研合作并没有真正成为企业、高校迫切的内在需求，合作的动力不足。一是企业缺乏动力。目前，我国企业大都处于体制转换、结构调整与产业升级的关键时期，产品的科技含量不高，加上经济危机影响，许多企业不仅减员增效，而且需要大量资金更新设备与产品。由此，希望企业抽出时间、提供财力和物力与高校、科研院所进行产学研合作的

---

① 吴淑娟. 关于产学研合作深入开展的制约要素与对策研究 [J]. 石油教育, 2011 (5): 57-58.

确有一定难度。二是高校缺乏热情。面对高校竞争日益激烈，受高校排名的影响，追求上层次和上水平，已成为当今高校追求的主要目标。忙于申报博士和硕士学位点，申报国家级科研课题，国家重大科研奖项成为学校和教师的重要工作，故除了安排学生必要的教学和科研实习外，无暇顾及与企业的合作，参与产学研合作缺少热情。三是我国政府尤其是地方政府出台的合作政策，导向力度不够鲜明，一些高校尤其是地方高校自身难以提供必要的物质条件和经费保障，使合作各方积极性不足。

2. 合作的协作机制不全

产学研合作中介机构不完善，协调合作的机制不够健全，是影响我国产学研合作有效开展的重要因素。因为，在我国行政管理系统中，高校、政府以及企业属于不同的管理部门，各方都有自己的上级主管部门，有一套自己的管理运行体系。条块分割的管理体制，使得各方比较重视与自己上级主管部门建立良好的关系，而对横向职能部门的联系则重视不够。因缺乏协调的中介服务机构和管理机制，致使合作主体之间经常由于渠道连接不畅，信息沟通不灵，造成在合作过程中的许多活动无法协调，这在一定程度上影响了合作的成效。[①]

3. 合作的评价机制不力

目前，有关产学研合作的成效如何？至今没有一个实用有效的评价体系。尽管有些专家学者就合作教育质量评价构建一些评价体系，但大都是基于高校层面个案研究的基础上构建的，形式比较单一，普适性比较差，难以满足企业创新需求。

有些地方政府也根据地方实际构建产学研合作评估指标体系，但由于这些指标体系过于形式化和表面化，缺乏一定的操作性，难以对产学研合作起到必要的监控导向、诊断激励和推动作用。产学研合作效果体现在多方面，不能仅以项目数量多少，发表多少文章和申报多少成果奖和专利来评判，重要的是人才培养质量和科研成果转化效益如何衡定。构建一个全面综合评判标准和科学体系，是当今产学研合作理论研究中一个重要与现实问题。

4. 高校内部合作的管理机制不完善

高校内部产学研合作的组织管理机构和科技管理体制和运行机制都不完善。尽管高校都成立了合作组织，但因为未配备专职人员和活动经费设备，导致合作组织成为虚设。同时，高校现行科技管理体制不利于科技成果商品化，现有的教师职称考评体系，也制约了教师参与产学研合作积极性的发挥。

---

① 林建成, 杨蔚, 郭翠霞. 产学研合作研究述评 [J]. 洛阳师范学报, 2009 (12). 26-29.

第八章

促进产学研合作的
对策与建议

　　产学研合作成功与失败，其质量与水平，不仅受制于整个社会环境，如社会生产力水平、政府的政策导向以及合作文化氛围，而且受制于产学研合作各利益主体的态度、掌握的资源以及合作组织间的互补性等因素的影响。面对我国产学研合作诸多问题，在现有的社会发展水平和经济条件下，一下子解决产学研合作中诸多的客观问题是不现实的，也是不可能的，只能依靠合作主体齐心协力，积极寻找有效措施去一个一个地解决。

　　目前，随着我国政府对人才培养质量提出新要求，以及对产学研合作的日益重视，采取有效举措，推进我国产学研合作的深入开展是当今人们关注的重要问题。《国家中长期教育改革和发展规划纲要（2010—2020年）》和高校创新能力提升计划（2011计划），明确提出要创立高等学校与科研院所、行业企业联合培养人才和科技创新的新机制，要求进一步推进产学研的深度合作，不断提高人才的创新能力和科技成果转化率。深刻领会和贯彻国家纲要精神，积极创建产学研合作模式与人才培养新机制，促进产学研的教育资源深度合作和共享，实现合作各方的互赢，培养高质量人才，产出高质量的成果，推进社会的技术进步和经济发展，是新时期我国开展产学研合作面临的重要任务和重要责任。

第一节　创新产学研合作理念

　　产学研合作是由政府、高校、企业和科研院所多个主体构成，其合作主体在产学研合作中分别起着独特的作用。国内外产学研合作实践证明，产学研合作顺利开展，并取得实效，不仅得益于合作各方有合作共赢的理念，积极诚恳态度，积极主动的行为，而且得益于政府有得力措施，能根据社会发展的需求和产学研合作实际，从政策制度、组织保障、管理体制等方面不断地改进与创新，促进产学研合作步入良性循环发展轨道。理念是行动的先导，合作各方树立合作共赢的创新理念，用积极诚恳的态度和主动的行为对待产学研合作是提高我国产学研合作实效的优先举措。

一、高校要树立合作办学的理念

随着《国家中长期教育改革和发展规划纲要（2010—2020年）》的落实和2011计划的实施，高校的办学模式必须进行重大改革。深刻领会和贯彻落实《国家中长期教育改革和发展规划纲要（2010—2020年）》精神，改变传统封闭办学格局和人才培养模式，走合作育人之路，采用多样化的合作模式，积极与企业或用人单位合作，为社会培养创新人才。根据区域经济结构变化与社会发展对人才的需求，及时调整学科专业结构，与产业、行业和用人部门共同研究课程设置计划，制订与生产实践、社会发展需要相结合的人才培养方案和课程体系，为社会培养基础扎实、创新能力强、个性全面发展的人才。克服功利主义思想，积极主动为企业和社区服务，走互利互惠的发展道路。在高校内部，应注重产学研合作与创新活动的宣传与教育，通过专题研讨会、现场展览会和媒体报道等多种渠道，让广大教职工了解和认识产学研合作，同时，在学校顶层设计中，应体现"产学研合作"的办学思想，在人才培养方案、教学实践和教学管理中要贯穿产学研合作的理念，并利用学校的协调创新平台，聚集社会、企业和科研院所的优势资源开展创新人才与科学技术的合作，从而使产学研合作质量与水平不断提升。

二、企业应树立合作创新的意识

在国家创新型体系建设中，企业应是科学技术创新的主体。然而，我国诸多企业由于缺乏科技创新人才，故科技创新能力和水平都不高。企业要成为科学技术创新与开发的主体，既要重视技术研发工作，通过建立健全技术研究中心或机构，培养自己的研究队伍，提升自主创新能力，推进技术创新工作；也要具有合作创新的意识，加强与高校和科研院所的合作。因为高校和科研院所是进行科技创新的场所，具有人才资源和科技资源的优势，通过与高校和科研院所的合作育人、合作科研和合作办学等形式，不断提高所需人才的质量和科技创新水平。通过与高校科研项目合作研究，解决制约企业发展的重大技术问题，重大新产品开发、关键装备研制等问题；通过与高等学校联合共建重点实验室、工程研究中心和研发中心平台，推广共性技术，突破一批核心技术，带动一批企业发展。通过和科研院所建立产学研结合的技术创新体系，提高企业创新能力，带动高新技术企业发展。同时，企业应充分发挥科学技术创新主体引导作用，利用各种研究中心和协调创新平台，与高校共同培养创新型人才。深入高校，参与人才培养方案的制订，融入高校教育教学过程，引导和推动高校教育教学改革，引导高校开展研发工作，并为合作学校积极提供人才培养和科技开发基地与经费，保障合作的顺利开展。因为参与高校合作人才培养，可以获得廉价劳动力，选择企业需要的优秀人才；通过合作研究中心与创新平台的搭建，可获得优质研究资源，提高企业科技创新能力，这对企业是有利的，所以，企业应树立合作创新意识，积极参与合作，并在合作中发挥主体引导作用。

三、政府应树立积极作为的思想

产学研合作是不同行业、不同部门、不同主体之间的合作，由于管理体制不同，其发展是相互独立的，自成一体。为此，要协调发展，共同赢利，自然离不开政府的领导与协调。美、欧、日等发达国家的经验证明，政府在产学研合作中发挥重要的作用，其作用表现在：通过立法和科技计划等多种措施推动产学研合作发展。我国是发展中国家，产学研合作质量和水平还不高，由此，政府的引导和支持作用尤为重要。政府作为政策制定者和资源的拥有者，应通过制定发展规划，提供资金支持，进行有效资源调配，来引导和促进高校、科研院所与企业合作，促进产学研合作的集成创新。这既是责任，也是产学研合作的必然要求。

第二节　改善产学研合作环境

发达国家产学研合作的成功实践证明，政府的政策导向、相关法律法规和发达的生产力水平是保证产学研合作有效实施的重要外部条件。产学研合作既需要强大内部驱动力，又需要外部条件的保障。营造良好产学研合作的环境和氛围，建立和完善我国产学研合作的法规与制度，搭建校企合作的平台，是促进我国产学研合作顺利开展的重要条件。

一、健全与完善产学研合作的政策法律制度

20世纪80年代以来，为推进科研工作和成果转化，我国政府和职能部门相继出台了一些政策和法规，如《中华人民共和国促进科技成果转化法》、《关于促进科研成果转化的若干意见》、《公司法》等。这些法规的出台，对推动我国科研水平提升与成果转化起到重要指导作用。但这些法规更多是针对科研成果转化宏观层面的管理问题，对于高校与企业合作方面的具体政策法规却不具体和明确，导致合作实际操作上指导性和约束性都不强。西方发达国家产学研合作之所以能有效开展，关键是他们有一套健全、指导性强的教育立法体系。有了明确规定，有利于合作各方明确在产学研合作中的角色和地位，履行各自的职能，规范其合作行为，维护各自利益。在2010年我国出台的《国家中长期教育改革和发展规划纲要（2010—2020年）》对产学研合作相关方面内容进行明确规定。规定指出，"要建立健全政府主导、行业指导、企业参与的办学机制，制定促进校企合作办学法规，促进校企合作的制度化。制定优惠政策，鼓励企业接受学生实习实训和教师实践，鼓励企业加大对职业教育的投入。"这是近年来我国政府第一次明确提出要制定有关政策法规来推动校企合作与产学研合作，对推动我国产学研合作法规与制度的建设具有重要的指导作用。

二、加快制定鼓励企业参与产学研合作的优惠政策

企业是产学研合作的主体，政府部门应借鉴发达国家的合作经验，通过增加科技拨款或减免税收，建立产学研合作基金、高新技术风险基金以及贷款担保等形式，对企业参与合作给予政策上支持。目前，我国有关企业参与产学研合作出台一些优惠政策，但大多还只是停留在口号上，具体操作规则与程序还未出台。根据国外发达国家产学研合作成功经验，建立专项资助计划以及利用国家科技计划来推进产学研合作是一项行之有效的措施。我国科技主管部门应尽快建立产学研合作的国家科技计划，在科技计划中，不仅要明确企业的主体地位与责任，而且要规定企业享有的经费额度和研发成果的知识产权。在各类计划中加大对产学研合作的支持力度。例如，北京市科技计划每年安排不少于50%的科技项目经费用于支持

企业牵头、产学研联合的项目。鼓励企业通过招标、委托研发等形式，与高校科研院所合作承担计划任务。同时，各级地方政府应提高科研投入在财政支出中的比例，占GDP的比例逐步提高，并规定科技投入预算资金中有一定比例用于产学研合作。建议在各省财政科技专项基金项目中增设"产学研合作"项目，提高产学研合作创新资金投入中的专项性和稳定性。充足的资金是产学研合作持续发展的重要保证。在发达国家，产学研合作均设有专门的合作基金。如美、英、日等国设立的"科学基金"、"教育与工业或商业联合奖励基金"、"教育与企业合作奖励基金"等。这些合作基金的设立保证了产学研合作过程中对资金的需求。我国有些省市开始设立产学研合作基金计划，如广东省从2006年起由省财政每年拨不少于1亿元的专款，设立广东省产学研省部合作专项资金，主要用于产学研合作的自主创新项目、科技成果转化与产业化、产学研创新体系建设、创新人才培养、知识产权申请保护和学术交流活动等。上海青浦区建立区产学研合作发展资金，常年保持1000万元资金额度，重点资助高校和科研院所围绕本区主导产业关键技术，与本区企业合作研发创新。设立产学研合作的专项基金，开辟稳定的资金渠道，加大对产学研合作经费支持力度，真正落实税费减免和资金支持政策，这对引导企业积极参与产学研合作，调动高校参与合作的积极性，是非常必要的，也是当今产学研合作过程中亟待解决的问题。

三、搭建和完善产学研合作的各类平台

信息不对称，技术需求和技术供给不能及时有效对接，是当今产学研合作中面临的重要问题，也是阻碍高校、企业和科研院所有效合作的重要因素。健全产学研合作组织，搭建高校、企业与科研院所的信息交流平台，密切合作各方的关系，是推动产学研合作顺利开展的重要途径。一是建立和健全我国产学研合作的中介机构。在市场经济条件下，要真正实现产学研合作，必须充分发挥各种类型的中介组织服务机构，特别是市场化中介服务机构的重要作用。建议政府设立专项基金，用于中介机构的建设，鼓励中介服务机构为产学研合作和高新技术成果转化提供优质服务。对促进产学研合作以及科技转化有重大贡献的中介组织，经认定后给予政府奖励。二是建立合作信息的数据库。各级地方政府和各省市的科技管理部门、高校产学研合作机构与大型企业等用人单位，应尽快建立和完善产学研合作方面的信息数据库。信息数据库内容包括合作单位、合作内容、

合作形式、合作的效果与效益以及学生、科技人员等方面的各种信息。①
通过组织平台与信息数据库的建设，使合作各方及时了解彼此的信息和需
求，从而选择合作对象和合作内容，确立新的合作关系。三是积极开展各
种交流活动，密切合作各方的关系。充分发挥科学协会作用，经常开展各
种学术交流活动，通过董事会和产学研合作委员会，加强高校、企业与科
研院所的联系。通过开展各种合作活动和学术交流会议，联络感情，增进
友谊。相互支持，优势互补，诚信合作，不断将我国科教资源优势转化为
社会经济发展优势，促进我国经济社会的快速发展。

第三节　选择适宜产学研的合作模式

中国高校数量众多，类型各异，层次不一，这一特点决定了产学研合
作模式和路径抉择是不同的。

一、基于人才培养的合作模式

这类模式是指高等院校利用企业、科研院所等社会资源，以市场需
求为导向，以提高学生动手能力、职业素养以及加深理论知识的理解为目
的，以提高学生就业率和工作胜任力为目标，将教学与生产紧密结合，实
现人才培养目标的合作模式。因各级各类高校人才培养目标定位不同，其
选择的具体模式是不一样的。

一是创造性人才培养的合作模式。通过重大科学研究项目的合作，
进行基础理论和创新技术研究。这类合作有利于培养学生的研究能力和
大型项目的组织和管理能力。这种合作模式适用于研究型、综合型大学
选用。二是应用型人才培养的工作项目合作模式。这种合作主要是以培
养设计型应用人才为目标。一般本科层次的高校选用这种模式与企业合

① 崔旭，邢莉. 我国产学研合作模式与制约因素研究——基于政府、企业、高校三方视角
[J]. 科技管理研究, 2010 (6): 45~47.

作，主要完成社会实践、生产实习和毕业设计等活动。这种合作的形式和学制可因地制宜，灵活多样，各具特色。三是培养技能操作能手的职业培训合作模式。该模式是以毕业后将要从事的某一职业的技能培养为目标的合作模式，主要是职业学校、职业培训机构和专科院校所采用的模式。参加职业技能培训的学生毕业后基本上就从事这一职业，做到真正的专业对口。选择这类模式的学校，其主要目的与任务是培养某一领域或流通领域的专业技术人才，对学生进行职业技术教育，培养他们独立从事职业活动的能力，为他们做好就业前职业技术知识和技能方面的准备。[①]

二、基于科学技术创新的合作模式

这类模式是指高校、科研院所面向经济建设主战场，围绕社会经济建设和发展中面临的重大科技和社会文化等方面的基础理论与技术创新问题开展合作研究的模式。通常采取的具体形式有：建立战略联盟，联合承担工程项目；共同参与产学研联合开发工程、共建研发实体和中试基地；还有技术转让、技术咨询和技术服务等形式。这种协同模式有利于创新型人才的培养，尤其对高校研究生或博士生等高层次人才的创新意识、团队精神和研发能力的培养具有重要作用。学生通过参加联合体的科技项目研发，接触科技前沿，通过技术服务，了解社会和企业的技术需求，从而增长学生的专业技能，提高其社会服务能力。在当今国家创新型体系建设中，高校与企业协同创新平台的建立正是这类模式的体现和深化。[②]

三、基于科学技术转化的合作模式

这类模式主要是指高校、科研院所、企业各方利用各自在资金、设备、技术、人才和市场方面的优势，通过合作共同促进技术创新，共同推进市场开发，风险共担、利益共享的一种模式。在合作中，高校和科研机构一般以技术作价入股参与科技企业的组建，有的高校与科研院所在技术

① 吴淑娟.关于产学研合作深入开展的制约要素与对策研究 [J]. 石油教育, 2011 (5): 61.
② 吴淑娟.关于产学研合作深入开展的制约要素与对策研究 [J]. 石油教育, 2011 (5): 62.

入股的同时注入少量资金、设备等有形资产，使合作双方利益共享、风险共担。这种合作模式，不仅能将高校的科研成果尽快地转化为企业产品，为社会做出贡献，而且能有效地促进高校和社会的联系，克服高校科研与社会脱节，同时可有效地补充高校的经费不足，为学生创造实践的机会和就业岗位。

在以上三类产学研合作模式中，由于合作内容和目的不同，其主体的权利、作用和地位是有所不同。基于人才培养的合作模式，高等院校掌握着主动权。高等院校依据市场对人才的需求和人才培养的需要，积极主动与企业合作。通过社会实践、工学交替、毕业设计、订单式培养等方式，不断提高人才培养质量。而企业则要为高等院校人才培养提供实训基地、实践岗位、人才需求信息、实践指导教师以及部分资金支持，以保障合作的顺利进行。这类模式中高等院校是主导推动者，企业积极参与，两者缺一不可，相互依赖、相互配合。基于技术创新与转化的产学研合作模式，则是企业处于主体地位，掌握主动权，高等院校、科研院所处于辅助参与者地位。参与这两种模式合作，一方面可以让高等院校、科研院所的科研成果接受市场的检验，提高科研质量，另一方面，可以利用自身的科研优势、人才优势与企业共同进行研究开发、生产经营，而获得必要的科研项目、科研经费，促进高等院校、科研院所科研水平的提高。

产学研合作模式会因高校人才培养目标和企业技术创新研究、开发、生产与经营过程的不同而有不同的阶段模式。每个国家和地区产学研合作创新模式并非是单一的，而是多样的。产学研合作模式必须结合当地经济、产业发展和高等教育的情况来具体考虑，建立具有自身特色的模式。只要有利于创新人才培养和科技创新，有利于解放生产力，有利于促进经济和社会的可持续、协调发展，就应积极支持，并在实践中不断探索，总结经验，提高水平。[①] 合作领域的广泛性，合作内容的丰富性，导致产学研合作的模式可以多种多样。但每一种模式都有其自己的特点和适用范围。对高校而言，应根据自身办学类型和人才培养目标定位，选择适合自身特点的合作模式。对于企业来说，可根据企业的实际情况及人才需求和科研攻关的需要，与不同类型和层次高校合作，因地制宜，形式多样。

① 洪霄. 产学研合作的模式与机制创新研究 [J]. 江苏高教, 2011 (6): 66.

第四节　完善产学研的合作机制

由于产学研合作是一项系统工程，涉及合作主体、合作内容比较多，要保证其科学有效运行，必须创建多元化的运行模式。创建有效的产学研合作运行机制，是为了在市场经济体制下合作各方的各类要素得到优化组合，各自的优质教育资源得到充分利用。在当今我国优质教育资源比较稀缺的背景下，如何利用和配置合作教育资源，是关系到产学研合作成效的重要因素。

一、构建互利互惠的动力机制

产学研合作中，利益分配是一个关键且矛盾最突出的问题，高校、科研院所和企业只有利益共享，才能实现稳定的合作。利益共享是产学研合作的纽带，处理得好，则成为合作的动力，处理不好，则会阻碍合作的进行。互利互惠利益机制不仅体现在利益分配上公平合理，而且体现在利益的获取方式上合作主体的参与、决策和监督的程度。在目前我国有关合作利益分配政策和法规不够明确条件下，各合作主体可根据资源成本，承担任务与贡献大小来进行利益分配。在合作之初，合作各方可通过协商方式，对利益分配比例和方法做出清晰、明确的规定，通过一定时间运行后，可以再根据各方创造利益与贡献大小，进一步调整利益分配比例和方法，以保证利益分配的公正性与客观性。在利益分配时，要充分考虑个人的贡献，并将其与收益挂钩，以调动各种人员的积极性。另外，学校和企业还必须建立相应的知识产权管理配套制度，加强产学研合作过程中的知识产权保护，切实保护好广大科研人员的利益。

二、构建风险共担的协调机制

创新性人才培养和科技成果转化，是高风险和高收益同时并存的活动。由此，构建风险投资机制，为产学研合作提供金融支持体系，对我国产学研合作深入开展非常重要。只有建立风险共担投资机制，才能形成合作合力，应对各种风险与挑战。首先，建立政府投资机制。国外成功经验显示，风险投资的起步阶段主要依靠政府的财政支持。建议在我国发展科技风险投资事业中，各级财政每年拨出一定的专项资金作为科技风险基金和贴息资金，并允许风险投资机构从风险投资总额中提取一定比例的风险准备基金。其次，建立企业与高校共担风险的投资机制。企业是科技创新体系中的主体，创新成果市场适应性风险应由企业承担，但企业可采取将高校和科研机构的研究成果与成果转化过程捆绑在一起，减少先期技术转让费用，在利益分配中采取提成、技术入股、技术持股的分配办法，将高校和科研机构应得的报酬与企业的经济效益挂钩，减少企业独自承担风险的压力。同时，国家有关部门也可设立产学研合作的专项贷款，对具有产业化前景的合作项目给予重点扶持；对于那些风险大、周期长、资金需求多、企业投入困难的高科技合作项目，国家提供必要的配套资金，以保证项目顺利研发。但同时也要建立相应的监督机制，防止合作经费滥用与浪费。通过风险投资共担的协调机制，调动合作积极性，保证企业、高校和科研院所在产学研合作中的投入与收益，消除过去在产学研合作中怕投入、没诚信的短期行为。

三、构建责任信誉的评估机制

规范合作行为，明确合作各方的责任，对产学研合作有序进行十分重要。产学研合作既要充分发挥产学研合作各方的优势，又要进一步明确合作各方在技术创新、知识产权创造、利益分配与成果应用等方面的责权利。在此基础上，建立以市场为导向的产学研合作激励与惩罚机制，增进产学研合作各方的互信互利，在合作中共同发展。由此，必须完善我国产学研合作的评估机制。一是要完善政府层面的评估机制。国家教育主管部门在对高校的综合评估中，可将产学研合作和社会服务工作纳入评估或考核的范围，省级政府在对下属地市政府施政业绩的考评中，也可将地方政府在促进地方高校与企业合作和社会服务方面的工作纳入评估考核范围，以调动高校与企业合作的积极性。如何评估考核，日本"制度化"的做法值得我国政府借鉴。重视创新技术考核，采取责任承包制。二是建立信誉评估机制，加强对合作各方行为与信誉度评估。以执行合同状况为主要依据，定期对参与合作单位和法人进行信誉评估，及时公布评估结果，以消除产学研合作中随意终止合同，缺乏诚信的短期行为。三是建立合作要素评估机制。对合作双方项目执行能力进行评估，帮助那些信息不充分的单位免受损失。通过这些评估机制的建立，推动企业积极寻求与高校在人才和技术等方面的交流，促进产学研合作发展。

四、完善高校产学研合作的管理机制

高校作为产学研合作的受益主体，其内部的管理机制也需要不断完善。一是完善高校内部合作的工作组织。一些高校尽管成立了合作组织，但由于没有配备专门人员和经费，其产学研合作活动处于停顿状态。所以，成立领导小组，完善合作组织，配备专门人员，负责学校产学研合作工作，成为学校首先的工作。二是改革高校内部考核制度，对从事教学、基础研究、应用技术研究和成果转化的不同工作进行分类评价，将分类评价引入教师职称评审制度之中，使各类不同人员具有同等地位。完善科研考评体系，坚持基础研究与应用研究同等看待，科技创新与成果转化同等重要的原则，将产学研合作成果纳入考评体系，加大对科研成果转化率及其实施效果的考评，彻底改变重数量指标，忽视社会贡献的做法。三是创新产学研合作平台。通过构建产学研合作联盟和协同创新平台，积极开展高校、科研院所与企业和地、市（州）科技合作行动，积极引导科技人员与地方政府、企事业单位的进行科研合作，攻关技术难题，解决社会和地方经济发展中重大技术问题；积极鼓励学校科技人员到企业和农村进行技术咨询服务，并利用协调创新平台培养社会急需的创新科技人才，为地方经济社会发展提供人才保障。四是创新教学管理制度与机制。打破封闭的人才培养模式，将产学研合作融入整个教育教学过程，建立与企业共同培养、共同管理的人才培养制度与机制。鼓励教师深入企业，根据企业需求选择课题，鼓励教师将科研成果积极进行转化，将合作科研成果带入教学课堂、写进教材，丰富教学内容，让学生获得最新的理论和实践成果。形成教学和企业与社会服务的有机统一，实现学校与企业和社会的双赢目标，达到"政府有需求，学校有行动，学校有困难，政府有扶持"的和谐统一。

参考文献

[1]　刘平, 张炼. 产学研合作教育概论 [M]. 哈尔滨: 哈尔滨工程大学出版社, 2007.

[2]　陈解放. 合作教育的理论及其在中国的实践 [M]. 上海: 上海交通大学出版社, 2006.

[3]　徐金燕. 中国合作教育发展探究 [M]. 北京: 石油工业出版社, 2004.

[4]　王培根. 产学研合作教育 [M]. 武汉: 武汉理工大学出版社, 2003.

[5]　李进, 丁晓东. 产学合作教育研究与探索——上海产学合作教育协会成立十周年论文集 (1994—2004) [C]. 上海: 上海交通大学出版, 2004.

[6]　北京市高等教育研究所, 中国产学合作教育协会秘书处编. 产学合作教育的理论与实践 [C]. 北京: 北京工业大学出版社, 1993.

[7]　胡建华, 等. 高等教育学 [M]. 南京: 江苏教育出版社, 2006.

[8]　李德顺. 价值论[M]. 第二版. 北京: 中国人民大学出版社, 2007.

[9]　李伯黍, 燕国材主编. 教育心理学 [M]. 上海: 华东师范大学出版社, 2001.

[10]　桑新民. 呼唤新世纪的教育哲学——人类自身生产探秘 [M]. 北京: 北京教育科学出版社, 1993.

[11]　王坤庆. 教育哲学——一种哲学价值论视角的研究 [M]. 武汉: 华中师范大学出版社, 2006.

[12]　于俊文, 等. 马克思主义百科辞典: 上卷[M]. 长春: 东北师范大学出版社, 1987.

[13]　靳玉乐. 合作学习 [M]. 成都: 四川教育出版社, 2005.

[14]　威尔伯特, J. 麦肯齐, 等. 麦肯齐大学教学精要——高等院校教师的策略、研究和理论[M]. 第11版. 徐辉, 译. 杭州: 浙江大学出版社, 2005.

[15]　徐金燕. 产学研合作教育探索与实践 [M]. 武汉: 湖北人民出版社, 2007.

[16]　周光迅, 等. 哲学视野中的高等教育 [M]. 青岛: 中国海洋大学出版社, 2006.

[17]　吴式颖. 外国教育史教程 [M]. 北京: 人民教育出版社, 1999.

[18]　潘懋元, 王伟廉. 高等教育学 [M]. 福州: 福建教育出版社, 2005.

[19]　石中英. 知识转型与教育改革 [M]. 北京: 教育科学出版社, 2001.

[20]　伯顿. 克拉克. 高等教育新论——多学科的研究 [M]. 王承绪, 等. 译. 杭州: 浙江教育出版社, 1988.

[21]　张应强. 高等教育现代化的反思与建构 [M]. 哈尔滨: 黑龙江教育出版社, 2000.

[22]　尚凤祥. 现代教学价值论 [M]. 北京: 教育科学出版社, 1996.

[23]　潘懋元, 王伟廉. 高等教育学 [M]. 福州: 福建教育出版社, 1995.

[24]　王孝玲. 教育评价的理论与技术 [M]. 上海: 上海教育出版社, 2001.

[25]　瞿葆奎. 教育学文集. 教育评价学 [M]. 北京: 人民教育出版社, 1999.

[26]　王景英. 教育评价理论与实践 [M]. 长春: 东北师范大学出版社, 2002

[27]　刘启娴. 世纪之交的国际职业教育 [M]. 北京: 高等教育出版社, 1999.

[28]　章祥荪, 等. 管理信息系统的系统理论与规划方法 [M]. 北京: 科学出版社, 2001 (2).

[29]　邵祖林. 新经济开发区与科技企业孵化器 [M]. 北京: 科学出版社, 1991 (4).

[30]　肖元真. 全球科技创新发展大趋势 [M]. 北京: 科学出版社, 2000 (8).

[31]　黄义武. 多学科合作教育运行机制探究[J]. 高等教育研究, 2008(10).

[32]　衣建龙, 徐国江. 教育评价的历史发展评述 [J]. 山东省农业管理干部学院学报, 2002 (6).

[33]　刘校梅. 教育评价的演进 [J]. 东岳论丛, 2002 (5).

[34]　肖远军. CIPP教育评价模式探析 [J]. 教育科学, 2003 (6).

[35]　蔡建东. 略论教育评价指标体系的构建 [J]. 洛阳师范学院学报, 2000 (12).

[36]　陈煜, 黄德才, 盛颂恩. 基于校本评价的本科教育质量评价研究 [J]. 高等工程教育研究, 2008 (4).

[37]　李元元, 王光彦, 邱学青. 高等学校教师绩效评价指标研究 [J]. 高等教育研究, 2007 (7).

[38]　盛明科, 唐检云. 研究生教育质量评价指标体系设计的框架 [J]. 学位与研究生教育, 2007 (7).

[39]　王鲁捷, 高小泽, 汤云刚. 高校形象评价指标体系研究 [J]. 中国高教研究, 2007 (3).

[40]　彭秋发, 孙占学. 一般本科院校人才培养目标与培养模式研究 [J]. 东华理工学院学报 (社会科学版), 2005 (6).

[41]　周会清. 德澳英三国高职产学结合办学模式的特点 [J]. 广州市经济管理干部学院学报, 2008 (10): 1.

[42]　刘志军. 课堂教学质量评估标准的探讨 [J]. 中国教育学刊, 2000 (4).

[43]　朱建设. 海峡两岸产学研合作的方式比较 [J]. 中国科技成果, 2003 (19).

[44]　张继明. "三明治"与"双元制"德、英高等职业教育模式的比较 [J]. 职业技术

教育, 2006 (12): 54-57.

[45] 李贵敏. 加拿大产学合作教育实施情况及其启示 [J]. 河南机电高等专科学校学报, 2002 (9).

[46] 汤克明, 周向华. 滑铁卢大学的合作教育与计算机科学专业培养方案 [J]. 环球IT, 2008 (1).

[47] 李海超, 齐中英. 美国硅谷现状分析及启示 [J]. 特区经济. 2009 (6).

[48] 罗良忠, 史占中. 硅谷与128公路——美国高科技园区发展模式借鉴与启示 [J]. 研究与发展管理, 2003 (6).

[49] 刘力. 美国产学研合作模式及成功经验 [J]. 教育发展研究, 2006(4).

[50] 刘力. 产学研合作的沃里克模式和教学公司模式 [J]. 外国教育研究, 2005 (10).

[51] 程如烟, 黄军英. 英国产学研合作的经验、教训及对我国的启示 [J]. 科技管理研究, 2007 (9).

[52] 广东省教育部产学研结合协调领导小组办公室, 广东省政府发展研究中心联合课题. 国内外产学研发展趋势及经验借鉴 (上) [J]. 中国高校科技与产业化, 2007 (9): 16-19.

[53] 吴敏生. Fraunhofer联合体的启示与我国高等工程教育走向的探讨 [J]. 高等工程教育研究, 1997 (l).

[54] 段建军. 日本大学—产业合作模式分析及其借鉴意义 [J]. 广东教育学院学报, 2008 (2).

[55] 刘彦. 日本以企业为创新主体的产学研制度研究 [J]. 科技政策与管理, 2007 (2).

[56] 杨晓波. 分析硅谷与筑波的成败谈我国科技园区建设应注意的几个问题 [J]. 甘肃科技, 2004 (6).

[57] 姚芳. 硅谷、新竹发展模式之异同 [J]. 创新科技, 2008 (8).

[58] 廖奇云, 陈安明, 雷振. 美国合作教育的典范——辛辛那提大学职业实践计划 [J]. 高等建筑教育, 2008 (17).

[59] 潘晓丽, 廖奇云. 基于业绩评判的国际项目经理职业资格标准的研究 [J]. 建筑经济, 2005, (36): 92-95.

[60] 汤克明, 周向华. 滑铁卢大学的合作教育与计算机科学专业培养方案 [J]. 环球IT, 2008 (1).

[61] 陈昭锋. 国外高校官产学研合作创新的社会化模式分析 [J]. 中国科技论坛, 2008 (2).

[62] 黄建华. 网络课程评价及其评价方法的研究 [D]. 河北大学硕士论文, 2005.

[63] 张婧. 战后美国合作教育发展研究 [D]. 河北大学硕士论文, 2001.

[64] 洪霄. 产学研合作的模式与机制创新研究 [J]. 江苏高教, 2011 (6): 66-67.

[65] 崔旭, 邢莉. 我国产学研合作模式与制约因素研究——基于政府、企业、高校三方视角 [J]. 科技管理研究, 2010 (6): 45–47.

[66] 蔡声霞, 张芳, 张伟. 创新型国家产学研合作比较及对我国的启示 [J]. 未来与发展. 2008 (6): 60–64.

[67] 肖久灵. 产学研合作运行机制中存在的问题及对策 [J]. 北方经贸, 2002 (12): 126–127.

[68] Kevin J. McDermott, Ozdemir Gol, Andrew Nafalski. Cooperative education in south Australia [C]. The 30th Annual Frontiers in Education Conference, 2000: 2.

[69] Canale, R., Duwart, E. Distance learning (via Internet) for cooperative education students during coop work periods [C]. Frontiers in Education Conference, 1996. 3.

[70] Joseph Spinelli, Bruce Smith. Cooperative education versus internships: A challenge for an applied geography program [J]. Journal of Geography in Higher Education. Volume 5, Issue2, 1981(10).

[71] Cheryl Cates, Kettil Cedercreutz. The Use of Cooperative Education in Curricular Reform: The ABET Feedback Cycle Realized [C]. ASEE Annual Conference 2007 Honolulu, Hawaii, USA. 2007.

[72] Stan Guidera. Cooperative Education: A Case Study of ASEE Annual Conference & Exposition in 2006.

[73] Bryan E. Dansbeny, Cheryl L. Gates. A Social Responsibility Learning Module for Use in Cooperative Education [C]. The 34th Annual Frontiers in Education, 2004: 2.

[74] Anne Richardson. Tourism and cooperative education in UK undergraduate courses: Are the benefits being realized [J]. Journal of Tourism Management, Volume 21, Issue 5, 2000.

[75] ess Godbey; Terry Marbut, Dale Broyles. Expanding a successful industry-based partnership beyond the traditional cooperative education [C]. ASEE Annual Conference Honolulu, Hawaii, 2000.

[76] Gary R. Martin. Professional Practice Seminar: A successful course for preparing students for their Cooperative Education Experiences (or the work place in general) from 2003 ASEE Annual Conference and Exposition: Staying in Tune with Engineering Education, 2003.

[77] Deborah F. Beard (1998) The status of internships/cooperative education experiences in accounting education [J]. Journal of Accounting Education. Volume16, Issue 1, 1998 (09).

[78] Graeme Sheather; Ray Martin; David Harris. Partners in Excellence: a New Model

for Cooperative Education [J]. Journal of Innovations in Education and Teaching International, Volume30, Issue1, 1993 (02).

[79] Patricia L. Linn, Jane Ferguson, Katie Egart, Career exploration via cooperative education and lifespan occupational choice [J]. Journal of Vocational Behavior. Vol. 65 No. 3, 2004.

[80] Karen R. Wilkinson, Laura L. Sullivan. Gender and satisfaction with the cooperative education experience in engineering [J]. Journal of Women and Minorities in Science and Engineering, Vol. 9, 2003: 349–360.

[81] Graeme Sheather, Ray Martin, David Harris. Partners in Excellence: A New Model for Cooperative Education [J]. Journal of Computer Science Education. Volume 5, Issue1 1994 (01): 85–101.

[82] Raelin, Joe, Reisberg Rachelle, Whitman, David, Hamann, Jerry. Cooperative education as a means to enhance self-efficacy among sophomores (with particular attention to women) in undergraduate engineering from Frontiers in Education Conference Global Engineering: Knowledge without Borders Opportunities without Passports (FIE), 37th Annual, 2007.

[83] Lee, Scott. A comparison of student perceptions of learning in their co-op and internship experiences and the classroom environment: Study of Hospitality Management Students, University of Central Florida [C]. Dissertation Abstracts International, Volume: 67–09, Section: A, 2006: 3324. Adviser: Le Vester Tubbs.

[84] Steven Dellaportas; Barry J. Cooper. Measuring moral judgment and the implications of cooperative education and rule-based learning [J]. Journal of Accounting and Finance . Volume46, Issue 1, 2006(03).

[85] Robert Z. Waryszak. Student perceptions of the cooperative education work environment in service industries [J]. Journal of Progress in Tourism and Hospitality Research. Volume 3, Issue 3, 1997 (09).

[86] Robert S. Brackmann. The Educational Value of Cooperative Education [J]. Transactions of the American Nuclear Society, Vol. 96, 2007.

[87] Taylor, Christopher Perry. Textbook pages and hourly wages: The effects of cooperative education on student academic performance, University of Alaska Anchorage [C]. Masters Abstracts International, 2003, Volume: 41–06, page: 1561. Adviser: Jean Marcey.

[88] Breaux, Aminta Hawkins. The impact of cooperative education participation on career indecision, career decision-making self-efficacy and career decision-making style

among college students[J]. 2004.

[89] Greg Cranitch. Academia/Industry Collaboration——Web Supported Cooperative Education [C]. The IASTED International Conference, 2004.

[90] Bryan Dansberry, Jon Krech, Brian Becker. A Web-Based System to Document Learning Outcomes in a Mandatory Cooperative Education [C]. The 34th Annual Frontiers in Education (FIE 2004), vol. 2.

[91] Scott Lee. A Comparison of Student Perceptions of Learning in Their Co-op and Internship and The Classroom Environment: A Study of Hospitality Management Students[D]. University of Central Florida, Orlando, Florida, 2006.

[92] Ridvan Arslan, Abdil Kus etc. A Model of Cooperative Education—a Group Leader Training Program for Industry Employees [J]. Turkish Online Journal of Educational Technology, Volume 7, issue 4, 2008.

[93] Daniel Walsh; Jon Whited; Robert Crockett. Cooperative education as a prime mover and key constant industry [C]. University Relationships ASEE Annual Conference, 2007. Honolulu, Hawaii, USA.

[94] H. B. Harrison, C-J. Patrick. The review of engineering education and the new role of cooperative education[J]. 2004: 191–194.

[95] Grice, R. A. University/industry cooperation in teaching and cooperative education assignments [C]. Professional Communication Conference, 1991: 403–407.

[96] DeLorenzo, David R., Ph. D. The relationship of cooperative education exposure to career decision-making self-efficacy and career locus of control, Virginia Polytechnic Institute and State University[D]. 1998: 122, AAT 9904671.

[97] Benjamin F. Blaire etc. The Impact of Cooperative Education on Academic Performance and Compensation of Engineering Major [J]. Engineering Education, 2004 (5).

[98] Scott William Kramer. A Comparative Analysis Of Academic Achievement Between Cooperative And Non-Cooperative Education Students Within The Building Science Program at Auburn University [D]. A Thesis Submitted to the Faculty of University. Doctor of Philosophy May 2003.

[99] Anthony Kelly, The Evolution of Skills: Towards a Tawney Paradigm [J]. London: Journal of Vocational Education and Training, 2001, 53 (1).

[100] Michael Hartington, The Other American: Poverty in the United States [M]. New York: Macmillian, 1962 .

[101] Wanat, John A, Cooperative Vocational Education: A Successful Concept [M]. Charles,

C Thomas Pub, 1980, Foreword.

[102] Scott Weighart. Learning From Experience——A Resource Book By And For Co-op/ Internship Professionals [M]. Brookline, M A: Mosaic Eye Publishing, 2009.

[103] Cheryl L. Gates. A Social Responsibility Learning Module for Use in Cooperative Education [C]. The 34th Annual Frontiers in Education (FIE 2004), vol. 2 David Leslie.

附录1 长江大学产学研合作提升人才培养质量的实践

　　长江大学是一所新组建的地方综合性大学，由原江汉石油学院、湖北农学院、荆州师范学院和湖北省卫生职工医学院于2003年合并成立。近十年来，学校坚持"注重内涵发展，推进产学研合作"的办学指导思想，不断开拓创新，既继承了原四校的传统办学经验，又逐步形成了学校的办学特色。产学研合作，既是长江大学适应经济社会发展的重要举措，也是学校迅速发展壮大的重要法宝。到目前为止，学校拥有了博士后科研流动站、3个一级学科博士授权点、23个一级学科硕士授权点；一批省部级及以上重点实验室、工程研究中心和实验中心。学校在特色专业、精品课程、双语教学示范课程、教学团队、实验教学示范中心、大学生创新性实验计划人才培养模式创新实验区等本科教学质量工程建设项目中取得了显著成绩；在国家科技进步奖、国家级优秀教学成果奖方面取得了重大突破；在石油科学与技术、涝渍灾害与湿地农业、荆楚文化研究等领域形成了鲜明特色。近年来，学校还涌现出了全国道德模范赵传宇、残奥会冠军江福英、"10.24"见义勇为舍己救人大学生英雄集体等享誉全国的先进典型，并多次被省委、省政府授予"文明单位"、"最佳文明单位"等荣誉称号。

第一节　长江大学产学研合作的发展历程

　　我国产学研合作，可以追溯到建国初期高等学校改造的过程中强调的教学要理论联系实际，特别是1958年教育方针中提出的"教育与生产劳动相结合"。但是，我国产学研合作的发展经历了一个曲折的发展阶段，"教育与生产劳动相结合"演变成了劳动代替教学。直到20世纪八九十年代，科研院所、高等学校与企业开展联合，产学研合作才有了新的转机。长江大学产学研合作的发展，顺应了全国产学研合作趋势和高等教育发展趋势，其发展历程，大致分为三个阶段。

一、"三结合"时期（20世纪50—90年代初）

在"教育与生产劳动相结合"的指引下，我国高等学校积极参与生产实践活动，许多高校在教学、生产劳动、科学研究等方面取得了显著成绩。在这样的背景下，原江汉石油学院的前身——北京石油专科学校成立了。为了培养更多的石油科技人才，学校从北京到大庆、辗转到荆州，始终坚持与石油企业紧密结合，积极投身石油大会战，重视现场教学，充分地实践了"教育与生产劳动相结合"的办学思想。1978年，经国务院批准，学校改建为江汉石油学院，发展成为一所面向全国培养石油科技人才的本科院校。

十一届三中全会以后，中央提出"教育必须为社会主义建设服务，社会主义建设必须依靠教育"和"经济建设必须依靠科学技术，科技工作必须面向经济建设"两个方针，为高等学校服务经济建设指明了方向。原江汉石油学院本着"求实、严谨、创新、献身"的办学理念，适时地抓住机遇，利用行业的办学优势，密切与石油企业关系，开展"教育、科研、生产"三结合，培养了一大批适应石油工业发展需要的高级专门人才。在人才培养过程中，石油类本科专业的所有学生，均到油田对口岗位实习，油田为实习学生提供食宿、劳动场所，派专门的技术人员指导，不收取任何费用。通过油田企业对学生劳动观念的教育、专业思想的培养、实践能力的训练，学生的思想素质、专业素质、业务技能得到了很大的提高。这些学生毕业后全部投身石油工业的主战场，为石油工业的发展建功立业，深受油田的欢迎。学院主动深入油田，利用学院优势，解决油田生产技术难题，仅"七五"期间就承担了248项科研项目，其中，与油田企业共同承担了"七五"石油重大攻关项目5项，国家自然科学基金项目9项，省部级项目38项。通过联合攻关，取得科研成果72项（其中45项获得省部级及以上奖励），申报国家专利12项，获准专利12项。在国家第四届发明展览会上，"泥浆动失水仪"获得银牌奖，另外4项专利获得铜牌奖；学院与油田共同研究的"丛式井钻井技术"获得中国石油总公司1990年度科技进步特等奖，"偏置式抽油机"获得一等奖。有机地球化学分析技术、油藏技术等很多研究成果达到国内领先水平或接近国外先进水平。科技合作，密切了学院与油田的关系。

"教育、科研、生产"三结合，在农业、科技、教育上的体现形式是"农科教结合"。20世纪80年代，农业、科技、教育部门共同实施了"太行山综合开发"工程，开展了"农科教统筹"教育改革实验；90年代初，在国务院"积极实行农科教结合推动农村经济的发展"的精神指导下，全国各地广泛开展了教育综合改革试点，积极探索农科教结合的内容和形式。原湖北农学院，积极响应中央、湖北省政府号召，投入经济建设主战场，开展了农业技术承包、科技扶贫、大别山开发，为湖北省农村经济建设做出了积极的贡献。在科学研究方面，鄂啤二号、鄂棉15、光敏核不育等新品种的选育，显示了学院科学研究的实力；在人才培养方面，初步形成了"教学实践化、科研教学化、教学科研生产一体化"的农科院校"三结合"人才培养机制。

这一时期，高等学校实施和参与的"教育、科研、生产三结合"，是一种以政府为主导、高校主动服务的产学研合作机制，这种合作缺少动力、合作方联系松散、结合不紧密。尽管这样，"三结合"还是为原江汉石油学院、原湖北农学院的发展带来了活力，为寻求新的发展机制奠定了基础。

二、"厂校合作"与"校地合作"时期（20世纪90年代初—21世纪初）

在"教育、科研、生产三结合"的基础上，原江汉石油学院为了加强与油田企业的密切合作，与江汉油田、河南油田、中原油田、江苏油田、玉门油田、石油物探局等企业，于1991年3月在荆州成立了江汉石油学院与石油企业"厂校合作委员会"。委员会下设办公室、人才培养和交流协调小组、科技协作与图书情报协调小组，并且设立了7个学科专业指导小组，由企业与学院双方出任委员会主任。6家石油企业的领导到会，石油部教育司的领导、湖北省教委的领导出席了会议，大港油田、安徽油田、东海石油公司的代表到会祝贺，《中国教育报》、《中国石油报》也派出记者采访并作了专题报道。《中国教育报》评论道：企业的教育提前向校内延伸，学校的教育向企业延伸；企业科技开发依托学校，学校科学研究服务企业。"双向延伸"强化了企业的人才培养意识，提高了技术转化能力；加强了人才培养的针对性，增强了高校的服务能力。

按照厂校合作委员会的要求，7个合作单位都相继成立了厂校合作办公室，协调企业与学校的工作；组建人才培养和交流协调小组、科技协作与图书情报协调小组以及7个学科专业指导小组；制定了《厂校合作委员会章程》、《指导小组工作条例》、《厂校合作年度工作计划》等，保障厂校合作工作有序开展。

厂校合作，共同开展科学研究，加速了科技转化。仅合作初期的1991年，学校与油田企业就联合承担了石油总公司的51项课题，其中2项被列为国家"八五"攻关课题。江汉油田在江陵县划出200平方公里的区域，与学校共同勘查。学校为了支持油田的发展，在南阳、中原、江汉油田建立了"旋转式驴头抽油机"的中试基地，在安徽、新疆等油田建立了测井工作站，把实验研究搬到企业现场。

厂校合作，探索新型人才培养模式。厂校双方共同推举的42名专家组成了地质、测井、物探、仪器、钻井、采油、矿机7个专业指导小组，其中油田专家35名。这些来自科研、生产第一线的局级领导、总工程师、总地质师，根据石油工业发展的需要，直接参与7个专业的人才培养计划的修订工作，并且承担了部分专业课程的授课任务。譬如，在江汉油田开展的"311"人才培养模式实验，培养了一批油田需要的石油机械设计与制造人才。

厂校合作，加强了学生实践能力的锻炼。由于油田企业把培养学生当作自己的事情，他们主动提出在本单位建立江汉石油学院实习基地。仅1991年就在江汉油田、南阳油田、中原油田、江苏油田、华北油田等企业建立了5个标准实习基地，接纳了近2000名学生的教学实践、毕业实习和毕业设计。同时，为鼓励大学生积极开展科学研究，培养学生的创新思维，锻炼和提高他们的科研能力，合作油田慷慨解囊，出资近百万在学校设立"石油之光"奖学金，并于1991年开始实施。

"厂校合作"，学校和油田企业相互依托、相互促进、互惠共誉，双方事业得到了共同发展。这样的做法，受到了原中国石油天然气总公司王涛总经理的肯定和赞许。1991年秋，在江汉石油学院召开的"全国高校毕业生工作座谈会"上，原国家教委副主任朱开轩、湖北省副省长韩南鹏到会讲话，充分肯定了江汉石油学院的这一做法。《中国教育报》、《光明日报》、《中国青年报》、《中国石油报》、《湖北日报》、湖北人民广播电台、湖北电视台等国内多家媒体也同时进行了报道。在1992年召开的厂校合作委员会第二次会议上，全国产学合作教育协会会长樊恭烋教授（原北京工业大学校长）把这种厂校合作育人的模式称作"产学合作教育"。

与"厂校合作"有着共同特性的是"校地合作"。高校与地方密切合作，充分发挥高校的人才与科技优势，为地方的经济建设服务；地方大力支持高校办学，提供科学研究与开发的舞台，促进高等学校的发展。原湖北农学院与荆门市、江陵县、潜江市、洪湖市等地方密切合作，开展"四湖地区综合开发与生态对策研究"、"平原湖区立体农业模式研究"等，学校先后有48名专家、教授、数百名学生参与此项活动，建立了小港、岑河、新兴垸三大试验区、开辟了1200万亩农业综合开发带，促进了地方农业经济结构的转型与升级，产生了数亿元的经济效益。学院积极参与国家科委和湖北省政府组织的大别山扶贫开发工作，围绕麻城市农村支柱产业，推广新技术、改造低产田、改良品种，为院县（市）合作探索出了新路子，多次受到国家科委和省政府的表彰。学院派遣开发团，帮助兴山县实施"科技兴县"。科技日报在头版头条以"院县联姻缘，资源变财源"为题，报道了院县合作，科技兴县的事迹。20世纪90年代中后期，学院与潜江市、荆州市及辖县市合作，开展"江汉平原涝渍地综合利用开发研究"，该项目被称为湖北农业的"淮海战役"，涉及农学、农业经济、土地利用、水利、区域开发、生态和气象等学科领域，共有134位校地专家参与协作攻关。通过该项目的研究与成果推广，形成了20余万公顷农业综合开发带和65余万公顷辐射区，取得了6.5亿元的直接经济效益。由于在地方经济建设中取得显著成绩，原湖北农学院先后获得了科技部授予的"全国科技扶贫先进集体"、湖北省人民政府授予的"农业产业化先进单位"等称号，并被评为湖北省高校为地方经济建设服务先进单位。原荆州师范学院、原湖北省卫生职工医学院，也根据自己的专业特点，开展多种形式的科技、文化、体育、医疗等服务活动，形成了自己的特色，为地方社会经济文化的发展做出了贡献。

"厂校合作"、"校地合作"，促进了高校人才培养模式的变革。学校重视教学、科研、生产结合，重视教育为经济建设服务，注重理论联系实际；学校与企业建立协作有效的教育培训体系，共同担当人才培养重任，提高了人才培养的针对性。原江汉石油学院从1992年开始实施合作教育计划，"八五"期间，承担了中国石油教育学会教育科学研究项目"建筑工程专业本科'工学交替'人才培养模式研究"，承担了全国教育科学规划重点课题"产学研合作教育研究"；"九五"期间，"'工学交替'合作教育模式理论与实践研究"被全国产学研合作教育试点工作领导小组确定为试点项目，学院被教育部确定为22所试点院校之一；2000年，由原江汉石油学院牵头，天津大学、华东理工大学、南京大学、武汉理工大学、上海工程技术大学、北京市教科院共同承担了"产学研合作教育的机制、政策法规及理论研究"。20世纪90年代，原江汉石油学院先后在机械设计及制造、石油工程、建筑工程等专业的本科学生中进行了"311"、"611"、"4+1"、"工学交替"等合作教育人才培养模式的试验。原湖北农学院探索了"两段全程式"实践教学体系，围绕提高学生的实践动手能力和适应能力，将校内与校外教育有机结合起来。

三、深入合作时期（21世纪初以来）

长江大学原四校开展的"厂校合作"、"校地合作"，从本质上来看，也是产学研合作。但是，这样的合作是一种自发性的合作、以项目为主的合作、松散的合作。以产学研合作命名的企业、科研院所和高等学校之间的合作，始于1992年两委一院提出的"产学研联合开发工程"。产学研合作是现代科学技术、高等教育与产业经济相互促进发展，共同走向现代化的必由之路。其目的是通过建立企业、科研院所和高等学校之间的密切而稳定的合作制度，逐步形成产学研共同发展的运行机制，加快科技成果转化、提升企业竞争力，促进高校适应社会经济的发展，振兴国家经济，增强综合国力。

2006年初，我国召开了全国科学技术大会，随后发布了《国家中长期科学和技术发展规划纲要（2006—2020年）》。《纲要》明确提出以建立企业为主体、产学研结合的技术创新体系为突破口，全面推进中国特色国家创新体系建设，大幅度提高国家自主创新能力；建立科研院所与高等院校积极围绕企业技术创新需求服务、产学研多种形式结合的新体制；建立开放、流动、竞争、协作的运行机制，促进科研院所之间、科研院所与高等院校之间的结合和资源集成。2010年《国家中长期教育改革和发展规划纲要（2010—2020年）》也明确提出，创立高校与科研院所、行业、企业联合培养人才的新机制；促进高校、科研院所、企业科技教育资源深度共享，推动高校创新组织模式，培育跨学科、跨领域的科研与教学相结合的团队；促进科研与教学互动、与创新人才培养相结合。在政策的推动下，在企业、地方政府需求的拉动下，长江大学顺势而为，不断深化产学研合作，扩大合作领域和范围、拓展合作形式和途径，取得更加辉煌的成绩。

合校初期，长江大学就确立了"注重内涵发展，推进产学研合作"的办学指导思想。产学研合作进入了学校办学思想顶层设计，进入了学校的事业发展规划，成为学校发展的一项战略措施。在长江大学《"十二五"教育事业发展规划纲要》中，学校又进一步明确提出"加强产学研合作，围绕两创人才培养，创新人才培养模式，切实提高人才培养质量"。

近十年来，学校不断寻求校企合作、校地合作，以人才培养为根本、以创新为突破口，以服务行业、地方经济为努力方向，把产学研合作推向深入。2005年5月，学校与中国石油天然气集团公司、中国石油化工集团公司、中国海洋石油集团公司以及40家大型企业共同成立了校企合作委员会；2006年5月，学校与湖北省地方政府、地方企业共同成立了校地合作委员会；2007年6月，学校被中国高教学会产学研合作教育分会授予"全国合作教育示范单位"；2010年10月，在长江大学组建8周年之际，湖北省人民政府与中国石油天然气集团公司、中国石油化工集团公司、中国海洋石油集团公司签署协议共建长江大学；2011年12月，湖北省人民政府与农业部签署《关于合作共建长江大学的协议》。

第二节　长江大学产学研合作人才培养的运行机制

近年来，长江大学在总结"厂校合作"、"校地合作"以及"产学研合作"办学的经验基础上，针对产学研合作培养人才中认识不清、运行与保障机制不全、企业参与积极性不高等问题，不断理清合作思路，扩大合作领域和范围、拓展合作形式和途径，密切与行业和地方的关系，走互惠互利合作共赢的道路，在实践中深化产学研合作，形成了一套有效的运行机制。

一、建立了合作组织的保障机制

"政府与行业"、"政府与部门"共建，初步形成了长江大学新的办学体制，理顺了学校办学格局。2010年，湖北省人民政府与三大石油公司签署协议共建长江大学，三大石油公司充分发挥产业和资源优势，与长江大学开展深层次的校企合作，支持长江大学参与公司科研项目的申报，以项目合作方式，支持石油主干学科建设、重点实验室建设、科学研究及人才培养，支持学校教育教学改革和创新，为学校进一步提高教学水平和人才培养质量，更好地培养适应石油石化行业发展需要的人才提供帮助。2011年，湖北省人民政府与农业部共建长江大学，农业部从人才培养、科研立项、技术推广、科研基地建设、农业教育培训等方面，加大对长江大学的政策和项目支持力度；湖北省人民政府将把长江大学的建设与发展纳入全省国民经济和社会经济发展总体规划，在政策和投入等方面加大对长江大学的支持力度，大力推进长江大学的改革与发展。湖北省人民政府与农业部将以长江大学为合作共建对象，积极探索建立我国高等农业教育支撑和服务区域农业和农村经济发展的有效机制；巩固和强化长江大学农业学科的优势和特色，支持和引导学校按照区域资源和农业产业特点，开展教育和教学改革，培养合格实用的农科人才，探索建立有特色、高水平的高等农业教育发展模式；支持长江大学开展科研和技术推广，引导学校教师和学生面向区域农业和农村开展社会服务，探索高等农业教育服务现代农业和社会主义新农村的有效形式；建立科学评价高等农业院校工作的指标体系，根据农业学科和其他学科的不同特点，突出实践性，建立适应农科特点的工作评价和人才评价机制，发挥评价的导向作用，引导学校面向"三农"开展科研、教学、推广和人才培养工作。

在"共建"的体制下，本着"自愿平等、互相尊重、友好协商、求真务实、互利互惠、优势互补、实现双赢、共同发展"的基本原则，成立了两个合作委员会。一是学校与石油行业成立校企合作委员会，下设科学技术合作专门委员会、教育培训合作专门委员会、人力资源合作专门委员会等3个专门委员会，并制定了《长江大学与石油企业校企合作委员会章程》、《长江大学与石油企业科技合作专门委员会工作规程》、《长江大学与石油企业人力资源合作专门委员会工作规程》、《长江大学与石油企业人力资源合作专门委员会毕业生就业工作协会规程》、《长江大学与石油企业教育培训合作专门委员会工作规程》等制度。二是学校与地方政府、地方企业成立校地合作委员会，下设3个专门委员会，并制定了《长江大学与地方政府合作委员会章程》。在校企合作委员会章程、校地合作委员会章程的框架下，学校先后与地方政府、企业签署产学研合作协议121份。

二、构建了合作平台的支撑机制

学校与中国石油天然气集团公司合作，先后建立了物探重点实验室、测井重点实验室、油气储层重点实验室、油气地球化学重点实验室、采油采气工程重点实验室、钻井工程重点实验室、HSE重点实验室；与农业部建立淡水鱼类种质资源与生物技术重点开放实验室；在湖北省政府的支持下，学校建立的平台还有湖北农村发展研究中心、荆楚文化研究中心、石化及环境工程研发推广中心、丙烯酸酯乳液聚合研究开发中心、石化与化工机械研发推广中心、涝渍地开发工程技术研究中心等。教育部油气资源与勘探技术重点实验室，通过中国石油天然气集团公司的配套经费投入建设，软硬件建设已达到教育部的要求，在国内率先开展了生产测井和核磁测井技术的科学研究与应用试验工作，成功地解决了复杂地表、复杂地质条件下常规勘探技术难以解决的难题，研究成果在油气资源勘探中得到广泛应用，在教学和科学研究方面显现良好的实力，发挥了重要的作用；长江中游湿地农业教育部工程研究中心与湖北荆楚种业股份有限公司、荆州市农科院合作共建，以长江中游湿地区域为主要研究对象，围绕湿地生态工程、湿地作物工程、湿地水产工程3个方向，开展长江中游湿地农业生态结构优化、保护与修复技术，水稻优质多抗高产品种筛选繁育、减灾避灾技术，及以黄鳝、泥鳅等名特水产品为主的鱼类养殖和繁育技术等方面的研究，把工程研究中心建设成为技术研发与推广应用中心及人才培养培训基地。合作平台成为学生创新能力培养的舞台，在导师的指导下，本科生参与了研究工作，开展了科技创新活动。近四年学生主持科技创新项目310项，其中国家大学生创新性实验计划项目126项，学生参与教师科研6300人次。

借助企业资源，建立教育教学基地，培养学生的实践能力。依托校企合作委员会、校地合作委员会，积极拓展校外教育教学基地。合校十年来，教育教学基地遍及全国各地，形成了能够覆盖全校85个本科专业教育教学需要的社会实践、生产实习、毕业实习、创新实践等教育教学基地500余个，如中国石油华北油田分公司研究生企业工作站；中石化江汉油田分公司、西南油气田分公司研究生创新基地；以及河南油田分公司、中原油田分公司、长庆石油勘探局等。近四年来，校外合作教育实习基地接纳实习学生60906人次。

三、构建"四进入"的育人机制

推进基于人才培养的产学研合作，是一项系统的教育教学改革工程，需要从教学理念、人才培养方案设计、教学过程、教学管理全方位进行改革，经过多年探索，形成了"四进入"产学研合作的育人机制。一是"进入教育理念"。"十一五"学校事业发展规划明确提出"坚持内涵发展，推进产学研合作"的办学指导思想，学校《"十二五"教育事业发展规划纲要》，又进一步明确提出"加强产学研合作，围绕两创人才培养，创新人才培养模式，切实提高人才培养质量"。二是"进入人才培养方案"。各院系与合作方共商人才培养方案，根据"保证基础、注重实践、培养能力、各具特色"的原则，把产学研合作提高人才培养质量的思想、理念和措施写进人才培养方案，阐明产学研合作人才培养的能力要求，整体设计理论教学与实践教学课程体系，明确校内外平台与基地的教学与实习环节。三是"进入教学实践过程"。在校期间，本科生要有累计不低于25%的时间在企事业单位进行与专业相关联的工作实践，并规定了相应学分，提出了具体要求，纳入了毕业标准。四是"进入教学管理"。学校成立了产学研合作教育办公室，组织、协调、指导、管理全校的合作教育工作。对实施产学研合作教育的院系，按参与合作教育的人数，拨付实践教学经费，并予倾斜，以保证合作教育指导教师的报酬、差旅等开支。对于承担产学研合作单位课题和开发项目、成果转化推广，学校基本不收管理费。院系成立产学研合作教育工作委员会，与合作单位共同协商研究、制订人才培养方案；负责与合作单位和参与合作教育的学生签订合作教育协议；落实、协调实习实训期间的管理工作和学生实习实训内容；负责毕业生推荐工作；负责合作教育双方导师和实践基地的选择等。指导教师实行双导师制，负责学生校内外业务学习的指导，帮助学生做好职业发展规划，负责实习、实践环节的考核，负责毕业设计的指导工作。在教学管理上，学校还制定了推进合作教育的实施办法，做到有章可循；并纳入到年度教育教学管理的考核中，与院（系）年度工作绩效考核挂钩。

四、形成全覆盖的实践教学机制

实践教学是创新能力与实践能力培养的中心环节，是产学研合作人才培养中的工作重点。本科阶段实践教学由课程实验、开放实验、科研训练、实践实训、毕业论文（设计）等五个方面组成。校内以课程实验和开放实验为主，培养学生的基本能力、实验设计与综合能力；借助产学研合作平台与基地，加强科研训练，培养学生的创新能力；利用校外基地，加强实践实训环节，综合培养学生的实践能力，提高学生知识运用能力；借助参与校内外导师科研及企业生产实际项目，让学生开展真实的课题研究与设计，提高毕业论文（设计）质量。各专业根据人才培养需要安排实习实训周数，工学类、农学类、医学类专业在40周以上，理学类专业在25周以上，文史类专业在20周以上。学校每年设立80项左右大学生创新性实验项目，学校所有教学实验室、实验教学示范中心、各类重点实验室面向学生开放。实践教学体系的建立，目的在于让学生获得"科学研究经历"和"企业实践经历"。

各专业在此基础上形成了各具特色的实践教学体系。土建类专业"工学交替"，将学生本科四年分为7个理论学习学期，4个工作学期（其中3个暑期工作学期，1个毕业设计综合实践学期）。农学类专业"两基三段式"

模式，将实践教学环节大体分为三个阶段：一是课程综合实习（专业认知）阶段，二是专业综合实习（科研训练）阶段，三是就业适应实习（顶岗见习）阶段。石油类专业订单式人才培养，按照"提前选才、按需培养、工学交替、动态管理、合作教育"的工作流程实施。"项目+基地"模式，采取第二学年开展专业基础课程综合实习，第三学年开展专业基础课程综合实习，第四学年参与工程项目实训的人才培养方式。软件工程专业"适岗培养"模式，采取学生定期到企业实习，在实习期间按实际岗位进行考核，最后企业择优录用的联合培养方式。

第三节　长江大学产学研合作人才培养模式

长江大学顺应时势，为提升人才培养质量，多年来探索出了多样化的产学研合作人才培养途径，形成了产学研合作提高人才培养质量的四大类八种模式。

一、"知识+能力+品格"的工学交替模式

工学交替是指学生校内学习与现场工作交替进行的一种学习模式。其要点是：实现双边合作（学校与企业合作）；建立两个基地（校内基地和校外基地）；指定两方导师（校内导师和校外导师）；采取工学交替（校内教学和现场工作交替）。工学交替的目的是将学生培养成为具有"知识+能力+品格"的特色人才。本科四年按照7个理论学习学期、4个工作学期（其中3个暑期工作学期，1个毕业设计综合实践学期）交替进行教学安排，模式结构如附表1-1所示。

附表1-1　工学交替合作教育模式结构表（S—学习，W—工作）

学期	1	2	暑假	3	4	暑假	5	6	暑假	7	8
内容	S	S	W_1	S	S	W_2	S	S	W_3	S	W_4

S为在校理论学习学期；W_1为工学交替Ⅰ—见习工人；W_2为工学交替Ⅱ—见习工长；W_3为工学交替Ⅲ—见习项目经理；W_4为工学交替Ⅳ—综合设计。

工学交替的运行机制概括为"一个依托、两个延伸、三方参与、四个步骤、五个环节"。

一个依托——依托学校与石油行业、企业等建立的校企合作大平台，与各地市州政府建立的校地合作大平台。

两个延伸——学校课堂向社会课堂延伸，校内实践环节向企业工程实践延伸。

三个有利于——有利于提高学校的人才培养质量、有利于促进企业的技术革新和知识发展、有利于增强学生的社会实践能力和综合素质。

四个步骤：

订立双边协议（学校与企业或地方政府部门的合作协议），使"工学交替"合作教育有领导层面的认可和支持，实现决策层面的结合；

建立两个基地（校内教学基地和校外实践基地），使"工学交替"合作教育有校内和校外结合的基地作支撑，实现资源层面的结合；

指定双方导师（校内理论导师和校外实践导师），使"工学交替"合作教育有实施主体的保障，实现操作层面的结合；

实施工学交替（校内教学和现场工作交替进行），使学生个体在理论学习与生产实践的交替进行中增知识、长才干，提高综合素质，实现过程层面的结合。

五个环节：

做好工学交替合作教育必须有一个目标明确、舍得在教学改革上下功夫的领导班子；一个素质较高、结构合理、相对稳定的指导小组；一套内容翔实、便于操作的教学计划、指导方案；一套切实可行便于操作的评价标准；一批志同道合、配合默契的合作教育实践基地的骨干校外导师。五个环节的具体工作包括以下几个方面。

成立工学交替领导小组，实行统一领导，统一部署，统一安排，统一管理。如附图1所示。

组建各专业工学交替指导小组。分专业、分年级组建工学交替指导小组，每组3—5人，一个小组负责一个年级的指导，保证工学交替的组织指导到位。

例如，长江大学城市建设学院建筑类各专业通常采用工学交替的模式，该院除了保持与油田的合作关系，还积极与城市建设管理部门、设计规划院所、自来水公司、房地产开发公司、施工企业、监理公司等单位建立合作关系，开展工学交替教育改革试验，保证工学交替生产实践环节的落实。

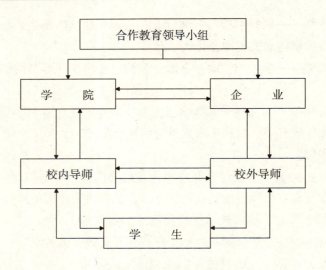

附图1　工学交替机制图

二、"专业学习+科研训练"的基地实训模式

以合作单位为基地建立实践教学场所，承担社会实践、专业实习、就业见习。基地实训作为一种体验式学习方式，有利于巩固理论知识，提高学生的实践能力和培养学生团队协作精神和交流能力。多年来，长江大学农学院、园艺园林学院、动物科学学院、生命科学学院、文学院结合本院学科专业特点，形成了"两基三段式"、"项目+基地"、"4×4"实践教学模式。

（一）"两基三段式"实践训练模式

农学类专业"两基三段式"模式的做法是：围绕学生的基本素养、科研能力和社会适应能力的培养，建立校内校外两类实践教育基地，统筹安排学生实践教育环节，构建针对学生基础理论和实践能力的整体培养体系。结合农学类专业特点，实践教学环节大体分为三个阶段（附图2）。一是课程综合实习（专业认知）阶段，二是专业综合实习（科研训练）阶段，三是就业适应实习（顶岗见习）阶段。如附图2所示。

课程综合实习是在校内教师的指导下，将几门课程的实习内容加以综合，统筹安排，以培养学生的基本专业技能。一般来说，根据农学、植物保护和农业资源与环境3个专业的各自特点，在第四至第五学期之间进行。农学专业学生在第四至第五学期，根据作物生长的周期，以全周期实习的方式开展主要农作物的田间生育观测与栽培管理；植物保护专业学生在完成四个学期的学习后，利用暑假时间进行为期2周的野外昆虫调查、采集、昆虫标本制作及作物病害调查等；农业资源与环境专业学生在第四、第五学期，开展土壤剖面和地质调查。

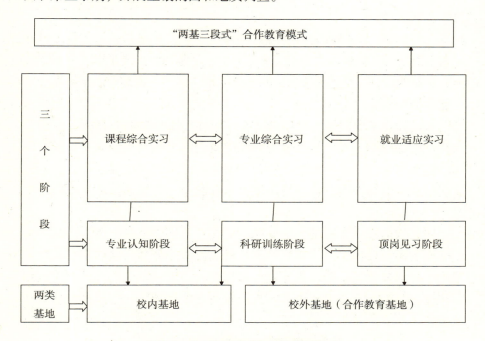

附图2　"两基三段式"实践教学模式

专业综合实习（科研训练）阶段。学生在三年级下学期，即第6学期的4月至8月近5个月时间，在与本校签有协议的50余个"研学"型国家级、省部级科研院所、部分重点大学研究场所开展专业综合实习。专业综合实习主要是让学生参与实际科研工作，对学生进行系统的科学研究实践训练。专业综合实习既提高学生专业技能，让学生熟悉农业生产技术环节，又完成文献综述、英文文献翻译、学术交流等综合训练。学生在整个实习过程中实行"双师制管理"，一方面直接在校外指导教师的指导下完成规定的实习任务，另一方面要定期向校内指导教师汇报工作进展情况。学生实习结束后，要在校内指导教师的指导下完成毕业论文的后续工作。

就业适应实习（顶岗见习）阶段。在第7学期末至第8学期上半学期，约4个月，学生到签订协议的校外"产学型"合作教育基地，开展就业见习，即顶岗工作。该阶段可弥补学生实践技能和社会知识的不足，有助于学生调整好心态，便于以正式踏入社会。

"两基三段式"实践教学模式的基本特点：

一是突出了实践教学的地位。"两基三段式"合作教育，将实践教学与理论教学统筹安排，单独设课，并针对实践教学制订专门的教学计划和教学大纲。

二是形成了实践能力培养目标体系。根据农学类专业人才培养目标要求，以及科研机构和企业对人才的需求，学院初步形成了以专业基础技能、科研能力、社会适应能力、农业技术推广能力为主线的农学类人才综合能力培养体系。

三是强化了实践能力整体培养。学院在实践环节的安排上，突出了综合性。课程综合实习是将相关的几门课程综合起来，统筹安排实习内容；专业综合实习是将专业技能与科研能力综合起来加强训练；就业适应实习是将专业技能与社会适应能力结合起来，培养学生社会适应性的过程。

四是构建了"双师型"指导模式。在专业综合实习阶段，学院为每一名学生确定校内实习指导教师和校外实习指导教师。两名指导教师按照统一的培养要求，共同指导学生开展学习，完成毕业论文，并保持相互沟通。学生在实习过程中，既接受校内教师的指导，也接受校外教师的指导。

（二）"项目+基地"实践训练模式

"项目+基地"模式是以基地为平台，项目为核心，两种形式结合提高学生实践能力的培养模式。学生直接参与室内外环境艺术设计项目或科学研究项目，明确学习方向，前三年在校学习基础理论和专业理论知识，进行项目研究的基本训练，后一年到"基地"参加实训，完成毕业论文（设计）工作。整个实训过程实行"双导师制"。实训方式可以是学生直接参与科研部门的科研项目研究工作，也可以是参与园林规划设计部门承接的项目。

"项目+基地"实践教学模式有两种具体形式。

形式一：

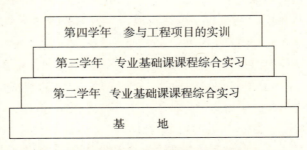

附图3 技术应用型人才的"项目+基地"形式

形式二：

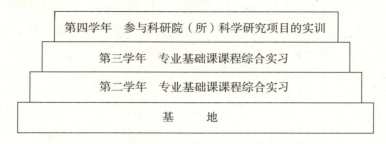

第四学年 参与科研院（所）科学研究项目的实训

第三学年 专业基础课课程综合实习

第二学年 专业基础课课程综合实习

基　　　地

附图4　科学研究型人才的"项目+基地"形式

"项目+基地"实践教学模式的主要特点在于其综合了"工学交替式"、"订单式"等模式的优势，具有以下特点。

1. 前三年完整的课堂学习，使学生具有扎实、宽广的理论知识。

2. 最后一年完整的工作学期，一方面合作单位欢迎这样的做法；另一方面学生能参与整个生产过程周期，受到充分的实战训练，从而使学生实践能力、社会竞争力等各方面素质明显增强。

3. 学生不需要多次往返于学校和合作单位之间，经济、安全、操作简单。

4. 前三年学校理论学习期间，穿插有课程实验课以及到基地进行1-2次课程综合性实习，较好地解决了各阶段课程学习不能与工作实际相结合的问题和学生的工作实践对课程学习促进作用不大的矛盾。

5. 最后一年的工作学期，学生完成毕业论文（设计），让学生在工作实践的同时有理论思考的机会。

6. 在工作学期，对于学生的指导，实行"双导师制"。

（三）"4×4"实践教学模式

"4×4"模式也称"四位一体四级实践"教学模式，通过学生、学校、新闻媒体、宣传部门四个要素相互结合，构建文学与新闻类专业的课程见习和实验、假期新闻合作教育（或新闻活动）、专业活动、专业实习4级实践教学体系，把学生培养成为具有扎实的基础理论、专业知识和基本技能，高素质的新闻工作者。

"4×4模式"中的后一个"4"指的是建构合作教育所必需的课程见习和实验、假期新闻合作教育（或新闻活动）、专业活动、专业实习4级实践教学体系。

"4×"与"4"是一种相辅相成的关系。在"4×"中，学生的成长成才是目的，学校是关键，新闻媒体和宣传部门是重点，而"4"则是手段或形式。"4×4模式"是合作教育的一种混合、松散的模式，依据对其要素和运行的分析，可以称之为"四位一体四级实践"教学模式。

第一级为课程见习及实验。即在开设采、写、编、评、摄、播等实务性课程时，组织学生到附近媒体参观、考察并参与相关新闻活动，认真做好课程实验。

第二级为假期合作教育。

第三级为专业活动。即组织学生，通过第二课堂、社团活动等形式从事新闻工作。如创办《新闻人》刊物、成立"大学生通讯社"，"乡村研究会"，进入校报、校园网络，校广播台，校艺术团担任记者、编辑、播音、主持等。

第四级为专业实习。即在第八学期组织学生进入专业新闻媒体，从事两个月的新闻实践活动，对学生进行系统、全面地新闻实务教育。

通过以上四级实践课程体系的培育，学生均打下了坚实的基础理论、专业知识和基本技能基础，为成为一名合格的新闻工作者做了系统的准备工作。

三、"行业需求＋校企对接"的联合培养模式

长江大学的联合培养是特指产学研合作各方共同制订人才培养方案，联合承担教学任务，共同指导学生成人成才的一种模式。近几年来，长江大学在软件工程专业、"湖北省战略性新兴（支柱）产业计划"项目专业、石油类专业，广泛开展了与企业、科研院所的人才联合培养。

（一）软件工程专业"适岗培养"模式

2008年，长江大学计算机科学学院与北京侏罗纪软件股份有限公司合作开办了国内第一个"石油软件工程"合作班的教学实验班，其教学改革的宗旨是通过产学联合，充分利用企业资源，培养社会需要的人才。具体做法是以市场为导向，按照企业对人才素质的具体要求，从知识结构、工作技能、人文素质等三个方面制订明确可操作的培养方案。通过几年的实验，形成了一套以行业为背景、石油学科为依托，适应企业需要的通用专业教学改革模式。

联合培养的原则是：充分发挥长江大学石油骨干学科的优势，借助企业丰富的实践经验与平台，通过课堂教学、校内实训、企业实践等紧密结合起来的教学方式，辅以严格的管理模式，以培养满足社会需要、综合能力强的应用研究型人才。通过适岗培养教学改革，使学校培养的人才既能

系统地掌握计算机软件工程基本理论知识和石油勘探开发基本理论知识，又具备企业所需要的有较强的实践应用能力，使学生能够真正做到学以致用。通过校企合作，走产学研相结合的道路，进行资源有效的整合，使双方互惠互利。

联合培养的方式是：公司派专业技术人员长驻学校，共同制订实验班的专业教学计划和课程教学大纲；公司还选派专业技术人员担任专业教学工作和指导学生实践；双方共同负责学生的实习指导与管理；任课教师与学生定期到企业学习交流；学生在企业实习按实际岗位进行考核；企业录用联合培养班学生。

通过4年的教学改革实践和对学生全面素质评估，该项改革形成了针对石油不同专业的培养方案；新编了一整套课程教学大纲及教学方案；制订了学生人文素质培养的具体实施方案及考核指标体系；制订了企业及毕业设计实训方案。通过改革，整体教学效果良好，不仅学生成绩优秀，学校教师水平也得到了很大的提高，学生综合素质评估得到了学校和企业的高度评价。侏罗纪公司主导和参与制订了如下方案：培养方案、课程方案及教学要点说明、素质培养方案（见：企业班主任手册）、一年企业实训方案、毕业设计方案。截至目前，已完成了一轮的教学实践，2012年34名学生已全部以优异成绩毕业，其中10位考取研究生，24名学生全部被公司录用。

（二）战略性新兴（支柱）产业人才"3+1"模式

近年来，长江大学农学（生物育种）、电子信息工程、机械设计制造及其自动化三个专业开展了战略性新兴（支柱）产业人才"3+1"的校企联合人才培养，即前3年学生以在校学习为主，完成学科基础课程、专业基础课程和专业方向课程的学习和相关实践教学环节，具备必需的专业基础和基本实践能力；第4年学生以在企业实践为主，结合企业的生产过程、产品开发和科研课题，开展生产实习、毕业设计。在人才培养过程中，企业参与人才培养方案的制订，承担高新技术、企业文化、实践性知识和实践训练等课程的教学与指导工作。

下面以农学（生物育种）专业为例，简要介绍产业人才"3+1"模式。

生物育种是国家及湖北省确立的新兴战略性产业，江汉平原是我国重要的粮棉油生产基地，农学院一直与湖北省种子集团有限公司、荆楚种业股份有限公司、荆州市农科贸开发总公司等几家大型种业企业保持良好的校企合作关系，其中荆楚种业是江汉平原最大的综合性种业公司，中国种业第七强。"战略性新兴产业计划"项目农学（生物育种）专业，采用"3+1"的校企联合人才培养模式，即前3年时间学生以在校学习为主，完成学科基础课程、专业基础课程和专业方向课程的学习和相关实践教学环节，具备必需的专业基础和基本实践能力；第4年，学生以在企业实践为主，结合企业的生产过程、产品开发和科研课题，开展生产实习、毕业设计，以培养学生的实践能力和创新精神。企业实践环节涵盖作物新品种选育、种子生产、种子加工与检验、种子营销与管理等几个环节内容。

培养过程实行"校企双导师"的学生指导模式。从第三学期开始，学校选派教学及实践经验丰富的教师、聘请行业（企业）技术骨干作为学生的专业导师，采取"师傅带徒弟"的方式指导学生的学习与实践。

合作单位参与教学情况如下表所示。

附表1-2　湖北荆楚种业股份有限公司参与农学专业人才培养理论、实践教学内容安排

序号	课程名称	总学时	执行时间	主要内容
1	种子检验技术	50（理论24学时，实验26学时）	第5学期	主要讲授种子检验技术规程和农作物种子质量的检测技术和操作方法。包括扦样、种子净度分析、种子发芽试验、种子生活力与活力测定、品种纯度检验、种子水分测定、种子健康检验、包衣种子检验、种子质量评定、新技术在种子检验中的应用等内容，重点是必检指标的测定方法和质量评定标准。开设种子检验的技能训练。
2	种子加工与贮藏技术	80（理论、实验各40学时）	第6学期	讲授种子的物理特性、种子贮藏原理、种子加工原理和技术、种子贮藏期有害生物发生及其防治、种子仓库与种子的入库管理、常温仓库种子贮藏期间的变化与管理、低温仓库种子贮藏技术。重点是主要农作物种子的加工贮藏原理、方法和技术。
3	种子营销与管理	40（全为理论课）	第6学期	主要讲授新品种保护和审定管理、种子生产经营管理、加工贮藏管理、种子营销及企业内部管理、质量控制、种子行政管理与执法、种子进出口管理和外商投资种子企业的管理，以及种子信息管理等教学内容，重点是品种管理、质量管理和种子经营和企业管理。

序号	课程名称	总学时	执行时间	主要内容
4	专业综合实习	20周	第6学期及暑期	培养学生综合运用所学知识独立完成科研课题、解决生产实际问题的工作能力；培养学生从文献、科学实验、生产实践和调查研究获取知识的能力，提高学生发现与解决问题的能力；对学生的社会适应能力、实践技能、计算机运用水平、书面及口头表达能力进行综合训练。
5	毕业设计	12周	第8学期	结合企业生产过程、研发程序和科研课题，强化和培养学生的基本技能、工作能力和创新能力，为毕业后顺利走上工作岗位对接。

附表1-3　湖北省种子集团有限公司参与农学专业人才培养理论、实践教学内容安排

序号	课程名称	总学时	执行时间	主要内容
1	种子生产与质量控制	50（理论26学时，实验24学时）	第5学期	主要讲授种子生产基地建立与管理、种子快速繁殖与杂交种生产技术，以及保持与提高品种稳定性的基本原理与方法。主要讲授水稻、小麦、玉米、棉花、薯类等主要农作物种子和大宗蔬菜种子的生产方法及其技术规范，重点是常规品种的提纯保纯及原种繁殖、亲本繁殖和杂交种生产。
2	生物育种学专题	40（全为理论）	第6学期	以专题报告形式介绍国内外生物育种领域的最新进展和动态，从育种方法、技术、思路等方面加以梳理。
3	专业综合实习	20周	第6学期及暑期	培养学生综合运用所学知识独立完成科研课题、解决生产实际问题的工作能力；培养学生从文献、科学实验、生产实践和调查研究获取知识的能力，提高学生发现与解决问题的能力；对学生的社会适应能力、实践技能、计算机运用水平、书面及口头表达能力进行综合训练。
4	毕业设计	12周	第8学期	结合企业生产过程、研发程序和科研课题，强化和培养学生的基本技能、工作能力和创新能力，为毕业后顺利走上工作岗位对接。

附表1-4　湖北惠民农业科技有限公司参与农学专业人才培养理论、实践教学内容安排

序号	课程名称	总学时	执行时间	主要内容
1	分子育种	40（理论30学时，实验10学时）	第6学期	授课内容包括转基因育种和基因组扫描育种两大部分。转基因育种包括外源目的基因分离、转基因方法以及后代鉴定、转基因植物的获得及育种利用等基本原理，以及转基因植物的安全性评价等知识。基因组扫描育种包括遗传标记的特点，分子标记的类型，遗传特性，分子标记与遗传作图及作物重要农艺性状分子标记的筛选，分子设计育种策略与应用原理。
2	企业文化	32（全为理论）	第6学期	掌握企业文化学的基本理论和基本分析方法，树立起企业文化管理的基本理念，并能够运用企业文化学的理论观察分析问题。
3	专业综合实习	20周	第6学期及暑期	培养学生综合运用所学知识独立完成科研课题、解决生产实际问题的工作能力；培养学生从文献、科学实验、生产实践和调查研究获取知识的能力，提高学生发现与解决问题的能力；对学生的社会适应能力、实践技能、计算机运用水平、书面及口头表达能力进行综合训练。
4	毕业设计	12周	第8学期	结合企业生产过程、研发程序和科研课题，强化和培养学生的基本技能、工作能力和创新能力，为毕业后顺利走上工作岗位对接。

附表1-5　福娃集团有限公司参与农学专业人才培养理论、实践教学内容安排

序号	课程名称	总学时	执行时间	主要内容
1	农业清洁生产	40（理论30学时，10学时参观考察）	第5学期	使学生了解农业清洁生产的概念及评价方法，掌握农业清洁生产的主要途径。掌握农业清洁生产审核的主要内容和方法，初步具备进行农业清洁生产实施的能力。了解农业清洁生产国内外现状及发展趋势，以及企业实施清洁生产的成功实例，为今后从事清洁生产技术工作打下初步基础。

序号	课程名称	总学时	执行时间	主要内容
2	专业综合实习	20周	第6学期及暑期	培养学生综合运用所学知识独立完成科研课题、解决生产实际问题的工作能力；培养学生从文献、科学实验、生产实践和调查研究获取知识的能力，提高学生发现与解决问题的能力；对学生的社会适应能力、实践技能、计算机运用水平、书面及口头表达能力进行综合训练。
3	毕业设计	12周	第8学期	结合企业生产过程、研发程序和科研课题，强化和培养学生的基本技能、工作能力和创新能力，为毕业后顺利走上工作岗位对接。

（三）石油类专业"订单式"培养模式

长江大学与石油企业有着良好的关系。自20世纪90年代初，原江汉石油学院就与石油企业成立了校企合作委员会，为校企合作进行人才培养和科学研究提供了组织保障。双方先后探索和实践了石油工程专业"4+1"人才培养模式和"工学交替"合作教育模式，积累了经验，为"订单式"合作教育模式的开展打下了基础。

石油类专业"订单式"培养是指油田企业提前两年与学校签订合作培养人才协议，参与制订和调整人才培养方案，利用学校和油田的教育环境、资源，理论教学与工程实训交替进行，以培养具有扎实基础理论和较强工程意识、实践能力的高级专门人才为目标的合作教育模式。

为了使"订单式"人才培养规范、有序、高效地正常运作，在校企合作委员会的指导下，建立了由校企双方6个层面组成的完备的组织体系，具体模式如附图5所示。

从附图5中看出，校企合作委员会在这一模式中起到了重要的纽带作用，同时学校相关院系、学生和相关油田企业是三位一体、不可分割的，三方共同建立在自愿、互利、互惠的基础上。

石油类专业"订单式"人才培养的工作思路是"提前选才、按需培养、工学交替、动态管理、合作教育"。即依托校企合作教育委员会的大平台，油田单位根据企业发展的需要确定两年后所需的石油类专业及人数，在双向选择的前提下，到学校从即将进入专业课学习的石油类专业

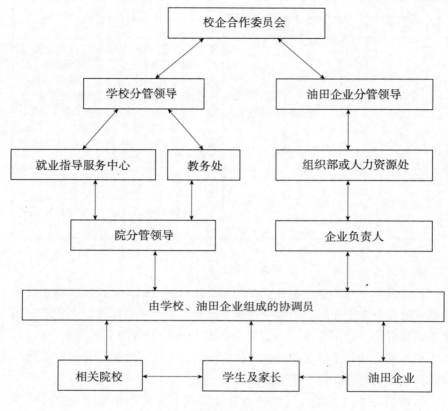

附图5 模式运作的基本框架

或非石油类专业工科学生中签订一定比例所需的学生，并参与制订或调整人才培养方案（包括课程设置和实习实践内容等），利用学校和油田企业不同的教育环境和教育资源，理论教学和工程实训交替进行，培养工程意识、实践动手和适应社会能力强的高级专门人才。具体可分为准备阶段、合作教育阶段和延伸阶段三个阶段，其运作方式的流程图如附图6所示。

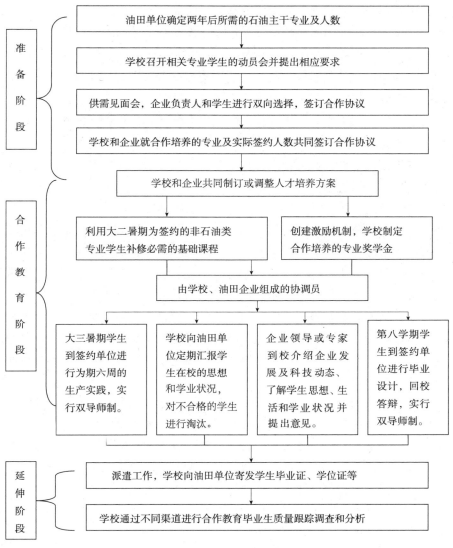

附图6 模式运作流程图

四、"科研合作+双师指导"的创新人才培养模式

"科研合作+双师指导"的创新人才培养模式是指以产学研合作的科研项目、科研平台为载体，充分发挥各方优势，学生直接参与实际的科技创新活动，培养其创新能力、实践能力的一种人才培养方式。学校选派一定数量已完成基础课程学习的博士研究生、硕士研究生、高年级本科生，

进入合作平台（实验室、工作站、基地）协助完成合作科研项目，学生在参加科研项目研究中完成学位论文；在合作平台工作期间，合作双方为学生提供科研和生产实践的机会与条件，在双方导师的共同指导下，选择与生产实践紧密相关的研究项目，学生围绕所选课题，开展为期1—1.5年的研究，完成学位论文。

下面以长江大学与中国石化江汉油田分公司合作建立"地质资源与地质工程研究生培养创新基地"为例。

基地建设目标：通过校企合作、项目主导等形式，构建有效的研究生培养新模式、新机制，使创新基地成为培养高层次应用型、复合型、创新型、创业型人才的摇篮，为我国社会经济发展服务。

基地建设原则：互相合作、资源共享、优势互补、大胆创新、积极实践、形式多样、注重实效、互惠互利、共同发展、责权利统一。

基地管理机制：成立创新基地管理委员会，成员由合作双方共同派人组成。主要职责是，负责制定创新基地相关管理制度和行为规范，并实施督查；指导制定基地建设发展规划；负责检查评估创新基地的建设与运行；协调处理创新基地建设与运行过程中可能出现的重大问题。创新基地管理委员会下设办公室，负责基地建设与管理中的日常工作（包括研究生在基地培养期间的日常管理）。

基地开放制度：根据油田分公司的需要，学校选派一定数量已修满符合培养方案要求学分的全日制研究生进入基地参加科研项目，并完成学位论文；定期举行学术交流活动，就一些热点难点问题展开探讨；根据江汉油田分公司需求，联合开展科研攻关，积极申报国家级、省（部）级研究课题；根据江汉油田分公司发展需要，协助在职人员攻读硕士学位研究生教育工作，负责生源组织、培养与过程管理等；培养和培训符合现代企业所需求的研究生层次高级科技和管理人员。

研究生培养模式：建立以科研项目为载体，结合学位论文开展科研创新的研究生进入基地工作的机制。

研究生双导师制：创新基地校外合作单位负责推荐企业导师，被推荐的专家应符合学校有关导师聘任条件；学校负责企业导师的资格认定及聘任工作，并根据创新基地的实际情况进一步明确创新基地的导师职责；学校研究生管理部门负责制定基地导师的管理办法与年度考核，定期对创新基地导师进行工作考核；合作双方加强对进入创新基地的在岗导师和在读研究生的管理工作，制定进入创新基地的在岗导师和在读研究生相关制度和管理办法。

第四节　长江大学产学研合作提高人才培养
质量的成效

在国家一系列教育、经济、科技改革的政策指引下，长江大学积极投身社会经济建设，努力推进企业技术创新，提高科技自主创新能力，将人才培养、科学研究与社会服务三者结合起来，充分调动广大师生从事科学研究、技术开发、社会服务的积极性与主动性，积极开展与企业、与地方、与科研院所的合作，近年来取得了良好的成绩，尤其是借助产学研合作，提高人才培养质量方面，取得了显著的效果。

一、增强了学生的实践能力

学校大力推进产学研合作，在提高人才培养质量方面取得了显著成效，毕业生的创新创业意识增强了、创新能力和实践能力提高了。亲历了"科学研究"和"企业实践"的学生，获得了从专业认知、课程实验、专业实习到专业能力的提升，从社会认识、社会实践、人际交往到社会能力的提升，表现出良好的社会适应力和竞争力。城建学院对2007级、2008级参与"工学交替"实习的学生调查，分别有70.6%、72.3%的学生反映自己的社交能力、专业技能、实践能力得到了提高。农学院对2007级、2008级参与合作教育的学生调查表明，学生普遍感到提高了科研能力、社会交往能力、实践动手能力，能够更好地适应社会。据统计，全校毕业生考研率由2006年的11.12%提高到2011年的18.14%；毕业生就业率由2006年的83.80%提高到2011年的92.83%。2006—2011年获得湖北省优秀学士论文1496篇，学生公开发表科研论文4104篇。每年学生参与国家级、省级学科竞赛、大学生"挑战杯"竞赛，取得良好成绩。仅2011年，全校学生参与学科竞赛，获国家级奖项173项，省级奖项181项。《人民日报》、《光明日报》、《中国教育报》、《湖北日报》、中央人民政府网、新华网等媒体，对学校校企合作、校地合作、以项目为纽带与地方合作实现双赢、校企双向参与合作育人等进行了报道，引起了广泛的社会影响。

二、改善了学校的办学条件

在校企合作委员会、校地合作委员会框架下，三大石油公司先后在学校内建立13个重点实验室、地方政府支持学校重点建设5个研究中心（工程中心）；捐赠仪器设备、软件价值达6500万元，并通过各种途径和方式在学校设立奖学金57种，奖学金数额达2300万元；学校在校外建立531个社会实践、教学实习、生产实训基地（研究工作站），改善了学校的办学条件。校内外平台基地每年接受教师、研究生、本科生参与科研约2400人次，每年接受本科生教学、生产实习（实训）约15000人次。学校先后聘请科研院所、企业人士担任"楚天学者"、客座教授、研究生导师、本科生指导教师1540人，合作开展科学研究、承担本科生课程教学、指导学生实习（实训）、指导学生毕业论文（设计）。石油类专业订单培养毕业生全部到合作单位就业，土建类专业、农学类专业、机械化工类专业每年有近30%的学生选择留在原实习单位就业。石油类院系通过技能培训、联合培养、同等学历教育、工程硕士培养等形式，为三大石油公司开展多层次继续教育。仅地球物理与石油资源学院近5年培训各类工程技术人才1000余人次，举办硕士研究生课程班10余期，培养硕士研究生300余人。农学院近5年为地方举办农民创业培训、基层农技人员培训800余人次，培养农技推广硕士研究生98人。

三、促进了学校的教学改革

2006年，由校领导牵头，教务处、大学发展研究院以及13个试点院系共同开展了"多学科产学研合作教育理论与实践研究"，13个院系的48个专业形成了各具特色的产学研合作教育模式，譬如"工学交替"、"订单式"、"两基三段式"、"项目+基地"、"4×4"等。2009年逐步推广至全校各院（系），又发展了"适岗培养"、"3+1"校企联合、项目主导创新人才培养等合作教育模式，更进一步地拓宽了产学研合作人才培养的领域与范围。2006年以来，学校每年拿出一定的研究经费支持开展产学研合作教育的研究，2006—2011年长江大学省级、校级教学研究项目308项，其中以产学研合作、产学研合作教育为主题的研究项目达到45项。通过产学研合作，将科研成果转化为教学内容，2006年以来，全校共出版教材243种。在就业压力普遍较大的情况下，本科生一次性就业率保持在90%以上。

四、激发了学生的探索精神

产学研合作为学生打开了一扇了解社会、认识社会、认识自我的窗户，通过产学研合作，学生认识到自身知识和能力的不足，从而激发了学生的求知欲。如城市建设学院的学生，通过参与合作学习与研究，不仅获得了工程实践经验，增强了专业学习积极主动性，而且设计创新积极性和能力不断提高。一位参加产学研合作的学生邓某说："通过合作教育的实践，使我对学好基础与专业知识的重要性有了更进一步的认识，对全面提高自身素质和修养的迫切性也加深了认识。在以后的理论学习中，我会更加努力，全面充实和提高自己。"

产学研合作也培养了学生的创新意识和探索精神。农学院的刘慧娟同学念念不忘实习的日子，正是在合作单位——杭州中国水稻研究所实习期间，她的科研视野大大开阔，所做的"AGP与ge双基因聚合研究"居国内该领域的领先水平。农学院参与产学研合作的多名学生被合作单位中国水稻研究所破格录取为研究生。城市建设学院设计专业学生，通过合作项目的研究，创新意识和设计能力也得到提升。该学院学生申报国家大学生创新试验计划，2008年获批2项国家级和1项校级，2009年获批2项国家级和1项校级，2010年获批4项国家级和1项校级，获得国家级和省部级设计竞赛奖32项次，获得大学生创新论坛奖14项次。

五、提升了科技创新能力

随着产学研合作不断深入，激发了广大教师参与科学研究的积极性。2011年全校各院系科研经费达到21014.68万元，是2004年的4.75倍，全校专任教师和科研人员人均科研经费达到了13万元；体现国家自主创新能力以产学研为主体的"973"、"863"项目、以及国家自然科学基金和其他国家级项目，由2004年的10项，增加到2011年的53项，科研经费增长了10倍。与企业合作为主的横向科研项目，自2004年以来，逐年增加。2011年横向科研项目505项，科研经费达到了19571.36万元。在教师和科研人员中，2011年有305人次主持纵向科研项目、733人次主持横向科研项目，比2008年分别增长了132.82%和134.94%。教师开展产学研合作研究的积极性提高了，参与产学研合作的人数增加了，知识不断更新，经验不断丰富，从而促进了教学质量的提高。

实践证明，通过产学研合作，学生参与社会生产或科学研究，扩大了受教育机会和范围，缩短了学校与社会的距离，学生适应社会能力增强，就业、择业能力提高，他们不再被认为是"书呆子"，而是倍受人才市场欢迎的、综合能力和综合素质较高的人才。中国农业科学院植物保护研究所吴孔明所长说："长江大学的学生专业知识基本功扎实，踏实肯干、吃苦耐劳，比其他学校的学生强，我们就需要这样的学生！"

附录2　产学研合作问卷调查表（高校/科研机构卷）

尊敬的各位专家：您好！

为了深入了解我国高等学校开展产学研合作的现状和问题，寻找产学研合作的最佳模式与途径，更好地促进我国高校人才培养质量和科技创新能力的提升，作为国家社会科学基金重点项目：高等教育强国发展战略之八"质量与水平提升"课题组，我们编制了"产学研合作问卷调查表"。

本调查表中产学研合作包含两个方面的内容，一是产学研合作，主要指高校与科研机构、企业在科学研究、人才培养、社会服务等方面的合作情况；二是产学研合作教育，主要指高校与企业、科研机构在人才培养方面的合作情况。各位专家可根据自己单位的实际情况如实填写。

由于课题研究任务重，时间紧，为顺利完成研究任务，我们恳请高教研究、教务、科研等部门的各位专家抽出宝贵时间，填写问卷，并请您于6月20日之前将填好的问卷返回给我们。本调查问卷是匿名填写的，获得的数据将对研究我国高等教育质量与水平提升问题提供重要支持，该问卷不会对您的生活与工作造成不良影响。调查问卷不记名，答案也无对错之分。

由衷感谢您拨冗填答，谨致诚挚谢意！

"高等教育强国发展战略*质量与水平提升"课题组

湖北产学研合作教育专业委员会

武汉理工大学

长江大学

2009年5月20日

调查假设：开展产学研合作，对提高人才培养质量，建设创新性国家是一项非常重要的举措。如果您有不同看法请在问卷最后一题中说明。

您的单位：_____　您的职务：_____　您的职称：_____

一、产学研合作（广义）

1. 贵单位目前是否开展产学研合作 （　　　）

　　A. 是　　　　　　　　　　　　B. 否

2. 贵单位目前开展产学研合作的主要形式与内容是（可多选）　（　　　）

　　A. 建立全面合作关系，有专门机构和人员　　B. 开展科研合作

　　C. 共建研发中心　　　　　　　　　　　D. 建立高新技术园区

　　E. 建立博士后流动站

　　F. 开展合作教育，共建实验、实训基地

　　G. 其他（请说明）＿＿＿＿＿＿＿＿＿＿＿＿

3. 产学研合作对贵单位产生了怎样的影响（1到5表示程度排序，1为最高，5为最低）

　　　1　2　3　4　5　　　　　　　产学研合作效果

　　a □ □ □ □ □　　　　　　　增强科技创新能力

　　b □ □ □ □ □　　　　　　　促进科技成果转化

　　c □ □ □ □ □　　　　　　　提高人才培养质量

　　d □ □ □ □ □　　　　　　　提高服务社会能力

　　e □ □ □ □ □　　　　　　　提高单位经济效益

　　f □ □ □ □ □　　　　　　　提高单位知名度

　　g. 其他（请说明）＿＿＿＿＿＿＿＿＿＿＿＿

4. 贵单位寻求产学研合作时，基于哪些因素，请选择（可多选，请排序）

　　　　　　　　　　　　　　　　　　　　　（　　　）

　　A. 培养人才　　　　　　　　B. 成果推广应用

　　C. 完成研发工作　　　　　　D. 拓展学生就业渠道

　　E. 获得社会资助　　　　　　F. 为国家创新体系建设做出贡献

　　G. 其他＿＿＿＿＿＿＿＿＿＿＿＿

5. 贵单位开展产学研合作存在的主要问题是（可多选，请排序）

　　　　　　　　　　　　　　　　　　　　　（　　　）

　　A. 缺少政府引导和政策支持　　B. 合作的体制与机制没有建立

　　C. 产学研合作外部环境不成熟　　D. 缺少资金投入

　　E. 合作双方没有专门人员负责　　F. 缺少中介服务机构

　　G. 其他（请说明）＿＿＿＿＿＿＿＿＿＿＿＿

6. 贵单位在产学研合作中得到过政府哪些支持（可多选）　（　　　）

　　A. 政策支持　　　　　　　　B. 资金支持

　C. 其他（请说明）_____

7. 贵单位认为未来合作的可能性（单选）　　　　　　　（　　）

　A. 肯定继续开展　　　　　　　B. 有可能继续开展

　C. 不太可能开展　　　　　　　D. 不再开展

　E. 说不清

二、产学研合作教育

1. 贵单位目前是否开展产学研合作教育　　　　　　　　（　　）

　A. 是　　　　　　　　　　　B. 否

2. 贵单位学生参加产学研合作教育情况为　　　　　　　（　　）

　　　　　　　在校生人数　在校生参加人数　已毕业合作教育学生数

　A. 研究生层次　（　　）　　　（　　）　　　　　（　　）

　B. 本科生层次　（　　）　　　（　　）　　　　　（　　）

　C. 专科生层次　（　　）　　　（　　）　　　　　（　　）

3. 贵单位目前开展产学研合作教育的主要模式是（可多选）　（　　）

　A. 工学交替　　　　　　　　B. 委托培养、定向培养

　C. 校企合作办学　　　　　　D. 共建实验、实训基地

　E. 在企业设立博士后工作站

　F. 其他（请说明）_____

4. 产学研合作教育对贵单位的人才培养产生了怎样的影响（1到5表示程度排序，1为最高，5为最低）

　　　　　1　2　3　4　5　　　　　对人才培养的影响

　a □ □ □ □ □　　　　　提高专业水平

　b □ □ □ □ □　　　　　提高实践动手能力

　c □ □ □ □ □　　　　　提高适应社会的能力

　d □ □ □ □ □　　　　　提高组织管理能力

　e □ □ □ □ □　　　　　提高创新能力

　f □ □ □ □ □　　　　　提高团结协作精神

　g □ □ □ □ □　　　　　增强吃苦耐劳精神

　h □ □ □ □ □　　　　　拓展毕业生就业渠道

　i. 其他（请说明）_____

5. 贵单位开展产学研合作教育存在的主要问题是（可多选，请排序）

（　　　）

    A. 企业认为人才培养是学校的事，合作积极性不高

    B. 企业担心学生安全问题

    C. 企业害怕泄漏核心技术

    D. 学校领导不重视

    E. 教师没有积极性

    F. 学生不参与

    G. 其他（请说明）＿＿＿＿＿＿＿＿＿＿＿＿

6. 贵单位认为未来继续开展产学研合作教育的可能性（单选）　（　　　）

    A. 肯定继续开展　　　　　　　　B. 有可能继续开展

    C. 不太可能开展　　　　　　　　D. 不再开展

    E. 说不清

三、您如何看待我国目前产学研合作现状？产学研合作应如何开展？

附录3 产学研合作问卷调查表（企业卷）

国家社会科学基金重点项目：高等教育强国发展战略之八"质量与水平提升"课题研究工作已启动。为了使课题研究更深入，针对性更强，我们拟定了"产学研合作问卷调查表"，企盼能得到您的帮助，拨冗填写该表，共同为建设高等教育强国奉献我们的智慧，感谢您的参与！

产学研合作问卷调查表

产学研合作是一个比较宽泛的概念，既包括产学研合作教育（主要是人才培养），也包括构建产学研联盟（主要是开展科学研究，成果转化等），可能不同类型的企业会有所侧重。调查假设：开展产学研合作，对于提高人才培养质量，提升企业自主创新能力，建设创新性国家是一项非常重要的举措。如果您有不同看法请在问卷最后说明。

填表人单位：_____

填表人职务：_____ 填表人职称：_____

1. 贵单位对近5年来引进大学毕业生的总体评价　　　　　（　　）

　　A. 满意　　　　　　　　B. 一般　　　　　　　　C. 不满意

2. 贵单位对近5年来引进大学毕业生的不满意之处在于（可多选）（　　）

　　A. 专业知识欠缺　　　　B. 实践动手能力薄弱

　　C. 不善与人沟通　　　　D. 吃苦耐劳精神差

　　E. 其他：_____

3. 贵单位对引进大学毕业生的要求主要有（限选3项，按重要性排序）

　　　　　　　　　　　　　　　　　　　　　　　　（　　）

　　A. 专业基础知识　　　　B. 社会适应能力　　　　C. 团队合作精神

　　D. 科研能力　　　　　　E. 组织管理能力　　　　F. 创新能力

　　G. 其他：_____

4. 贵单位是否有合作教育毕业生　　　　　　　　　　　（　　）

　　A. 有　　　　　　　　　B. 没有

5. 贵单位对合作教育毕业生的工作评价 （   ）

    A. 满意   B. 一般   C. 不满意

6. 总体而言，合作教育毕业生与同期未参与合作教育毕业生比较有无优势 （   ）

    A. 有   B. 没有   C. 不明显   D. 不清楚

7. 合作教育毕业生优势主要体现在（限选4项，按重要性排序）

（   ）

    A. 实践动手能力   B. 专业基础知识

    C. 社会适应能力   D. 团队合作精神

    E. 吃苦耐劳精神   F. 组织管理能力

    G. 创新能力   H. 其他：_____

8. 贵单位目前开展产学研合作的形式与内容是（可多选） （   ）

    A. 建立全面合作关系，有专门机构和人员

    B. 合作开展科技攻关，科技成果转化

    C. 共建研发中心，开发高新技术

    D. 开展合作教育，共建实验、实训基地

    E. 在职人员培训

    F. 合作双方人才交流

    G. 建立博士后流动站

    H. 其他：_____

9. 贵单位与高校合作关系建立途径（可多选） （   ）

    A. 校友联系   B. 自己联系

    C. 高校主动联系   D. 政府牵线

    E. 中介机构

10. 促使贵单位参与产学研合作的主要动力因素，请选择（可多选）

（   ）

    A. 需要获取企业急需人才   B. 获取企业发展所需的技术支持

    C. 拓展获取技术信息的渠道   D. 完成研发工作

    E. 主管部门倡导   F. 提高知名度

    G. 其他：_____

11. 在选择合作伙伴时，贵单位最关心的问题，请选择（可多选）

（   ）

    A. 有很好的互补条件   B. 已有合作并已见成效

    C. 同属一个系统或地区   D. 合作方的信誉

E. 合作方技术实力　　　　　　　F. 政府或主管部门倡导

G. 其他：＿＿＿＿＿＿＿＿＿＿＿＿

12. 贵单位认为影响双方合作的主要因素有（可多选，请排序）　（　　）

A. 企业认为人才培养是学校的事，合作积极性不高

B. 在合作教育过程中付出的多，回报少

C. 企业担心学生安全问题

D. 企业害怕核心技术泄露

E. 合作未取得预期成果

F. 缺乏相关的产学研合作的政策法规

G. 只有短期科技合作，未建立长效合作机制

H. 其他＿＿＿＿＿＿＿＿＿＿＿＿＿＿＿＿＿＿＿

13. 产学研合作对贵单位产生的成效主要体现在（可多选）　（　　）

A. 获得企业发展所需人才　　　B. 解决生产难题

C. 提高了企业的研发能力　　　D. 提高了企业的经济效益

E. 提升了企业知名度　　　　　F. 效果不明显

G. 其他＿＿＿＿＿＿＿＿＿＿＿＿＿＿＿＿＿＿＿

14. 贵单位认为未来合作的可能性（单选）　　　　　　（　　）

A. 肯定继续合作　　　　　　　B. 有可能继续合作

C. 不太可能合作　　　　　　　D. 不再合作

E. 说不清

15. 您如何看待我国产学研合作现状，产学研合作应如何开展？

＿＿＿＿＿＿＿＿＿＿＿＿＿＿＿＿＿＿＿＿＿＿＿＿＿＿＿＿

＿＿＿＿＿＿＿＿＿＿＿＿＿＿＿＿＿＿＿＿＿＿＿＿＿＿＿＿

附录4 合作教育试验班毕业生调查表

毕业生姓名：＿＿＿＿＿＿ 职务：＿＿＿＿＿＿ 原班级：＿＿＿＿＿

现工作单位：＿＿＿＿＿＿

调查内容：

1. 你参与合作教育模式是：

   工学交替　　　订单培养　　　项目加基地　　　两基三段　　　4×4

2. 你认为合作教育对你的成长是否有作用？

   很有作用　　　有作用　　　有些作用　　　没作用

3. 与他人相比你适应工作的速度如何？

   快　　　　较快　　　　一般　　　　较慢

4. 你认为合作教育对你适应现场工作是否有帮助？

   有　　　　较有　　　　一般　　　　没有

5. 你的敬岗爱业精神如何？

   强　　　　较强　　　　一般　　　　较差

6. 你的团队协作精神如何？

   强　　　　较强　　　　一般　　　　较差

7. 你的组织管理能力如何？

   强　　　　较强　　　　一般　　　　较差

8. 你的协调沟通能力如何？

   强　　　　较强　　　　一般　　　　较差

9. 你的吃苦耐劳精神如何？

   强　　　　较强　　　　一般　　　　较差

10. 你在现岗位工作是否顺利？

    顺利　　　较顺利　　　一般　　　不顺利

11. 你的工作主动性如何？

    主动　　　较主动　　　一般　　　不主动

12. 你是否满意现在的工作岗位

    满意　　　较满意　　　一般　　　不满意

13. 你认为合作教育是否应当坚持下去？

    应当坚持　　　不必坚持

附录5 产学研合作教育质量评价指标体系权重系数确定专家咨询表（第1轮）

专家签名：_____

尊敬的老师：

您好！

我们正在进行产学研合作教育质量评价指标体系权重系数的研究，为了保证指标体系的科学性、客观性，我们决定采用由专家确定各项指标权重的方法来完成指标的部分量化工作。烦请您填写这份咨询表，您与其他老师提供的数据将在整理后，对产学研合作教育的评价产生直接的影响。感谢您的支持与帮助，并祝身体健康、工作顺利！

其他意见和建议：_____

_____

表 I

一级指标（评价方面）	重要程度等级				二级指标（评价项目）	重要程度等级			
	0.4	0.3	0.2	0.1		0.4	0.3	0.2	0.1
（A_1）学校参与					（B_1）改革力度				
					（B_2）监督管理				
					（B_3）指导师资				
（A_2）社会参与					（B_4）重视程度				
					（B_5）人员配备				
（A_3）学生培养					（B_6）思想品质				
					（B_7）体能素质				
					（B_8）心理素质				
					（B_9）业务知识				
					（B_{10}）工作经历				
					（B_{11}）综合技能				
备 注	1. 分值0.4表示很重要，分值0.3表示重要，分值0.2表示一般，分值0.1表示不重要；2. 指标评价标准见附件。								

表 II

一级指标 （评价方面）	二级指标 （评价项目）	三级指标 （评价因素）	重要程度等级			
			0.4	0.3	0.2	0.1
（A_1） 学校参与	（B_1） 改革力度	（C_1）历史背景				
		（C_2）培养目标				
		（C_3）培养模式				
		（C_4）课程建设及体系改革				
		（C_5）资源优化配置的力度				
		（C_6）激励机制				
	（B_2） 监督管理	（C_7）组织保证机制				
		（C_8）制度建设规范程度				
		（C_9）建立社会市场网络				
	（B_3） 指导师资	（C_{10}）教师的参与				
		（C_{11}）授课教师职称结构				
		（C_{12}）双师型教师的比例				
		（C_{13}）教育教学方法改革				
		（C_{14}）教师的科研学术水平				
（A_2） 社会参与	（B_4） 重视程度	（C_{15}）合作培养人才的愿望				
		（C_{16}）参与合作教育的方式				
		（C_{17}）及时反馈信息				
	（B_5） 人员配备	（C_{18}）指导人员的认真度				
		（C_{19}）指导人员的知识层次				
		（C_{20}）指导人员的作用				
（A_3） 学生培养	（B_6） 思想品质	（C_{21}）人格品质				
		（C_{22}）法制观念				
		（C_{23}）组织纪律				
	（B_7） 体能素质	（C_{24}）健康情况				
		（C_{25}）体锻达标情况				
		（C_{26}）体育技能				
	（B_8） 心理素质	（C_{27}）健康情绪及适度反应				
		（C_{28}）心理承受能力				
		（C_{29}）意识与意志				

一级指标 （评价方面）	二级指标 （评价项目）	三级指标 （评价因素）	重要程度等级			
			0.4	0.3	0.2	0.1
（A_3） 学生培养	（B_9） 业务知识	（C_{30}）获取知识的能力				
		（C_{31}）知识结构				
		（C_{32}）主要公共基础课成绩水平				
		（C_{33}）主要专业基础课成绩水平				
		（C_{34}）主要专业课成绩水平				
		（C_{35}）毕业设计（论文）与实际 的结合				
	（B_{10}） 工作经历	（C_{36}）工作态度				
		（C_{37}）出勤率				
		（C_{38}）顶岗工作情况				
		（C_{39}）工作质量				
		（C_{40}）独立工作能力				
		（C_{41}）开拓创新能力				
	（B_{11}） 综合技能	（C_{42}）外语应用水平				
		（C_{43}）计算机应用能力				
		（C_{44}）信息处理能力				
		（C_{45}）工程研究设计能力				
		（C_{46}）表达能力				
		（C_{47}）社交能力				
		（C_{48}）实践动手能力				
		（C_{49}）团队协作能力				
		（C_{50}）组织管理能力				
		（C_{51}）双向选择的就业能力				
备　注	1. 分值0.4表示很重要，分值0.3表示重要，分值0.2表示一般，分值 　0.1表示不重要； 2. 指标评价标准见附件。					

附录6 产学研合作教育质量评价标准得分调查表

尊敬的老师:

您好!

我们正在进行产学研合作教育质量评价调查,烦请您能填写这份调查表,您与其他老师提供的数据将对长江大学土木工程专业的产学研合作教育质量评价产生直接的影响。感谢您的支持与帮助,并祝身体健康、工作顺利!

产学研合作教育质量评价标准得分调查表

一级指标 (评价方面)	二级指标 (评价项目)	三级指标 (评价因素)	A	B	C	D
(A_1) 学校参与	(B_1) 改革力度	(C_1) 历史背景				
		(C_2) 培养目标				
		(C_3) 培养模式				
		(C_4) 课程建设及体系改革				
		(C_5) 资源优化配置的力度				
		(C_6) 激励机制				
	(B_2) 监督管理	(C_7) 组织保证机制				
		(C_8) 制度建设规范程度				
		(C_9) 建立社会市场网络				
	(B_3) 指导师资	(C_{10}) 教师的参与				
		(C_{11}) 授课教师职称结构				
		(C_{12}) 双师型教师的比例				
		(C_{13}) 教育教学方法改革				
		(C_{14}) 教师的科研学术水平				
(A_2) 社会参与	(B_4) 重视程度	(C_{15}) 合作培养人才的愿望				
		(C_{16}) 参与合作教育的方式				
		(C_{17}) 及时反馈信息				
	(B_5) 人员配备	(C_{18}) 指导人员的认真度				
		(C_{19}) 指导人员的知识层次				
		(C_{20}) 指导人员的作用				
(A_3) 学生培养	(B_6) 思想品质	(C_{21}) 人格品质				
		(C_{22}) 法制观念				
		(C_{23}) 组织纪律				

一级指标 （评价方面）	二级指标 （评价项目）	三级指标 （评价因素）	A	B	C	D
（A_3） 学生培养	（B_7） 体能素质	（C_{24}）健康情况				
		（C_{25}）体锻达标情况				
		（C_{26}）体育技能				
	（B_8） 心理素质	（C_{27}）健康情绪及适度反应				
		（C_{28}）心理承受能力				
		（C_{29}）意识与意志				
	（B_9） 业务知识	（C_{30}）获取知识的能力				
		（C_{31}）知识结构				
		（C_{32}）主要公共基础课成绩水平				
		（C_{33}）主要专业基础课成绩水平				
		（C_{34}）主要专业课成绩水平				
		（C_{35}）毕业设计（论文）与实际 的结合				
	（B_{10}） 工作经历	（C_{36}）工作态度				
		（C_{37}）出勤率				
		（C_{38}）顶岗工作情况				
		（C_{39}）工作质量				
		（C_{40}）独立工作能力				
		（C_{41}）开拓创新能力				
	（B_{11}） 综合技能	（C_{42}）外语应用水平				
		（C_{43}）计算机应用能力				
		（C_{44}）信息处理能力				
		（C_{45}）工程研究设计能力				
		（C_{46}）表达能力				
		（C_{47}）社交能力				
		（C_{48}）实践动手能力				
		（C_{49}）团队协作能力				
		（C_{50}）组织管理能力				
		（C_{51}）双向选择的就业能力				
备　注	\multicolumn{6}{l}{1.A级得分区间1~0.9，B级得分区间0.89~0.64，C级得分区间 0.63~0.51，D级得分区间0.5~0；2.指标评价标准见附件。}					

附录7 长江大学城市建设学院实习单位鉴定意见表

学生姓名		实习工地			
主要实习内容（学生填写）					
实习单位鉴定指标（学生实习出勤情况、实习态度、运用所学理论知识分析和解决实际问题的能力、实习期间的综合表现等）请在相应项处打"√"					
1	学生出勤情况	A. 全勤	B. 偶尔缺勤	C. 经常缺勤	D. 偶尔迟到
2	实习期间学习态度	A. 认真	B. 较认真	C. 不认真	
3	学生能否适应贵单位的工作环境	A. 适应	B. 较适应	C. 基本适应	D. 不适应
4	学生是否经常向您请教问题？	A. 经常	B. 偶尔	C. 较少	D. 没有
5	学生是否给您提出过工程质疑？	A. 有，较多	B. 有，较少	C. 没有	
6	学生能否协助您工作，效果如何？	A. 能，较好	B. 能，一般	C. 不能	
7	学生帮忙解决过您提出的问题吗？	A. 有	B. 没有		
综合成绩	A 优秀　　　B 良好　　　C 中等　　　D 及格　　　E 不及格				
	实习单位盖章				
鉴定人签名		鉴定时间			

附录8 长江大学城市建设学院工学交替巡视调查表

实习学生		班级		教师巡视时间	
实习地点			实习单位		
工程名称					
实习单位指导教师			联系方式		
巡视调查内容（电话采访：_____）			实习单位指导教师评价		
1	学生按贵单位作息制度出勤情况。		A 全勤　B 偶尔缺勤　C 经常缺勤　D 偶尔迟到		
2	学生能否适应贵单位的工作环境？		A 适应　B 较适应　C 基本适应　D 不适应		
3	学生是否经常向您请教问题？		A 经常　B 偶尔　C 较少　D 没有		
4	学生是否给您提出过工程质疑？		A 有，较多　B 有，较少　C 没有		
5	学生能否协助您工作，效果如何？		A 能，较好　B 能，一般　C 不能		
6	学生帮忙解决过您提出的问题吗？		A 有　　　B 没有		
7	学生有否针对某一具体问题与您深入探讨？		A 有，经常　B 有，较少　C 没有		
8	您与学生交流中认为该生属于哪种情况？		A 善于表达自己　B 经常虚心接受指导　C 经常提出其他建议　D 善于与人交流　E 交流机会较少		
9	您认为该生团体协作精神如何？		A 强　B 较强　C 一般　D 较差		
10	您认为学生能否顶岗工作，为贵单位创造效益。		A 能　B 基本可以　C 锻炼一下应该可以　D 基本不能　E 不能		
学生给您的综合印象（可多选）					
性格开朗（ ）	吃苦耐劳（ ）	善于协作（ ）	遵规守纪（ ）	工作认真（ ）	
乐于交流（ ）	敢于提问（ ）	思维敏捷（ ）	办事灵活（ ）	能力较强（ ）	
自由散漫（ ）	做事马虎（ ）	不善言谈（ ）	傲慢清高（ ）	无所事事（ ）	
学生留给您印象最深的一件事是什么？					
您对"工学交替"教学模式有何意见或建议。					
巡视教师现场感受。					
实习单位指导教师签字（盖章）		巡视教师签字		实习学生签字	
备　注					

后　记

　　《产学研合作提升人才培养质量研究》书稿即将付梓出版，这是一本集体智慧结晶的专著，汇聚了全体作者的真知灼见，同时，也得益于长江大学20多年产学研合作教育的探索与实践。

　　本书由张忠家教授负责总体框架设计，经课题组讨论修改后分工协作完成。具体分工如下：黄义武、王祖林负责本书的第一章、第二章及第六章的编写；徐金燕负责第三章的编写；李凯负责第四章的编写；杜国峰、刘昌明、赵彦负责第五章的编写；吴淑娟、薛振伟、高耀勇负责第七章的编写；吴淑娟负责第八章的编写；白宗新负责附录1的编写；附录2—4由课题组集体完成；附录5—8由杜国峰、刘昌明、赵彦完成。初稿完成后，张忠家教授组织课题组成员进行了讨论，按照讨论的意见，由张忠家、黄义武、吴淑娟进行了统稿。

　　2012年3月，《产学研合作提升人才培养质量研究》书稿申请国家社科基金后期资助，经全国哲学社会科学规划办公室委托全国教育科学规划办公室组织专家评审，获批国家社科基金后期资助项目（批准号：12FJX005）。按照专家评审意见，课题组对全书结构做了调整，修改补充了部分内容，书稿经课题组集体审稿后，于2013年7月向全国哲学社会科学规划办公室申请结题，由全国哲学社会科学规划办公室委托教育科学出版社出版。

　　在本书编写过程中，参考借鉴了国内外众多专家学者的观点，得到了长江大学校领导、职能部门、院（系）给予的关心和支持。赵映川博士对书稿提出了修改建议，王新喜、陈华老师参与了本书的问卷收集及数据整理工作，研究生于丽萍、何曼、骆静等同学参与了资料搜集整理工作，长江大学期刊社舒干、苏开科两位老师为本书作了勘校工作。教育科学出版社夏辉映先生为本书的出版给予了诸多关照。在此，对为本书编写出版给予关心、支持、帮助的领导、专家和各位同仁一并表示衷心的感谢！

产学研合作是一项系统工程，在国家创新体系建设的背景下，如何通过产学研合作提高协同创新水平，培养拔尖创新人才，还有诸多理论与实践问题需要深入研究。由于作者水平所限，书中难免有遗漏和错误之处，敬请读者批评指正。

《产学研合作提升人才培养质量》课题组
2014年3月12日

出 版 人	所广一
责任编辑	夏辉映
版式设计	沈晓萌
责任校对	贾静芳
责任印制	曲凤玲

图书在版编目（CIP）数据

产学研合作提升人才培养质量研究／张忠家，黄义武等著. —
北京：教育科学出版社，2014.4
ISBN 978 - 7 - 5041 - 8183 - 1

Ⅰ.①产… Ⅱ.①张…②黄… Ⅲ.①高等学校—人才培养—
研究—中国 Ⅳ.①G649.2

中国版本图书馆 CIP 数据核字（2013）第 313308 号

产学研合作提升人才培养质量研究
CHANXUEYAN HEZUO TISHENG RENCAI PEIYANG ZHILIANG YANJIU

出版发行	教育科学出版社		
社 址	北京·朝阳区安慧北里安园甲9号	市场部电话	010 - 64989009
邮 编	100101	编辑部电话	010 - 64989363
传 真	010 - 64891796	网 址	http://www.esph.com.cn
经 销	各地新华书店		
制 作	北京金奥都图文制作中心		
印 刷	保定市中画美凯印刷有限公司		
开 本	165 毫米×238 毫米 16 开	版 次	2014 年 4 月第 1 版
印 张	15.25	印 次	2014 年 4 月第 1 次印刷
字 数	251 千	定 价	54.00 元

如有印装质量问题，请到所购图书销售部门联系调换。